英豪
YingHao

21世纪 人力资源管理专业系列教材

工作分析 与 职位评价

（第二版）

主　编　高　艳

副主编　靳连冬

西安交通大学出版社
XI'AN JIAOTONG UNIVERSITY PRESS

内容提要

工作分析与职位评价是人力资源管理工作的基点和依据,是一项重要而普遍的人力资源管理技术。本书包括工作分析概述、工作分析流程、工作分析方法、工作说明书编写、工作分析的应用、工作设计、职位评价概述、职位评价方法等 8 章内容,从理论和实践的角度对工作分析和职位评价进行了全面系统的阐述,力图帮助读者形成一个对工作分析和职位评价的总体认识,进而指导在具体的人力资源管理实践中对工作分析与职位评价的应用。

本书适用于高等院校人力资源管理及相关专业,也可用作人力资源管理培训教材,还可作为从事企业人力资源管理工作者的指导用书。

图书在版编目(CIP)数据

工作分析与职位评价/高艳主编. —2 版.—西安:西安交通大学出版社,2012.9(2024.2 重印)
21 世纪人力资源管理专业系列教材
ISBN 978 - 7 - 5605 - 4537 - 0

Ⅰ.①工… Ⅱ.①高… Ⅲ.①企业管理-职位-分析
-高等学校-教材 Ⅳ.F272.92

中国版本图书馆 CIP 数据核字(2012)第 210893 号

书　　名	工作分析与职位评价(第二版)	
主　　编	高 艳	
责任编辑	魏照民	
出版发行	西安交通大学出版社	
	(西安市兴庆南路 1 号　邮政编码 710048)	
网　　址	http://www.xjtupress.com	
电　　话	(029)82668357　82667874(市场营销中心)	
	(029)82668315(总编办)	
传　　真	(029)82668280	
印　　刷	西安天成印务有限公司	
开　　本	727mm×960mm　1/16　　印张 18.25　　字数 331 千字	
版次印次	2012 年 9 月第 2 版　2024 年 2 月第 11 次印刷	
书　　号	ISBN 978 - 7 - 5605 - 4537 - 0	
定　　价	49.80 元	

如发现印装质量问题,请与本社市场营销中心联系。
订购热线:(029)82665248　(029)82667874
投稿热线:(029)82668133
读者信箱:xj_rwjg@126.com

英豪 21 世纪人力资源管理专业系列教材

编写委员会

学术指导:席酉民

编委会主任兼总主编:杜跃平

编委会副主任:李增利

编委委员(按姓氏笔画排序):

王林雪　　孙　波　李　明　李　莉

苏列英　　张　琳　杨生斌　林　筠

高　艳　　高恺元　夏彩云　魏　伟

总　　序

　　进入 21 世纪以来,经济全球化、全球市场化的进程不断加快,人类正在迈向知识经济时代。从农业经济到工业经济,再到服务经济或以体验经济、眼球经济等各种特征组合成的新经济,除了管理的重心逐步从价格、质量等转向创新、反应速度、信誉等外,经济社会发展所依赖的关键资源也由原来的土地、劳力、资本逐步转向信息、经营能力、知识等(即使在我国经济尚处于多元化的状态下,这种趋势也是明显的)。换句话说,知识、人才等智力资本正在成为经济增长和发展的基础性、关键性、战略性资源。高素质人力资源的知识、能力和创造力,是国家、地区、企业获得竞争优势的根本源泉,高素质人力资源的开发与争夺日益成为国家、地区、企业之间竞争的焦点。各国政府和企业越来越重视人力资源的开发与管理,纷纷采取各种措施努力提升人力资源的素质、能力和知识结构,为参与日益激烈的竞争创造持续的动力和源泉。

　　传统经济学一般认为,决定经济增长的基本要素是人、土地、资本,人被看做是"非资本的"一种自然状态的劳动力,而没有真正考虑到劳动者所拥有的知识和技能的价值与作用。战后以来对经济增长和发展的研究揭示了一个新的现象,在不同的国家和地区,相同的实物资本总投入量带来了差异悬殊的收益增长。经济分析和研究发现,这种差异的真正根源在于人力资源质量的差异,即是由人力资源的知识水平和能力差异所导致的人力资源使用效率的差异所形成的。当代经济学家普遍认为,土地、厂房、机器、资金已不再是国家、地区和企业致富的根本源泉,唯独人力资源才是企业和国家经济社会发展之根本。人力资源是决定经济增长的第一资源。正如西奥多·舒尔茨所指出的"人类的未来并不取决于空间、能源和耕地,而将取决于人类智力的发展"。当代经济学理论的创新,一方面反映了新的经济演化本质和特征;另一方面也不断凸显了人力资源和人力资本在未来经济增长和发展中具有的基础性、战略性地位。

　　在现代经济学不断创新和发展的同时,现代管理学理论和实践模式也在实现着创新和发展。无论是管理学中的人性观的变化,还是系统管理理论的创新、管理目标和模式的调整,日益体现了以人为本的思想和理念,特别是从传统的人事管理向人力资源管理和战略性人力资源管理的变革,集中体现了经济学理论的创新成果和管理理论与实践的创新需要——即人力资源是第一资源，人是企业主体，人在管理中居于主导地位。

当今世界，多极化趋势曲折发展，经济全球化不断深入，全球化市场竞争日益加剧，科技进步也日新月异，人才资源及其作用的发挥在综合国力和竞争中的战略地位及决定性意义日益凸显。本世纪头20年是我国落实科学发展观与建设和谐社会的关键时期，我们面临诸多挑战，特别是在人才及其选拔和作用机制等管理方面的挑战最为严峻。和谐社会，贵在形成一种人尽其才、物尽其用、"君子和而不同"的"多元统一、异质同构"的社会机制和环境，而其中人才的培养、选拔和使用机制及管理又是关键因素。只有努力造就数以亿计的高素质劳动者、数以千万计的专门人才和一大批拔尖创新人才，建设规模宏大、结构合理、素质较高的人才队伍，把我国的人口大国转化为人才资源强国，才能大力提升国家核心竞争力和综合国力，完成建设和谐社会的历史任务，实现中华民族的伟大复兴。

但是，人力资源的主导地位并不必然导致现实的竞争优势，资源优势的发挥依赖于对人力资源的有效开发和管理。因此，人力资源开发与管理具有特别重大的战略意义。

人力资源管理是世界各国，也是我国多层次工商管理教育和培训课程中一门重要的核心课程。由杜跃平教授主编完成的这套《英豪21世纪人力资源管理专业系列教材》，在选题和编写中，体现了知识结构的系统性、理论与方法的前沿性、管理实践的应用性、体裁形式的活泼性，是一套特色鲜明，具有较高水平的作品。

我国从国外引入人力资源管理学科的时间还不长，我国的经济体制和经济发展正处于转型时期，企业管理的变革和创新十分活跃，如何在引进、借鉴国外先进科学的人力资源管理理论与方法的基础上，结合我国经济改革和企业管理的实际，实现我国体制与文化下人力资源的有效开发与管理，仍然是摆在人力资源管理研究者、教育者和实践者面前的重大课题。希望我们不懈努力、积极探索，为形成一种有效的培养、挖掘、释放人力资源能量的适合中国国情的管理机制和环境而出力献策！

西安交通大学副校长
教育部高等学校工商管理类学科专业教学指导委员会主任
管理教授、博士生导师

2006年8月于交大管理学院

前　　言

　　人力资源是企业的第一资源,人力资源管理是企业管理的重要职能之一。如何有效地进行企业人力资源开发与管理,关系到企业的生存与可持续发展。我国改革开放以来,企业管理的变革不断推进和深化。传统计划经济条件下的人事管理正在向现代市场经济条件下的人力资源管理转变,培养和造就一大批具有国际化、科学化、专业化和本土化的高素质人力资源管理研究者、教育者和实践工作者,是不断提高我国企业管理水平和市场竞争力的一项基础性、战略性的工程。

　　人力资源管理学科兴起和发展于西方发达国家,是改革开放以来引入我国的一门新兴管理学科。如何在引进、借鉴的基础上,紧密结合中国经济发展、企业管理和社会文化背景,实现集成创新和引进消化吸收再创新,是我国人力资源管理领域所面临的一项重大课题。我们在长期的研究、教学和管理实践的基础上,通过大量深入的调查研究,为了适应人力资源管理教学和培训的新需要,组织相关人员编写了这套《英豪 21 世纪人力资源管理专业系列教材》。丛书的作者都是来自高等院校长期从事人力资源管理教学和研究的专业教师以及企业人力资源管理工作者,他们一方面在人力资源管理理论与方法上有一定的研究和积累,在人力资源管理的咨询、教学和企业培训方面有着丰富的经验;另一方面在长期的企业人力资源管理实践工作中,形成了许多宝贵的有效的实践技能和方法。这些都为编写这套富有特色的丛书提供了有利的条件和基础。这套丛书具有以下几方面的特色:

　　一是体系的系统性和重点性相结合。丛书的整体策划和分册的设计基本涵盖了这门学科的整个框架,具有系统性;同时,各分册的选题和体例设计中,注重突出人力资源管理学科的核心内容,进行合理选择,力求实现人力资源管理各个核心模块的内容系统、原理准确、重点突出、方法与技术实用、技能性和可操作性强。

　　二是内容的前沿性和作者的研究性相结合。在各分册的编写中,作者尽量收集、整理了国内外相关领域的最新研究成果,并努力恰当地融入写作中,使读者能够通过本书的阅读了解国内外人力资源管理研究的最新进展和创新成果;同时,由于人力资源管理学科是一门还不成熟的学科,许多方面还处于研究和不断完善之中,尤其如何结合我国的实际创造性地应用和发展,是值得深入研究的问题,作者在对某些问题的长期思考和研究中已经形成了自己的看法和成果积累,在写作中也有选择性地在内容中有所体现。尽管某些成果还不成熟,但是也希望与读者共同分享和思索,体现了作者的研究特色。

三是原理的一般性与本土实践经验的提炼原创性相结合。人力资源管理作为一门国内外公认的管理学科,就具有它自身基本原理的一般性、共同认可性,在编写中必须准确地反映。同时,由于人力资源管理实践在不同经济、文化背景下又体现了自己的特殊性。因此,作者在写作中将自己为企业的咨询、培训、管理实践的一些体会和有效的做法进行了一定的总结提炼,并在书中给予恰当的反映,体现了一定的本土性和原创性。

四是体例设计上体现了新的风格。在编写中,我们在各章中按照问题引导、材料阅读思考、原理与方法工具介绍、思考题和案例讨论的顺序进行体例设计。在案例选择上尽可能新颖、典型,使读者在阅读中循着提出问题、分析问题、解决问题、案例讨论、总结反思的逻辑过程做到理论与实际相结合,原理与案例相结合,传授知识与培养技能相结合,讲授与讨论相结合,以此达到学习目标与实践效果的统一。本丛书适合高等院校的经济学、管理学的研究生、大学生教学之用,也适合各类企业的专业培训和社会有关人员自学。

五是作者的团队合作。本套丛书的作者均是来自高等院校和企业中专门从事人力资源管理教学、研究、培训和管理实践的人员。他们在人力资源管理领域均有较高的造诣,富有思索和创新精神,知识结构合理,实践经验丰富,从而保证了丛书的编写质量。

本套丛书由陕西英豪人力资源管理公司策划组织。公司在工作人员保障、经费支持、组织运作中提供了条件。丛书由七个分册组成,分别是《人力资源管理概论》、《工作分析与职位评价》、《员工招聘》、《绩效管理》、《薪酬管理》、《培训与开发》、《人才测评与职业生涯管理》。作者分别来自西安交通大学、西北大学、西安电子科技大学、西北工业大学、西安石油大学、西安理工大学、西安工业大学、陕西科技大学以及一些知名的管理咨询公司和企业。丛书由西北大学经济管理学院教授、博士生导师杜跃平任总主编。他提出选题和体系安排,在经过编辑委员会成员讨论通过后,由分册主编负责组织编写。初稿完成后,由总主编对各个分册书稿进行审查、修改、定稿。

特别值得一提的是,在丛书的策划与编写过程中,我们得到了我国著名管理学家、西安交通大学副校长、博士生导师、教育部高等学校工商管理类学科专业教学指导会主任席酉民教授的大力支持和悉心指导。他在百忙之中欣然同意担任这套丛书学术指导,并且为丛书作序,使我们感到莫大的荣幸和鼓励。在此,我们全体策划、编写人员谨向他表示最衷心的感谢。

当然,这套丛书的质量和水平还有待读者去评判。作为一种探索和尝试,本套丛书自然还有许多值得探讨和改进的地方，但是我们毕竟走出了第一步，希望读者和同行专家对丛书提出宝贵的修改意见。我们将在不断修改和完善中努力提高水平，以期能为人力资源管理理论和实践水平的提高贡献我们的一份力量。

《英豪 21 世纪人力资源管理专业系列教材》

编辑委员会

2006 年 8 月于西安

目 录

总序

前言

1　**第 1 章　工作分析概述**

1　　1.1　工作分析的概念

8　　1.2　工作分析的作用与意义

13　　1.3　工作分析的历史沿革及其发展趋势

24　**第 2 章　工作分析流程**

24　　2.1　工作分析流程概述

25　　2.2　工作分析的立项阶段

28　　2.3　工作分析的准备阶段

33　　2.4　工作分析的调查阶段

39　　2.5　工作分析的分析阶段

41　　2.6　工作分析的完成阶段

49　**第 3 章　工作分析方法**

50　　3.1　工作分析方法的分类

52　　3.2　工作分析的主要方法

101　　3.3　工作分析方法比较

107　**第 4 章　工作说明书的编写**

108　　4.1　工作描述的编写

127　　4.2　任职资格的编写

168　**第 5 章　工作分析的应用**

168　　5.1　工作分析在人员招聘中的应用

175　　5.2　工作分析在绩效考核中的应用

182   5.3 工作分析在薪酬管理中的运用
187   5.4 工作分析在人员培训与开发中的应用

195   **第6章   工作设计**
195   6.1 工作设计的概述
200   6.2 工作设计的思想演变及其发展
202   6.3 工作设计的程序与方法
208   6.4 工作再设计
213   6.5 工作设计的新思路——柔性工作设计

220   **第7章   职位评价概述**
221   7.1 职位评价的基本概念
227   7.2 职位评价指标体系

244   **第8章   职位评价方法**
244   8.1 排列法
247   8.2 分类法
251   8.3 点数法
257   8.4 因素比较法
260   8.5 海氏（HAY）职位评价系统
266   8.6 职位评价方法的比较和应用

275   **参考文献**

278   **后记**

第 *1* 章

工作分析概述.

　　工作分析是人力资源管理工作中一个非常重要的基础工作。人力资源管理的核心是实现人与工作的最佳匹配,做到事得其人,人尽其才,才尽其用。要达到这一目的,就必须了解组织内各项工作的特点。工作分析就是全面了解组织内各项工作特点的一项重要的常规性技术,它提供了组织内各项工作有关工作职责、工作关系、工作环境以及工作任职者的资格要求等信息。因此,做好了工作分析,就为人力资源管理工作的有效开展打下了良好的基础。那么,什么是工作分析? 工作分析有什么样的战略地位和作用? 工作分析的历史沿革和发展趋势如何? 本章将就围绕这些问题展开讨论。

重点问题

⇨ 工作分析的概念
⇨ 工作分析的系统模型
⇨ 工作分析的战略地位和作用
⇨ 工作分析的历史沿革
⇨ 工作分析的发展趋势

1.1　工作分析的概念

1.1.1　工作的含义

　　在学习工作分析概念之前,首先需要对工作的含义有一个正确的认识。工作(job)有狭义和广义之分。狭义的工作是指在某一段时间为了某个目的所从事的活动,即任务(task)。广义的工作是指个体在组织中所扮演的角色的总和,通常由一系列专门任务组成。本书中的工作主要指广义的工作。从广义的角度来看,工作有以下几个特点:

(1)工作是组织的细胞。对于每个生物机体来讲,其组织的形成和运作离不开最基本的独立单元——细胞。而对于每个组织来讲,工作就是组织的细胞,每个组织由各种各样的工作构成。每个工作在组织中都扮演着各自不同的角色,这些角色为组织目标的有效实现担负着各自不同的功能。

(2)工作是责任和权利的统一体。工作给人最直观的感受是相互联系的一系列任务的组合,而在背后支撑这些任务的是一系列与之相对应的责任和权利。如果没有组织授予的这些责任和权利,任务的有效完成将成为一句空话。三者之间的关系可以概括为:完成任务是履行组织所赋予的职责,而权利是履行职责的组织保障。

(3)工作是同类职位(岗位)的总称。在我国,工作、职务、岗位和职位四个概念经常相互通用。从严格的意义上来讲,工作和职务(job)代表一个意思,而职位和岗位(position)代表的是另外的意思。它们之间的联系可以通过下面的例子来理解。例如一个企业有五个会计,即会计是一个工作(职务),它提供了五个从事会计工作的职位(岗位)。可见,工作是由许多相同的职位(岗位)所组成,而职位(岗位)是以某项工作的人数而定,即有多少职位(岗位)就有多少人员。但在实际工作中,工作、职务、岗位和职位这四个术语经常用来互相替换。

(4)工作是人与组织之间的桥梁。组织的建立是为了实现其短期、中期和长期的目标。而实现这些目标离不开一个最重要的因素——人。要把人和组织联系起来的有效途径是将工作落实到人身上,这样就形成了组织——工作——人三者的结合。当组织发生变革,工作的结构也将发生改变;同时,随着工作过程的改变、工艺流程的改变、工作熟练程度的提升等,工作的内涵和外延都会发生变化,而这种变化最终会导致组织分工和管理方式的改变,以及承担工作的人员所需要的能力及个性特征要求的改变。

1.1.2 工作分析的含义

以上我们对“工作”的含义有了一定的认识后,下面我们来讨论工作分析的含义。关于工作分析的含义,不同的学者从不同的角度来对其进行界定。综观国内外学者的研究,工作分析主要有以下几种定义:

(1)从广义上来讲,工作分析是针对某种目的,通过某种手段来收集和分析与工作有关的各种信息的过程。(Tiffin & McCormick,1965)

(2)工作分析是组织的一项管理活动,它旨在通过收集、分析、综合整理有关工作方面的信息,为组织计划、组织设计、人力资源管理和其他管理职能提供基础性服务。(Ghorpade & Atchison,1980)

(3) 工作分析就是组织确定某一工作的任务和性质是什么,以及哪些类型的人(从技能和经验的角度)适合从事这一工作的一种程序。(Gary Dessler,2000)

(4) 工作分析就是分析者采用科学的手段和技术,直接收集、比较、综合有关工作的信息,为组织特定的发展战略、组织规划,为人力资源管理以及其他管理行为服务的一种管理活动。(萧鸣政,2002)

(5) 工作分析是人力资源管理的一项核心基础职能,它是一种应用系统方法,收集、分析、确定组织中职位的定位、目标、工作内容、职责权限、工作关系、业绩标准、人员要求等基本因素的过程。(彭剑锋,2003)

(6) 工作分析是工作信息提取的情报手段,通过工作分析,提供有关工作的全面信息,以便对组织进行有效的管理。(付亚和,2004)

综合以上国内外学者对工作分析的定义,本书认为,工作分析也称职务分析、职位分析或岗位分析,它是全面了解组织中一项工作特征的管理活动,即对该项工作的有关信息进行收集、整理、分析和综合的一个系统过程。工作分析的实质就是区别组织中一项工作与其他工作的差异,其目的是为组织内每项工作制定一份全面、正确并符合组织需要的工作说明书,同时为组织提供工作分析报告。

工作说明书一般由两个部分组成:工作描述和工作规范。工作描述(job description)是反映某项工作的性质、任务以及责任,也可称为 TRDs。具体包括工作名称、工作代号、工作职责、工作程序与方法、工作的设备与工具、工作权限、工作关系、业绩标准、工作环境、工作待遇等内容。工作规范(job specification)是反映从事该项工作的任职资格,也可称为 KSAOs。具体包括必要的专业知识、技能、能力、必备的证书、年龄、工作经验、身体素质以及心理要求等内容。工作说明书既是一般员工工作的指南,也是组织确定其人力资源规划、员工能力模型、绩效考核、薪酬管理、培训开发等人力资源管理工作的参考依据。

工作分析报告是通过工作分析发现组织管理过程中存在的问题,为组织有效性的诊断提供依据的一种书面文件。其内容比较广泛,主要用来阐述在工作分析过程中发现的组织和管理上的问题和矛盾,针对这些问题和矛盾,提出解决方案。主要的解决方案有:组织结构与职位设置中的问题与解决方案、流程设计与流程运作中的问题与解决方案、组织权责体系中的问题与解决方案、工作方式和方法中的问题与解决方案、人力资源管理中的问题与解决方案。

作为人力资源管理的一项职能活动,工作分析同样也具备任何一种活动所必备的基本要素,这一活动的主体是工作分析者(job analysts),客体是组织内部的各项工作,内容是与各项工作有关的信息(job-related information),结果主要形成一份工作说明书(job description and job specification),也可以叫做职位说明书或者岗位说明书。

📖 阅读资料 1-1

外国的人事心理学家从人力资源管理的角度出发,提出了一个非常容易记忆的 6W1H 工作分析公式,即从七个方面对工作进行分析:

- Who:谁来完成这项工作?
- What:这项工作的具体工作内容是什么?
- When:工作的时间安排是什么?
- Where:工作在哪里进行?
- Why:从事这项工作的目的是什么?
- For Whom:这项工作的服务对象是谁?
- How:如何来进行这项工作?

——资料来源:董克用、叶向峰编著:《人力资源管理》,中国人民大学,2003 年。

☎ 相关链接 1-1

"销售经理"的工作描述

工作名称:销售部经理

工作代号:1137—118

别名:销售部主任、销售部主管、销售部总监

(1)工作活动和程序。通过对下级的管理与监督,实施企业的销售计划,并进行组织、指导和控制;指导销售部的各种活动;就全面的销售事物向上级管理部门做出报告;根据上级对销售区域、销售渠道、销售定额、销售目标的批准与认可,协调销售分配功能;对推销员销售区域的分派;评估销售业务报告;批准各种有利于销售的计划,如培训计划、促销计划等;进行市场分析,以确定顾客需求、潜在的消费量、价格一览表、折扣率,开展竞争活动,以实现企业目标;亲自与大客户保持联系;可与其他管理部门合作,建议和批准用于研究和开发工作的预算支出和拨款;可与广告公司就制作广告事宜进行谈判,并在广告发布之前对

广告素材予以认可；可根据销售需要在本部门内成立相应的正式群体；可根据有关规定建议或实施对本部门员工的奖惩；可以调用小汽车两辆、送货车 10 辆、摩托车 10 辆。

（2）工作条件和自然环境。75％以上时间在室内工作，一般不受气候影响，但可能受气温影响。温度适中，无严重噪音，无个人生命危险，无有毒气体。有外出要求，一年中有 10％～20％的工作日出差在外。工作地点：本市。

（3）社会环境。有一名副手，销售部工作人员有 25～30 人，直接上级是销售副总经理。需要经常交往的部门是生产部、财务部。可以参加企业家俱乐部、员工乐园等各项活动。

（4）聘用条件。每周工作 40 小时，国家节假日放假；基本工资每月2000 元，职务津贴每月 500 元，每年完成全年销售指标奖金 5000 元，超额完成部分再以 1‰提取奖金；本岗位是企业中层岗位，可晋升为销售副总经理或分厂总经理。每年 4—10 月份为忙季，其他时间为闲季；每 3 年有一次出国进修机会；每年有一次为期半个月的公休假期，可报销 5000 元的旅游费用；公司免费提供市区两室一厅（85 平方米）住宅一套。

相关链接 1-2

"销售经理"的工作规范

工作名称：销售部经理

年龄：26～40 岁

性别：男女不限

学历：大学本科以上

工作经验：从事营销工作 4 年以上

生理要求：无严重疾病；无传染病；能胜任办公室工作，举重 5 公斤，有时需要走动和站立；平时以说、听、看、写为主。

心理要求标准：A：90 分以上；B：70～89 分；C：30～69 分；D：10～29 分；E：9 分以下。

心理要求：一般智力：A；观察能力：B；记忆能力：B；理解能力：A；学习能力：A；解决问题能力：A；创造力：A；知识域：A；数学计算能力：

Ａ:语言表达能力;Ａ:性格:外向;气质:多血质或胆汁质;兴趣爱好:喜欢与人交往,爱好广泛;态度:积极,乐观;事业性:十分强烈;合作性:优秀;领导能力:卓越。

1.1.3　工作分析的系统模型

工作分析是对工作信息进行收集、整理、分析和综合的一个系统过程。为了直观清晰地了解工作分析这一活动,我们用一个工作分析系统模型把它加以表示(见图1-1)。

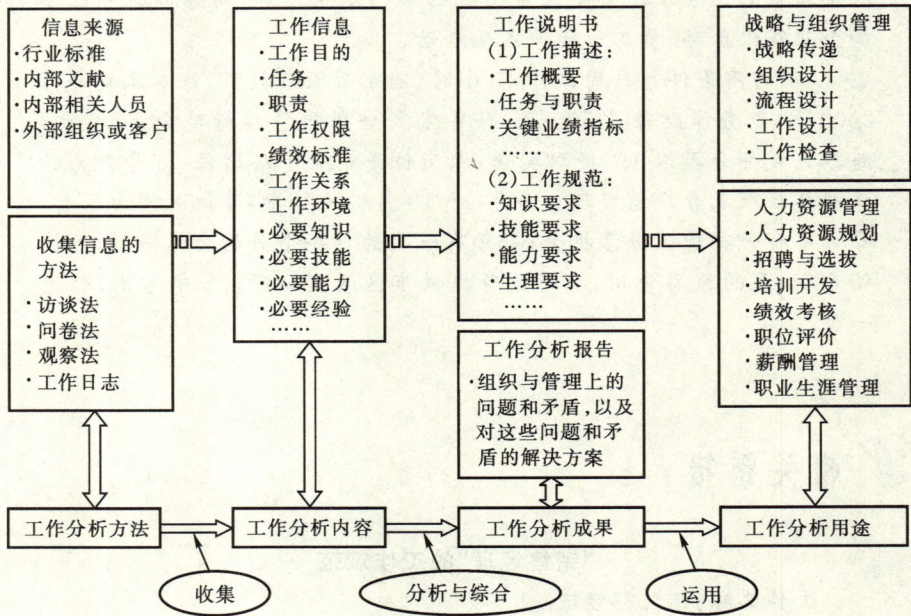

图1-1　工作分析的系统模型

工作分析的系统模型是表明工作分析活动的主要构成因素之间的相互关系,它反映了工作分析活动的基本思路与框架,或者说它反映了一种现实的工作分析的模式。从工作分析的系统模型来看,工作分析活动主要包括四个环节:工作分析方法、工作分析内容、工作分析成果以及工作分析用途。一项完整的工作分析活动通常需要围绕上述四个环节开展工作。因此,本书中有关工作分析的章节就是以上述四个环节为基础展开分析与讨论的,有关详细内容见后面相关章节。

1.1.4　与工作分析相关的基本术语

由于工作分析与工作以及工作对应的工作活动是紧密联系在一起的,因此有必要澄清与之相关的一些概念。

(1)微动作(micromation)。指涉及基本的动作,如触及、抓起、安置或放下一个物体。两个或两个以上的微动作的集合形成一个要素。

(2)要素(element)。指工作活动中不便再继续分解的最小单位。工作要素是形成职责的信息来源和分析基础,并不直接体现于工作说明书之中。比如,秘书接听电话前拿起电话是一个要素,司机开车前插入钥匙也是一个要素。

(3)任务(task)。指工作活动中为达到某一目的而由相关要素直接组成的集合,是对一个人从事的事情所做的具体描述。任务是工作分析的基本单位,并且它常常是对工作职责的进一步分解。比如复印文件,为了达到最终的工作目的,复印员必须从事以下具体行动:①启动复印机;②将复印纸放入复印机内;③将要复印的文件放好;④按动按钮进行复印。也就是说,复印文件这一任务,是上述四项要素直接组成的一个集合。

(4)职责(responsibility)。由某人在某一方面承担的一项或多项任务组成的相关任务集合。比如,监控员工满意度是人力资源部经理的一项职责,这一职责由下列五项任务组成:①设计满意度的调查问卷;②进行问卷调查;③统计分析问卷调查的结果;④向企业高层反馈调查的结果;⑤根据调查的结果采取相应的措施。

(5)职权(authority)。指赋予完成特定任务所需要的权力。特定的职责要赋予特定的职权,甚至于特定的职责等同于特定的职权。它常常用"具有批准……事项的权限"来进行表达。例如:具有支配50万资金和几十辆车的权限。

(6)职位(position)。由一个人完成的一项或多项相关职责组成的集合,又称岗位。例如,人力资源部经理这一职位,它所承担的职责有以下几个方面:员工的招聘录用;员工的培训开发;企业的薪酬管理;企业的绩效管理;员工关系的管理等。在组织中的每一个人都对应着一个职位或岗位,因此从理论上说职位的数量应该等于人员的数量,组织有多少人员相应地就有多少职位。

(7)工作(job)。也称职务,指主要职责在重要性和数量上相当的一组职位的统称。在企业中,通常把所需知识技能及所需要的工具类似的一组任务和责任视为同类职务,从而形成同一职务、多个职位的情况,如企业的副经理是职务,可以对应生产副经理、财务副经理、行政副经理等具体职位。

(8)工作族(occupation)。企业内部具有非常广泛的相似内容的相关工作群,又被称为职位族、工作群。比如,企业内所有从事技术的职位组成技术类工作族;所有从事销售工作的职位组成销售类工作族。

(9)职业(profession)。由不同组织中的相似工作组成的跨组织工作集合。比如,教师职业、秘书职业等等。

　　(10)职业生涯(career)。指一个人在其工作生活中所经历的一系列职位、工作或职业。例如,某人刚参加工作时是学校的老师,后来去了政府机关担任公务员,最后又到了公司担任经理,那么老师、公务员、经理就构成了这个人的职业生涯。再比如,某人的职业和工作单位虽然没有发生过变化,但是他从办事员开始,经过主管、副经理、经理,一直干到副总经理,那么办事员、主管、副经理、经理、副总经理也形成了这个人的职业生涯。

　　图1-2是关于要素、任务、职责、责任、职权、职位、工作、工作族和职业等概念之间的关系示意图。

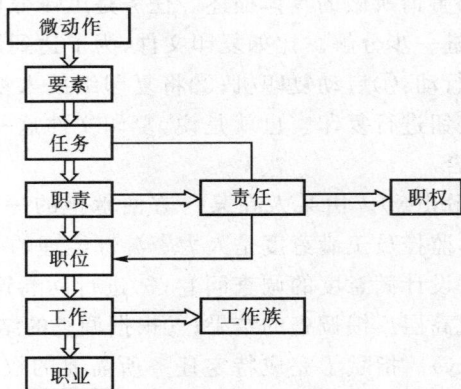

图1-2　工作分析的基本术语及其相互关系

1.2　工作分析的作用与意义

　　从现代企业人力资源管理的发展来看,人力资源管理呈现出两方面的趋势:一方面是强调人力资源管理的战略导向;另一方面是强调人力资源管理各职能子系统整合。而工作分析在上述两个趋势中都扮演着关键性的角色。对于前者,工作分析是从战略、组织、流程向人力资源管理职能过渡的桥梁;对于后者,工作分析是对人力资源管理系统内在各职能子系统进行整合的基础与前提。正是由于工作分析在现代企业人力资源管理中这种关键性的角色,使其成为现代企业人力资源管理中一项重要的基础性工作。对于中国企业而言,工作分析也是中国企业建立现代企业制度、探索现代化管理之路的重要环节。

阅读资料 1-2

　　某铝业公司是中国铝工业集团公司成员之一,属国家大型企业,现有员工 1.7 万人,年创利润 2 亿元。随着现代企业制度的建立,铝业公司在用人制度、用工制度、薪酬制度、培训体制改革为主要内容的人事与激励约束机制改革方面进行了有益的探索。

　　铝业公司在进行有益探索前,首先要做的一件事是工作分析,这样才能确保各项工作科学、合理地开展。对此,人力资源部门对职位要求、职位关系、职位工作内容、职位考核标准等要素进行分析、规范和整理,用标准方式对各类职位进行界定和描述,形成职位工作规范文件——《工作说明书》,以量化指标对职位进行排序和分级,并在此基础上确定各职位的等级关系。他们的职位评价主要是根据职位的劳动技能、劳动责任、劳动强度、工作环境等要素确定职位等级关系。

　　通过这一系列的工作,铝业公司的上下各级员工对自己的工作都有了明确目标,大大减少了人员冗杂、人浮于事、扯皮推诿的现象,提高了工作效率。同时,企业工作考核、薪酬管理、人员招聘等工作也有了标准,从而有效地保证了公司健康、稳定、持久地发展。

——资料来源:西课——上海荷兰国际函授中心教材

1.2.1　工作分析在战略与组织管理中的作用

　　工作分析在企业战略实施和组织管理中具有十分重要的意义,具体表现在以下几个方面(见图 1-3):

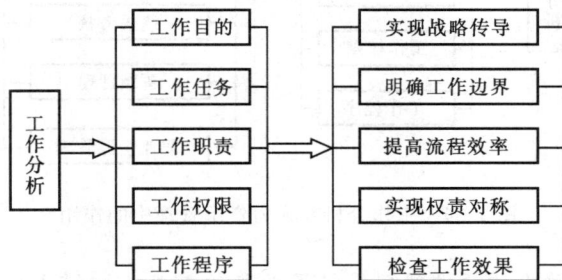

图 1-3　工作分析在战略与组织管理中的作用

（1）**实现战略传导**。通过工作分析，可以明确组织中每个工作职位设置的目的，从而找到每个工作如何为整个组织创造价值，如何支持企业的战略目标与部门目标，从而使组织的战略目标的实现能够得以落实。

（2）**明确工作边界**。通过工作分析，可以明确界定工作的职责与权限，消除工作之间在职责上的相互重叠，从而尽可能地避免由于工作边界不清导致的扯皮推诿，并且防止工作之间的职责真空，使组织的每一项工作都能够得以落实。

（3）**提高流程效率**。通过工作分析，可以理顺工作与其流程上下游环节的关系，明确工作在流程中的角色与权限，消除由于工作设置或者工作界定的原因所导致的流程不畅，效率低下等现象，从而有效提高组织的流程效率。

（4）**实现权责对等**。通过工作分析，可以根据工作的职责来确定或者调整组织的授权与权力分配体系，从而在工作层面上实现权责一致。

（5）**检查工作效果**。通过工作分析，有助于员工本人反省和审查自己的工作内容和工作行为，以帮助员工自觉主动地寻找工作中存在的问题，并且圆满地实现职位对于企业的贡献。

1.2.2　工作分析在人力资源管理中的作用

工作分析在人力资源管理中具有基础性的作用，它为人力资源管理提供了平台，人力资源管理的其他所有职能活动应当说都是在此基础上进行的。工作分析在人力资源管理中的作用，具体表现在以下几个方面（见图 1-4）：

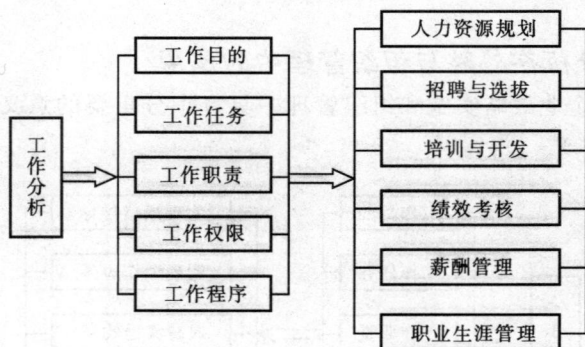

图 1-4　工作分析在人力资源管理中的作用

（1）**工作分析为人力资源规划提供了必要的信息**。通过工作分析可以对企业内部各个职位的工作量进行科学的分析判断，从而为职位的增减提供必要的信息。此外，工作分析对各个职位任职资格的要求也有助于企业进行人力资源的内部供给预测。

（2）工作分析为人员的招聘录用提供了明确的标准。由于工作分析对各个职位的性质、特征以及担任此类职位所必需的任职资格条件做了详尽的说明和规定，因此在招聘录用过程中就有了明确的标准，避免了盲目性，有利于提高招聘录用的质量，保证"因事择人、适才适所"。

（3）工作分析为人员的培训开发提供了明确的依据。工作分析对各个职位的工作内容和任职资格都做出了明确的规定，因此可以据此对新员工进行上岗前的培训，让他们了解自己的工作；还可以根据员工与职位任职资格要求的差距进行相应的培训，以提高员工与职位的匹配程度。

（4）工作分析为科学的绩效考核提供了帮助。通过工作分析，每一职位从事的工作以及所要达到的标准都有了明确的界定，这就为绩效考核提供了明确的标准，减少了评价的主观因素，提高了考核的科学性。

（5）工作分析为制定公平合理的薪酬政策奠定了基础。按照公平理论的要求，企业在制定薪酬政策时必须保证公平合理，而工作分析则对各个职位承担的责任、从事的活动、资格的要求等做出了具体的描述，这样企业就可以根据各个职位在企业内部相对重要性的大小给予不同的报酬，从而确保薪酬的内部公平性。

（6）加强职业生涯管理。通过工作分析，在明确工作的职责、权限、任职资格等的基础上，形成该项工作的基本规范，从而为员工职业生涯的发展提供牵引与约束机制。

1.2.3　工作分析应用的实证数据

从理论层面来讲，工作分析作为一种管理工具，在战略的传导、组织设计和人力资源管理各个方面都扮演着重要的角色。但是在实际的企业活动中，它扮演的这些角色到底有多大分量？它们之间孰轻孰重？这些角色的轻重与理论上得出的比较又有什么样的不同呢？下面通过美国管理协会（AMA）对工作分析的用途进行的调查数据作一注明（见表1-1）。

表1-1　AMA对美国公司工作分析用途的调查结果

工作分析信息的用途	回答数目	百分比
明确工作职责	220	90
为工作评价与薪酬决策提供数据	192	79
为建立绩效标准提供基础	110	45
为建立目标管理提供基础	80	33

工作分析信息的用途	回答数目	
为人员招聘提供支持	68	28
界定工作权限	40	16
组织结构调整	23	9
明确工作对其他部门的价值	12	5
支持职业生涯管理	10	4
识别培训与开发需求	6	2
上岗引导	3	1
其他	3	1

　　该数据来自于美国管理协会在 20 世纪 80 年代对当时的财富 500 强中的 244 家企业的调查。该调查要求回答者列举在公司中工作分析的三项最重要的用途，通过此调查表，我们可以根据工作分析在人力资源管理实践中的运用做出以下结论：

　　(1)工作分析的主要角色集中在三个用途。这三个用途是明确工作职责(工作目的层面)、为工作评价与薪酬决策提供基础(工作激励层面)和为建立考核标准提供基础(工作考核层面)。三个用途都是工作者非常关心的层面，从而肯定了工作分析的实践价值。

　　(2)工作分析在战略、组织和人力资源各方面的应用很分散。调查表明了在管理实践中，人们对工作分析的作用认识还是"仁者见仁，智者见智"，运用起来也各自按其认为重要的方面进行操作。

　　(3)理论和实践之间存在差距。工作分析的成果——工作说明书中有任职者资格详细的规定，从理论上来讲，它在人员招聘和人员培训中的应用是直接对应的，这种重要性应该很大，但实践中的数据表明并非如此。这表明了工作分析在理论和实践之间有很大的差异。

1.3　工作分析的历史沿革及其发展趋势

1.3.1　工作分析的历史沿革

1. 工作分析思想的探源

几千年来,管理者一直在寻找有效管理的方式和手段。在这其中,工作分析作为管理的一个工具,也越来越受到人们的重视。工作分析的思想早在古希腊时期就已经产生了。在公元前 6 世纪,希腊人认识到管理是独立的艺术,并在工作中采用科学方法。著名思想家苏格拉底在对理想社会的设想中指出社会的需求是多种多样的,每个人只能通过社会分工的方法,从事自己力所能及的工作,才能为社会做出较大的贡献。他认为个人的工作是具有差异性的,不同工作岗位的要求也存在差异性,只有让每个人从事他们最适合的工作,才能取得最高的效率。因此,人们需要去了解各种不同的工作以及工作对人的要求。换句话说,一个社会(或一个组织)要想取得成功,它就必须获取与工作要求有关的详细信息(通过工作分析来实现),并且还必须保证这些工作要求与个人的资质之间是相互匹配的(通过人员甄选来实现)。尽管苏格拉底所关注的是范围更大的整个社会,但这种思想为后来的工作分析奠定了基础。

中国古代政治家管仲,大约在公元前 7 世纪,就提出了著名的四民分业定居论,主张将国人划分为士、农、工、商四大行业并按专业分别聚居在固定的区域。后来荀况把分工称作"曲辨",特别强调分工的整体功能。他认为,人类强于动物的地方不在于个体的能力,而在于群体的能力与有关的智慧。就个体来说,力不若牛,走不若马。群体的力量产生于合理而科学的分工,只有社会确定了合理而科学的分工,人们才能各就各位有序地工作,避免纷争,发挥出群体的共同能力。虽然中国古代思想家对分工早有研究,且不乏自己的独到见解,但由于中国古代的生产方式是典型的自然经济,是以农业与家庭手工业的结合为基础,与之相适应的主导经济思想是自给自足的小农意识,因而限制了中国分工思想的进一步发展与实践,未能形成系统的分工理论。

2. 工作分析的早期发展

历史上第一次进行大规模工作分析活动的人,据说是一位名叫丹尼斯·狄德罗(Denis Diderot)的人。1747 年,狄德罗受命为德国一家翻译协会编纂一部百科全书。在编写过程中,他发现协会所提供的资料,特别是有关贸易、艺术以及手工业方面的资料并不完整,而且缺乏统一的意图。为了在百科全书中对贸易、艺术以及手工业方面进行系统详实的描述,经过反复考虑,他决定对多种工作的操作过程进行一次新的调查。

　　整项调查研究几乎是由狄德罗一人完成的。虽然狄德罗本人对贸易知之甚少，但是他那执著的精神和一贯的好奇心弥补了他的不足。有一次，狄德罗了解到由于一架织布机过于复杂以至于工人们无法清楚地描述他们的工作，就去现场观看，并请熟练工讲解操作原理，还尝试着自己操作。最后，他把织布机的各项零部件均雕刻成图版，为这台机器写了详细的说明书，并配以图解。另外，在巴黎得不到满意的解释时，狄德罗就写信向外省的制造商及技师请教……这种不耻下问的学习精神，使狄德罗成就了大事业，使他成为百科全书编纂者的始祖。

　　狄德罗能简化原有过程中一些不必要的环节，并善于将收集的资料系统化，从而大大优化了原有的工作程序。在研究中，狄德罗发现资料的准确性与研究程序、研究目的是紧密相关的。凭着科学而认真的调查研究，他终于完成了这次工作分析的活动，达到了对每种工作了解的目的。狄德罗的工作为以后的工作分析实践提供了直接的经验与参考。

3. 工业革命至二战间的工作分析

　　工业革命后，人类社会发生了巨大的变化。随着大工业的发展，对组织进行科学的管理显得越来越重要。在工业社会中，生产规模不断扩大，但在工业生产过程中的一些问题也逐渐暴露出来。例如，由于在工作中缺乏统一的标准，造成一些机器设备的损失；很多工作中没有充分考虑到人的因素，而造成生产效率的低下。

　　美国人泰勒在20世纪初对组织的管理进行了一系列的研究，并对当时和现在的管理都产生了非常深刻的影响。由于其卓越的贡献，被后人尊为科学管理之父。他在1878年被密德威尔钢铁公司雇佣。当时由于老板不知一个工人一天能干多少活，所以工人出于各种原因经常怠工，导致劳动生产率非常低。为了挖掘工人的潜力，提高劳动生产率，泰勒采用了动作实时研究的方法，即把每个工作分解为基本的动作，通过计时不同动作决定完成这项工作最有效的方式，探讨提高劳动生产率的最佳方法，制定出合理的日工作量。所谓动作时间研究，就是将工作分成若干部分并分别进行计时。通过分析，对各种活动的时间及顺序进行重新规划，达到提高生产率的目的。泰勒在1903年出版的《商店管理》一书中，详细地描述了由于把工作分成若干部分并进行计时而提高了劳动生产率的事实。1911年他又出版了《科学管理原理》一书。在该书中他宣称，要对组织进行科学的管理，就必须对组织中的每一份工作进行研究，从而科学地选拔、培训工人。泰勒的研究被认为是科学工作分析的起始，他也因此开创了科学管理学派。表1-2是科学管理学派的主要概念。

　　现代意义上的工作分析还和人员选拔测评等人力资源管理和开发工作密切地联系在一起。所谓选拔无非就是确定在某一职务上所要做的工作和胜任该工作所需的能力、技能、知识等,从而将能够胜任与不能胜任这项工作的人筛选出来。由于任何一项工作在环境、时间、作业活动、任职者 4 个要素方面都存在差异,所以要做到人和职的匹配,就必须对工作进行合理的分析。工作分析是人事选拔和测评的主要手段和必经程序。20 世纪初,与人事选拔和测评密切相关的工业心理学得到了迅速的发展。闵斯特伯格于 1913 年在美国出版了《心理学与工业效率》,标志着工业心理学的诞生。而心理测量学的发展,则更为人事选拔和测评提供了技术上的支持。1905 年,心理学家比内和医生西蒙应法国教育部的要求编制了世界第一份智力测验试卷。该测验对于筛选弱智儿童非常有效。于是,在第一次世界大战和第二次世界大战期间,人们把测验应用于军人的选拔和安置上并获得了极大的成功。与此同时,人事选拔和测评又被广泛应用于商业,而且变得越来越重要。作为人事选拔和测评的主要方法和必经程序——工作分析,也得到了迅速的发展。

在第一次世界大战期间,美国便设立了军队人事委员会来实施工作分析,于是工作分析一词便开始使用。1920 年美国国家人事协会规定把工作分析定义为一种处理方法,其结果可以确定一种职务的构成及胜任该职务的人所必须具备的条件。据调查,在 1930 年美国各大公司采用工作分析的仅占 39%,而到 1940 年急增到 75%。

表 1-2　科学管理

主要概念	用科学方法分析工作,决定完成任务的"最好的方式" 强调对任务的研究、选择,培训工人以及管理层和工人间的合作
贡献	改进工厂生产率和效率 引进对工作场所的科学分析 计件工资将工人的报酬和绩效划上等号
缺陷	激励前提简单化 将工人看作机器的一部分 工人开发还有潜力 排除了高层管理者的任务 忽略了组织和环境之间的关系

4. 工作分析的近代发展

虽然泰勒在 20 世纪早期就提出科学方法作为管理的工具,但大多数组织直到 20 世纪四五十年代才开始采用定量工具解决管理问题。在二次世界大战中,军队的计划者开始采用数学工具解决防卫和装备问题。战后,私人企业开始组织定量

专家队伍去解决大型企业面临的一些复杂问题。这种方法，叫做定量管理，强调对
管理决策和问题进行定量分析。表1-3是定量管理的主要概念。

表1-3　定量管理

主要概念	在管理决策中应用定量分析
贡献	开发问题分析的具体数学模型 帮助管理者在一组可选方案中选择最好的
缺陷	模型忽略了非量化因素 管理者没有经过这些技术培训，因此不相信或不理解结果 对非常规和不可预测的管理决策不适用

定量管理帮助管理者通过开发问题的正规数学模型来决策。计算机辅助了具
体定量方法的发展，这包括统计决策理论、线性规划、排队论、模拟、预测、存货模
型、网络模型和盈亏平衡点分析等等。组织在许多领域采用这些技术，包括生产、
质量控制、营销、人力资源、财务、计划和研发等。

伴随着定量管理的出现，工作分析也开始侧重于对职务信息的定量描述。20
世纪70年代以来，结构化、定量化的工作分析方法不断涌现。著名的有工作者导
向的工作分析问卷法（PAQ）、职务导向的职能工作分析法（FJA）等等。同时也出
现了关键事件法、功能性工作分析法、工作要素分析法等新的方法。西方国家还通
过公平就业等方面的法规对工作分析的某些方面做出规定。

1979年，德国工效学家罗莫特（Walter Romert）把他几十年的工作设计研究
加以总结，提出了工作分析工效学调查法。因此，他被公认为"工作分析"的创始
人。现在，越来越多的企业认识到了工作分析对企业管理的作用和意义。从最初
的仅仅为了工艺流程的设计和人员的招聘发展到了应用工作分析的结果进行绩效
考核、培训、薪酬管理等。工作分析受到了越来越多的企业的重视与欢迎。

1.3.2　工作分析的发展趋势

随着现代科技的发展和市场竞争的日益激烈，扁平化组织、工作团队、无边界
组织、流程再造等管理方法正在改变着组织中工作的性质以及工作的要求。在这
种变化的环境中，工作特征变化迅速，今天定义的工作可能明天就被淘汰，工作分
析数据可能很快就会失去其准确性，而过时的工作分析信息又会阻碍一个组织的
应变能力。为了适应这种新的变化，工作分析也呈现出新的发展趋势，具体表现
为：

1. 从静态的工作分析到动态的工作分析

传统的工作分析一般假设工作环境是静止的,其中的工作保持相对稳定。因此,传统的工作分析常常只是着眼于对分析对象进行孤立的静态的分析,并不会考虑到同一部门内或部门外分析对象之间的相互联系。但是,现代组织中,由于员工工作成就感和工作挑战性的要求,工作扩大化以及工作丰富化的实施,各工作岗位之间的分工界限正在逐渐消失,变得并不是那么清楚明晰,从而要求工作分析不能只分析一个孤立的工作岗位,而应该分析一个工作族类,分析该工作与其他工作之间的联系,包括工作联系、信息联系、产品联系、人员联系等。同时工作分析要适应组织变革的要求,根据组织变革对工作职位本身的影响,对工作分析进行动态管理,以满足持续性的组织变革的内在要求。

2. 从描述性工作分析到战略性工作分析

传统的工作分析,其目的在于对工作现状进行描述。例如职位说明书以及工作规范等都是对研究对象的实际情况,如工作主要内容、职责范围和任职资格等进行总结。然而,正如上述所言,现在社会经济处于快速变化之中,工作内容、职责范围和任职资格等也发生着相应的变化,因此,现代的工作分析改变了传统工作分析的描述方法,逐渐向战略性工作分析的方向发展。当一个工作被新创建出来或者正在遭受巨大变革时,工作分析就承担了预测职能,即通过实现组织目标所需履行的预测性的任务来描述一项工作。这种方法着力于预测在新的环境中,如新的战略目标、不同的工具、更加紧密的顾客联系以及扩大了的职责任务中工作的特征,因而被称为战略性工作分析。

3. 从以工作描述为重点的分析到以工作规范为重点的分析

现代企业越来越重视工作规范,尤其是其中的能力和素质要求,以"素质模型"为主要标志的新的招聘标准正在逐步形成。这是因为在新经济条件下,人的因素已经变得越来越重要,拥有优秀的员工已成为企业成功的关键,为了招聘到合格的人员,必须对任职资格条件做出详细的规定,因此工作规范就变得越来越重要。因此,组织可能采用一种以能力为基础的工作分析方法,它把重点放在成功员工的能力上,而不是强调标准的工作义务和任务等。这些能力能够适应组织文化和战略,它们包括人际沟通技能、决策能力、解决冲突技能、适应能力和自我激励等。

4. 从使用手工进行分析到使用高科技进行分析

以前的工作分析一般都是通过人工的方法对工作及其任职资格等进行分析。随着社会生产技术的迅速发展,工作分析领域也逐渐引入了许多新技术和方法,尤其是计算机网络化技术等高科技技术,在工作分析领域也成为必不可少的一部分。计算机网络技术可以应用于工作分析的各个阶段。在工作分析的准备阶段,工作分析小组可以利用计算机进行资料查阅、资料准备、进度计划和人员安排。在工作分析的实施阶段,可以利用计算机网络及其数据库查找同行业其他组织的工作设置、工作内容、职责任务以及任职资格等等,并且将所获取的本组织的相关工作信息输入数据库,以便进行更进一步的分析。在工作分析结果的检验阶段,计算机更是必不可少的一项工具,它使多元回归统计技术的应用更加可行,从而有助于排除工作分析中的潜在歧视与偏见,使分析的结果更加客观准确。

阅读资料 1-3

增强竞争力的需要——企业正在呈现"工作弱化"的趋势

理论与实践表明,一些企业正在出现一种所谓的"工作弱化"(de-jobbing)趋势。这种趋势的内容就是把组织看成是一个需要被人完成的工作领域,而不是一系列由个人所占据的零零散散的工作集合。比如在英特尔公司,个人往往是首先被安排到一个项目之中去。这个项目会随着时间的变迁而发生变化,同时个人所扮演的角色以及工作对他的要求也在发生相应的变化。在一个项目完成之前,一个人可能已经被安排到另外一个项目或者另外一些项目之中去了。因此,除了要担负起新职责之外,这名员工还被要求在许多不同的团队领导人手下进行工作,管理各种不同的目标和工作时间表,同时还要在各种不同的团队位置以及不同团队成员的多种工作时间表之间进行协调。这就要求企业取消传统的层级式结构安排,而代之以更为灵活和更具有流动性的组织结构和工作过程。这些"项目本位制"的组织结构要求企业通过工作流程分析来对工作得出一种更为宽泛的认识。

工作弱化是当今企业经营环境迅速变化的结果。在企业产品和技术快速变化、全球化竞争、人口结构变化、转向服务型经济以及信息时代等趋势下,企业必须不断提高其反应速度、灵活性和市场竞争力。为此,企业必须进行组织变革和管理方法创新。这些管理创新方法包括以下几种形式:

扁平化组织

取代拥有 7 个甚至 7 个以上管理阶层的传统金字塔形组织,只有 3~4 个层次的扁平化组织正方兴未艾。很多企业(包括 AT&T、ABB 以及通用电气公司)已经将其十几个管理层次削减到 6 个或更少。由于留下的管理人员要接受更多的人向其报告,他们对下属人员的监督管理可能会少些,因此,下属人员的工作责任的幅度和深度都会增大。

工作团队

管理人员越来越多地围绕团队和工作流程而非根据专门化的职能来组织工作任务。例如,在联合利华公司(Unilever)的分支机构,美国切斯布洛夫–旁氏公司(Chesebrough-Ponds USA),管理人员将传统金字塔式组织改变为多技能、跨职能的自我指导式团队。目前,该公司的4个生产领域采用了这种模式。计时制雇员自行确定工作任务、加班时间、生产进度以及改变生产设备或方法,甚至管理成本控制、处理调拨单。他们还根据公司的持续改善质量计划独立承担质量责任。在像这样的组织中,雇员的工作每天都在变化,因此,要努力让雇员不要将其工作看成一套特定的责任。

无边界组织

在无边界组织(boundaryless organization)中,由于普遍利用团队以及类似的组织结构机制,减少和弱化了划分部门(如销售部门、生产部门)及等级层次的边界,使其更易相互渗透。无边界组织鼓励雇员摒弃"这不是我的工作"的态度(这种态度通常会在雇员之间建立划分工作领域的高墙),从而提高了反应速度。将关注要点放在根据组织的总体最大利益确定目前项目或工作任务上,从而进一步弱化了将工作作为一系列清晰定义的职责的概念。

流程再造

流程再造(reengineering)是"为了极大的改进最重要的业绩指标,如成本、质量、服务、速度等,对业务流程进行的根本性的重新思考和重新设计。"在著作 *Reengineering the Corporation* 中,迈克尔·哈默(Michael Hammer)和詹姆斯·钱皮(James Champy)主张,数百年来决定业务结构与管理的原则,如高度专业化的分工,应当取消了。企业应当更注重将工作任务合成整体化和非专门化的工作流程(例如客户服务),分配给雇员团队。

你可以用许多方式进行流程再造。例如,你可以将几个专门化的工作合成少数比较大而丰富的工作。一般说来,在再造了的环境中,工人们会变得愿意共同负责总体工作结果,而不是每个人只管自己的一摊事情。"他们与执行整个工作流程的团队成员共同承担责任,而不是只负一小块责任。他们不仅使用日益广泛的技能,而且他们必须思考日益重大的问题"。最重要的是,"不是所有团队成员都会做完全相同的工作……但（工人之间的工作界限）变得模糊不清了”。

未来的职位说明书

今天，大多数企业还在使用职位说明书，并且依靠传统定义的工作。但是显然，越来越多的企业正在围绕更为宽泛的、甚至每天都可能变化的工作而建立组织结构。正如某位作者所说："在这种环境下，人们不再接受来自职位说明书的提示或者主管人员指令。信号来自于不断变化的项目需求。工人们要学会集中精力将个人的努力与集体的资源放在那些必须做的工作上，顺应工作需要的变化。管理人员也会失去他们的'工作'……"

——资料来源：（美）加里·德斯勒著：《人力资源管理》，清华大学出版社，2001 年；华贸通咨询编著：《现代企业人力资源解决方案》，中国物资出版社，2003 年。

1.3.3　我国工作分析的发展现状

新中国成立以后，我国开展了比较系统的劳动心理学研究，工作分析的研究处于起步阶段。这一阶段心理学家进行了使工人适应工作要求的研究以及工效学方面的一些研究。20 世纪 60 年代以来，由于"文革"，工作分析、人事管理工作长期处于停滞状态。工作分析在我国的真正发展始于改革开放以后。尽管起步较晚，但由于广大科技工作者和管理学界同仁的共同努力，已获得了迅速的发展。西方所采用的工作分析的方法也已被介绍并应用到实际工作中。

在 1984—1985 年，为了探索干部的德才和工作绩效的科学评定方法，我国的心理学家们运用个案法、工作日记法、问卷调查法和现职干部评定法等方法，对企业各个层次和部门的干部的工作任务和职务特征进行了比较全面的分析，包括工作内容、时间分配、技术难度、任务紧迫性、人际交往频率、职责和工作负荷等。这些研究明确了企业各级管理者的职责，初步确定了任职者所应具备的心理素质、知识和能力水平等条件，为各级管理者的选拔、培训、考核、调动、晋升打下了基础，取得了较好的效果。但是，由于我国的劳动人事制度中尚未制定出详细科学的"职位分类法"，因此，不论是行政事业单位，还是企业单位，人员的职称、职位的标准都不统一，普遍存在职责不清、分工不明、权力与责任相分离、工作与利益相脱节的现象；存在着因人设岗、机构膨胀、人浮于事的现象；存在着工作设计和分析没有与人力资源考核、薪资分配、培训等人力资源管理方案和制度形成一个有机体，导致职能分割、员工消极对抗的现象。

尽管在人事管理工作中推行了岗位责任制，从工作分析的角度看，却也存在不少问题，例如：职位描述不科学，仅仅是生产岗位责任制，仅仅列举了人员的职责与任务;对职务要求的研究不够,对职位的职责、任务、权限说明较多,而对人员的素质要求描述不够,缺乏任职资格的分析,不能有效地考核与激励员工;研究的方法不规范,工作分析人员必须受过严格训练,有的企业从事工作分析的人员不懂专业内容或者为了简单了事让从业人员自己撰写工作说明,这样的结果势必导致与实际相脱离。

近几年来,为了解决这些问题,不少专家学者都努力进行探讨。有的对工作分析问卷法(position analysis questionnaire,PAQ)进行研究;有的对人员资格进行研究;还有的在工作分析研究中结合企业具体问题提出了"因事设职与因人设职相结合"的原则;有的人甚至运用计算机技术,提出把专家系统技术应用于工作分析中,以得出科学的工作说明书和职务规范。

虽然人力资源管理在我国发展很快,在工作分析方面也取得了一些经验,但还有一些问题有待解决:①工作分析在美国和日本这两个社会价值观截然不同的国家运用得十分广泛,发挥着巨大作用。所以,工作分析在结合我国国情之后同样能发挥其深远意义。但目前我国许多企业仍没有进行工作分析与工作评价,这也许是企业对新事物的畏惧,也许是观念上的误区,必须打破这种观念,实施变革。②近几年来,我国企业在岗位研究方面取得一定成效,积累了较为丰富的经验,为企业迈向现代人力资源管理打下了基础。但要注意的是工作分析不是岗位责任制,如果拿过去管理模式下的岗位责任制来当做现代人力资源管理的基石,对于企业而言将是十分危险的。③和其他一些基础工作一样,工作分析得不到足够的重视,例如:新成立的公司往往不会进行工作分析。公司领导往往会认为还有其他很重要的事要解决,工作分析可以放一放,殊不知道工作分析对新成立的公司具有多么深远的意义和潜在的作用。一般来说,在经济调整时期,工作分析会得到重视,而在经济发展时期容易被忽视和冷落,其发展轨迹为马鞍形,致使它在企业现代人力资源管理中没有充分发挥作用。④对于工作分析的基本原理、原则和方法,还缺乏系统整理和理论的升华,以致实际工作部门开展工作时缺乏正确的理论背景,所以,必须提升人力资源管理人员的专业素质。⑤国内各行业有关工作分析的信息缺乏交流和沟通,国外企业工作分析的历史、现状和发展趋势,以及有关工作分析实例等方面的资料也十分短缺,须加强交流,进一步开发和利用国外的有关资料。⑥为了推进具有中国特色的工作分析,有关部门应当充分重视,投入一定的人力、物力和财力,加快工作分析、职业分类的标准化进程。

尽管我国进行工作分析存在以上问题和局限性,但也有一定的优势。信息时代的到来能使我国企业更快、更好地学习和借鉴国内外的先进经验和做法,为企业的发展奠定良好的基础。

本章思考题

1. 什么是工作？什么是工作分析？
2. 工作分析有什么作用和意义？
3. 工作分析的内容涉及哪些方面？
4. 何谓工作分析系统模型？它有什么作用？
5. 工作分析的发展趋势是什么？
6. 结合我国的实际，谈谈我国企业工作分析的现状及存在问题。

案例分析

A 公司应该如何进行人力资源管理变革

A 公司是我国中部省份的一家房地产开发公司。三年前，公司现任总经理看准当地房地产行业的广阔商机和发展前景，多方融资组建了这家公司。近年来，随着当地经济的迅速增长，房产需求强劲，公司有了飞速的发展，规模持续扩大，逐步发展为一家中型房地产开发公司，在当地房地产行业中占有了重要的一席之地。随着公司的发展和壮大，员工人数大量增加，众多的组织和人力资源管理问题逐步凸显出来。

一、组织上的问题

公司现有的组织机构，是基于创业时的公司规划，随着业务扩张的需要逐渐扩充而形成的。在运行过程中，组织与业务上的矛盾逐步凸显出来。部门之间、职位之间的职责与权限缺乏明确界定，扯皮推诿的现象不断发生；有的部门抱怨事情太多，人手不够，任务不能按时、按质、按量完成；有的部门又觉得人员冗杂，人浮于事，效率低下。这些状况严重制约了公司的业务发展，并在客户中造成了不良印象。

二、招聘中的问题

公司的人员招聘，由各部门提出人员需求和任职条件，作为选录的标准，然后交由人力资源部组织招聘和面试。但是用人部门给出的招聘标准往往笼统含糊，招聘主管往往无法准确地加以理解，使得招来的人大多差强人意。许多岗位往往不能做到人事匹配，员工的能力不能得以充分发挥，严重挫伤了士气，影响了工作效率。

三、晋升中的问题

公司员工的晋升以前由总经理直接决定。现在公司规模大了,总经理几乎没有时间与基层员工和部门主管打交道,基层员工和部门主管的晋升只能根据部门经理的意见决定。而在晋升中,上级和下属之间的私人感情成为决定性的因素,有才干的人往往不能获得提升。因此,致使许多优秀的员工看不到未来的前途而另谋高就。

四、激励机制的问题

公司缺乏科学的绩效考核和薪酬制度,考核中的主观性和随意性严重,员工的报酬不能体现其价值与能力,人力资源部经常听到员工对薪酬的抱怨和不满,这也是人才流失的重要原因。

面对这样严峻的形势,人力资源部开始着手进行人力资源管理的变革。人力资源部的王经理为此参加了人力资源管理的培训班。在培训班上,王经理了解到工作分析是企业人力资源管理的基础,自己公司的许多问题似乎与此相关。因此,他在和总经理商议之后,决定以工作分析作为变革的切入点。于是,人力资源部以雄心勃勃的王经理为首,加上几个主管,成立起了一个工作分析小组,全权负责工作分析项目的开展。

案例讨论

1. 试分析该公司为什么决定从工作分析入手来实施变革,这样的决定正确吗?为什么?

2. 你认为该公司应如何进行工作分析。

第 *2* 章

工作分析流程

工作分析的重要性、基础性、复杂性和系统性决定了它的实施不仅需要有较高的专业素质作保证，还要对工作分析的流程有清晰地认识，要对整个工作分析活动进行统筹规划和对工作分析过程进行有效的控制。一套科学适用的工作分析流程可以有效地指导企业的工作分析活动，节省操作成本。不同性质的企业有着不同的工作分析流程，即使是同一企业在不同的发展时期所使用的工作分析流程也不完全相同。基于当前我国大多数企业处于引入新的人力资源管理理念和技术，构建人力资源管理基础和框架，规范人力资源管理行为和流程的初级阶段的现状，结合国内外工作分析理论研究和实践应用的成果，本章将概括出一套适用于国内大多数企业进行工作分析的一般流程。

重点问题

⇨ 工作分析流程设计的指导思想
⇨ 工作分析的基本流程
⇨ 开展工作分析的基础
⇨ 工作分析各阶段的主要任务
⇨ 工作分析结果的应用

2.1　工作分析流程概述

2.1.1　工作分析流程设计的指导思想

工作分析流程，是指完成工作分析任务的一系列相互衔接的步骤。本章的工作分析流程是本着服务于构建人力资源管理平台，综合使用各种成熟、易操作的工作分析方法，全程监控工作分析过程中信息的流动，及时进行沟通、反馈的指导思想来进行设计的。

2.1.2　工作分析的基本流程

　　工作分析的基本流程可概括为五个阶段（见图 2-1）：立项阶段、准备阶段、调查阶段、分析阶段以及完成阶段，每个阶段的具体任务都不同，它们构成了工作分析的完整过程。下面将分别就工作分析的各个阶段任务展开分析。

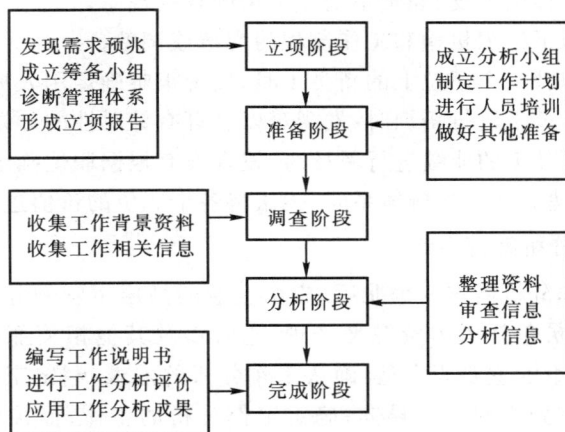

图 2-1　工作分析基本流程图

2.2　工作分析的立项阶段

　　工作分析的立项阶段是工作分析的起始阶段，该阶段的主要任务是要确认工作分析的需求，制定工作分析的大体原则，主要在企业内部自行完成。本阶段主要包括工作分析需求诊断和立项两项工作。

2.2.1　工作分析需求诊断

1. 发现工作分析需求的预兆

　　工作分析是人力资源管理中的一项基础性、常规性的工作。作为基础性的工作，在企业建立之初，缺乏运行前提，无法进行正常经营活动时需要进行工作分析；在企业制定了发展战略，但缺乏管理支持，而无法真正落实时也需要进行工作分析。

通常,企业是将工作分析作为一项常规性的工作来看待的,作用主要表现在整合人力资源管理系统内部各功能模块上。作为常规性的工作,一般来说,当企业出现下列情况之一时,就表明需要进行工作分析:

(1) 组织管理体系、业务流程不畅,造成效率低下;

(2) 客户的需求提高,而目前的产品和服务无法满足顾客的需求;

(3) 缺乏明确的、完善的、书面的工作说明,人们对工作的职责和要求不清楚;

(4) 虽然有书面的工作说明,但与实际工作的情况不符,难以遵照它去实施;

(5) 经常出现推诿扯皮、职责不清或决策困难的现象;

(6) 刚刚进行了组织机构和工作流程的变革或调整;

(7) 当需要招聘某个职位上的新员工时,发现很难确定用人标准;

(8) 当需要对员工进行培训时,发现难以制订有针对性的计划;

(9) 当需要对员工的业绩进行考核时,发现没有根据职位确定的考核标准;

(10) 当需要建立新的薪酬体系时,无法将各个职位的价值进行评估。

2. 成立工作分析筹备小组

在发现了工作分析需求的预兆后,应由企业的高层主管领导牵头组建工作分析筹备小组,其成员包括人力资源部经理、主管以及其他相关部门(财务部、行政部)经理。筹备小组的主要职责是:确认工作分析的需求;制定工作分析的总体原则、预算;建立工作分析的目标导向;确定工作分析的主体;监控整个工作分析过程;确认工作分析的最终结果;推广应用工作分析成果;项目述职。

(1) 制定工作分析的总体原则。进行工作分析一般要遵循下列原则:

① 系统原则。对某一工作进行分析时,要注意该工作与其他工作的关系以及该工作在整个组织中所处的地位,从总体上把握该工作的特征及对人员的要求。

② 动态原则。工作分析的结果不是一成不变的。要根据战略意图、环境的变化、业务的调整,经常性地对工作分析结果进行调整。

③ 目的原则。在工作分析中,首先要明确工作分析的目的。工作分析的目的不同,所需要采集、处理的工作信息内容、方法和工作分析的工作量不同,工作分析人员的选择不同,所需费用也不同。工作分析的主要目的有:对各种特定工作进行如实的描述,正确认识这些工作;对工作进行设计或再设计,编制或修订工作说明书;明确对工作的岗位任职者资格、素质的要求,制订招聘标准和招聘测试方案;制订有关工作任职者的培训计划,提高培训的针对性和培训的效果;明确工作任务、职责、权力及其与相关工作的关系,杜绝争权和推诿责任,实现协调合作;进行工作比较,平衡薪资待遇,实现公平、公正;工作绩效评价,提高评价的客观性、公正性等等。

　　④ 经济原则。工作分析本着经济性原则，根据工作分析的目的，采用合理的方法。

　　⑤ 职位原则。工作分析应从职位出发，分析职位的内容、性质、关系、环境以及人员胜任特征。其中人员胜任特征是指完成这个职位工作的从业人员需要具备什么样的资格与条件。

　　⑥ 应用原则。工作分析的结果——工作描述与任职资格，要用于人力资源管理的相关方面。无论是人员的招聘、选拔培训，还是考核、激励，都需要严格按工作说明书的要求来做。

　　（2）建立工作分析的目标导向。工作分析的目标导向，是指明确规定工作分析的具体目标和工作分析成果的具体用途，以此作为构建整个工作分析系统的依据。工作分析可以分别以组织优化、甄选、培训开发、考核、薪酬为目标导向。目标导向不同，所要达到的目的也不同。强调建立工作分析的目标导向，并不意味着一个工作分析项目只能有一个目标。事实上，工作分析的不同目标导向之间往往是相互交叉的，一个工作分析项目可以胜任 2～3 个具体目标。

　　（3）确定工作分析主体。工作分析主体，就是承担工作分析任务的人员。关于工作分析主体的问题，有几种不同的观点，由此引发的多主体问题，也正是目前工作分析实践中经常遇到的需要解决的问题。在现实中，大致存在以下几种关于工作分析主体的认识：

　　① 工作分析的主体是任职者。这种观点认为，任职者最清楚自己的工作，由自己来做工作分析既省时又省力。然而事实并非如此，由此引出了很多问题，如：格式不统一、表达不规范，只写做什么，而做到什么程度一概不清等。

　　② 工作分析的主体是部门主管。这种观点认为，部门主管对任职者的工作了解全面，也比较客观，由他们来做工作分析，效果会更好。但实践表明，部门主管工作繁忙，难以按时、按质、按量完成工作分析。

　　③ 工作分析的主体是人力资源部门。这种观点认为，人力资源部门负责整个企业的人员配置工作，对员工及岗位都有所了解，由他们来做工作分析具有一定的权威性。然而事实表明，人力资源部员工有限，工作繁重，往往工作分析要花很多时间才能做出来。结果是等到最后一个岗位说明完成时，以前的工作已有所改变。

　　④ 工作分析的主体是工作分析顾问。工作分析顾问一般来自企业外部的咨询机构，他们要了解组织内部的情况需要花费很长的时间，如果单纯由他们来为企业做工作分析，也是不切实际的。

　　面对工作分析多主体的问题，我们建议可采用综合方式来解决。即专家指导、人力资源部实施、任职者参与、部门配合、领导审批五结合方式。具体步骤为：聘请外部专家作为工作分析顾问；由专家对工作分析进行总体策划；人力资源部门在专家的指导下做具体的工作分析计划；任职者直接参与；部门主管配合，主要对部门任职者提供的资料进行核实和补充；人力资源部门编写工作描述和任职资格；专家修正审批；企业领导进行最后审批。

3. 人力资源管理体系诊断分析

工作分析筹备小组成立后，可以由小组成员采用问卷调查、重点员工访谈等方法，也可以聘请外部专家采用规范、系统的人力资源管理诊断工具，对企业人力资源管理的现状进行诊断，形成诊断分析报告。诊断分析报告应发现企业在人力资源管理中存在的问题，分析问题产生的原因，反映企业进行工作分析的具体需求，阐述满足这些需求的现有条件；预估工作分析过程中可能遇到的困难并拿出解决困难的办法。

2.2.2　工作分析的立项

工作分析是一项复杂的系统工程，它的实施需要获得企业高层的批准。工作分析筹备小组要在人力资源管理体系诊断分析报告的基础上，撰写《工作分析立项报告》，向企业高层申请立项。立项也就是要对工作分析的导向进行定位。立项报告应在原则上确定工作分析的目标导向、目的、主要用途、开展方式、外部专家的选聘，以及大致的时间进程和预算等。

2.3　工作分析的准备阶段

工作分析的准备阶段是为工作分析的正式展开做好各方面的准备工作。这一阶段的主要工作包括成立工作分析小组、制定工作分析计划、对工作分析人员进行培训和做好其他必要的准备几项工作。

2.3.1　成立工作分析小组

工作分析小组是为了进行工作分析而临时组建的团队，并不是组织的常设机构。工作分析小组是工作分析的指导者和实施者，其工作的好坏直接关系到工作分析的进程和结果。要组建一支高效精干的工作分析小组，需要做好以下几方面工作：

1. 选择工作分析小组成员

由于工作分析是一个复杂的系统工程，不是人力资源管理部门能单独承担的，它还需获得企业高层及各级管理人员的认可和支持。因此在工作分析小组成员的构成上，除了工作分析人员之外，一般会由企业高层领导任组长，而且部分核心部门的负责人也会参与进来,以使工作分析在企业内获得最大限度的支持。

(1) 企业高层管理者。主要作为相关政策的发布者与工作分析结果的验收者,为工作分析进行多方面的授权,在组织内安排相应的人员以协调组织工作分析的过程。同时,作为工作分析结果的验收者,企业高层管理者任命他人或亲自审核,使工作分析结果与实际工作需要相符合。

(2) 人力资源部专员。主要负责工作分析计划的制订,工作分析的具体实施和联络协调。一般由企业内部的人力资源部员工担任。

(3) 收集工作分析信息的人员。收集工作信息的方法多种多样,能够收集工作信息的人也有不同的类型。一般来说,主要有工作分析专家、工作任职者和任职者的上级主管三种类型。三种类型的人员都应具备的条件是:具有人力资源管理、心理学的一般知识,对工作分析的技术与程序比较了解;掌握观察、面谈、记录等技巧;具备较强的文字表达能力;具有待分析工作的常识;有较强的责任心、耐心;具有良好的理解力、记忆力和分析能力;具有获得他人信任与合作的能力。

① 工作分析专家。主要负责工作分析的策划,并提供技术支持。工作分析专家既可以来自企业内部,通常是人力资源部门或业务流程研究部门,也可以来自企业外部。无论来自于企业内部还是企业外部,工作分析专家都必须经过专门的工作分析方面训练,掌握工作分析的方法与技巧,具有很强的工作分析实际运作能力,能够全面系统地收集和分析工作信息。

正常情况下,工作分析小组中至少需要一名工作分析专家,负责工作分析的运行及成果质量,防止工作分析过程出现偏差,保证工作分析结果的客观性和科学性。

② 工作任职者。一般来说,工作任职者了解工作内容,他们有可能提供有关工作的真实、可靠的依据。使用工作任职者收集工作信息时,往往会遇到以下几个问题:工作任职者不一定愿意报告他们工作的内容,因此需要对他们的工作的重要性加以强调,并使用一定的激励手段以提高他们在工作分析中的投入程度;工作任职者往往需要接受关于收集工作信息方法的培训;一部分工作任职者往往会带有功利目的,夸大他们的工作,例如夸大自己工作的复杂性以期提高自己的薪资等级。尽管使用工作任职者收集工作信息会出现上述问题,但也有一些好处:工作任职者能够提供关于工作的完整信息;通常可以使用大量的工作任职者对同一职位的工作提供信息;当需要对大量的职位进行工作分析时,使用工作任职者来收集工作信息是最有效率的方法。

③ 任职者的上级主管。由于任职者的上级主管能够监控任职者从事的工作,所以他有机会观察任职者的工作,能够客观地提供工作信息。使用任职者的上级主管收集信息的一个假设前提是他们在工作中与任职者有密切的关系,能够提供

其下属工作的全面信息,他们清楚地知道其下属做了些什么工作,并能对下属的工作活动做出相应的判断。然而,任职者的上级主管往往倾向于从任职者"应该"怎样做的角度去描述任职者的工作,而不是从任职者"实际上"是怎样做的角度去描述任职者的工作。通常,任职者的上级主管并不作为主要的工作信息收集者,往往需要他们对已经收集来的信息进行检查与核对。由任职者的上级主管收集工作分析信息的优点是:对所要分析的工作包括它的无形方面具有全面而深入的了解,同时收集信息的速度也比较快。其缺点是:首先需要对主管人员进行如何展开工作分析的培训,而且收集工作分析信息对主管人员来说在时间上是一个沉重的负担,同时如果主管人员也感到员工的负担过重的情况下,其工作的客观性没有保证。

2. 确定工作分析小组成员的数量

工作分析小组成员的数量视情况而定。如果涉及的工作量多且工作难度较大时,工作分析小组成员的数量可以相对多一些;如果只涉及工作量少且任务较轻时,工作分析小组成员的数量可以相对少一些。通常情况下,工作分析小组成员的数量是单数,这样有利于工作分析结果的形成。

3. 明确工作分析小组成员的工作职责

职责分明,有助于避免产生相互推诿责任的现象,从而保证工作分析的效率和质量。工作分析小组的工作职责主要包括两个方面:一方面,在基本步骤中制定更为详细的工作计划,它涉及计划方案的组织与细化,这主要由工作分析专家和人力资源部专员来负责;另一方面,审查与监督计划方案的实施,其中也会涉及工作分析的实施情况,需要各部门主管的参与,并由组织的高层管理者进行审查。

2.3.2　制定工作分析计划

实施一个完整的工作分析,往往需要大量的资源,耗费一定的时间和费用,还要得到各个层面人员的配合,因此,在实施之前需要制定一个整体的计划,在具体实施时还需要形成一个具体的操作计划,以便工作分析工作能有条不紊地进行。

1. 工作分析的整体计划

一份完整的工作分析整体计划通常应该包含以下内容:

(1) 工作分析的目的和意义;

(2) 工作分析所需收集的信息内容;

(3) 工作分析项目的组织形式和参与人员;

(4) 工作分析实施的过程或步骤;

(5) 工作分析实施的时间和活动安排;

(6) 工作分析方法的选择;

（7）界定待分析的工作样本或范围；

（8）所需的背景资料和配合工作；

（9）工作分析所提供的结果；

（10）工作分析的费用预算。

制定工作分析计划时，要使用规范语言，减少因用语不同而造成的误差。

2. 工作分析的具体操作计划

工作分析的整体计划，只具有指导意义，而没有操作意义，因此，在具体实施的时候，还需要对整体计划细化，形成一个具体的操作计划。在具体的操作计划中，应该有明确的时间表，这个时间表要说明具体的每一个时间段，每个人的职责和任务是什么。具体包括要开展什么工作，工作的开展时间，工作的持续时间；开展工作的具体地点，参与的人员和各自承担的具体工作，使用的设备，要达到的目的等。

有了这个具体的操作计划，工作就可以按照它来进行了。但是由于不可能预先确定所有的要素，在执行这个计划的时候，还应该根据实际情况做出适当的调整。如果实施过程不再按照计划进行，应及时将有关情况通知相关人员，使其重新进行安排，保证工作正常有效的展开。

2.3.3　工作分析人员的培训

为了确保工作分析的效果，在工作分析小组成立后，要对小组中担任收集工作分析信息工作的人员——信息收集员、信息分析员、信息分析专家——进行相关培训，这是工作分析的关键环节。

1. 信息收集员

信息收集员是在工作分析过程中承担信息收集任务的人员。对他们进行培训的着重点集中在沟通技能和分析技能上。沟通技能主要包括书面表达和口头沟通两方面的能力。口头表达技能在与目标职位任职者、主管、经理的交流中尤为重要，其能力将直接影响收集信息的完整性和准确性；书面表达技能主要体现在记录有用的职位信息和书写访谈记录方面。分析技能主要体现在对收集的信息进行加工处理，去除干扰或错误信息等方面。

培训时，主要由外聘专家对工作分析的目的、使用工具的特点进行讲解，对项目用语的标准含义、施测指导语、施测过程的引导和控制进行统一规定，回答成员的质疑，并对有歧义的地方进行讨论和确定。在培训过程中，应提供给每位分析人员有关操作的书面材料，此外还要组织他们实际分析一份他们熟悉的、与正式分析无关的工作，目的是通过实际操作帮助工作分析人员更好地使用工作分析工具和处理分析过程中出现的各种问题。另外，对其进行严格的组织纪律培训，以及企业的相关知识的培训也是必要而且十分有效的。

2. 信息分析员

信息分析员是比信息收集员高一层次的专业技术人员,他们承担信息分析处理,形成成果的工作。信息分析员除了要具备信息收集员所具有的技能外,还要具备熟练使用各种工作分析的方法的能力,具备敏锐的洞察力、深刻的分析总结能力和高度的责任感。一般来说,信息分析员应由接受过系统化的工作分析、人力资源管理、组织行为学等专业课程训练,并有 2～3 年从事工作分析经验的人员担任。

3. 信息分析专家

信息分析专家是整个工作分析的核心人物,他负责对工作分析进程和结果的控制。他除了具备专业上的最终决策能力以外,还要具备很强的沟通协调、高层运作能力,随时解决工作分析过程中可能发生的技术性、结构性和协调性问题。信息分析专家扮演着专业和管理的双重角色。这种角色技能主要是通过在大量的工作分析实践基础上进行工作分析理论、管理技能等的开发中获取的。

2.3.4　做好其他必要的准备

要取得工作分析的预期效果还需要做好其他必要的准备工作。包括:

(1)要确认工作分析展开需要的前提条件。这些前提条件包括:企业的工作流程相对清晰和稳定;有关组织结构已确定,并具有相对稳定性;各部门已有的工作职位相对明确;企业近期内不会进行大的结构调整;是否有充分的人力资源,不仅在数量上而且更是在质量上,来保证工作分析的开展;等等。

(2)与有关人员进行沟通。由于工作分析需要深入到具体的每个工作岗位上,在进行这项工作的过程中必然要同大量的工作任职者和管理者发生关系,因此,在实施工作分析前,需要与涉及到的人员进行沟通,以赢得他们的理解和支持。这种沟通一般可以通过召集员工会议的形式进行,由工作分析小组对有关人员进行宣传和动员。让参与工作分析的有关人员了解此次工作分析工作的目的和意义,消除内心的顾虑和压力,争取他们在实际收集信息时的支持与合作;让参与工作分析的人了解工作分析大致需要进行多长时间,大概的时间进度是怎样的,便于他们事先做好准备,留出足够的时间来配合工作分析的活动;让参与工作分析的有关人员初步了解工作分析中可能会使用到的方法,以及在各种方法中他们需要进行如何配合,如何提供信息,加强收集信息的有效性。同时还要了解员工对此次工作分析的认识和看法,征求他们对工作分析小组的要求、意见和建议。

(3)各部门经理要对抽调参加工作分析小组的人员的工作进行适当地调整,以保证他们有充分的时间从事工作分析工作。

2.4　工作分析的调查阶段

工作分析调查阶段的主要任务是收集与工作分析工作有关的信息。包括收集工作的背景资料和收集工作的相关信息两项工作。

2.4.1　收集工作的背景资料

对工作分析有参考价值的背景资料主要包括国家的职业分类标准或国际职业分类标准,组织中的有关资料(包括组织结构图、岗位配置图、工作流程图、部门职能说明书等),现有的工作说明书或有关职位描述的资料。有效利用这些背景资料,不仅有助于工作分析人员很快地对企业现状进行了解,更重要的是它能在很大程度上降低工作信息收集的难度和工作量。

1. 职业分类标准

(1)有关职位分类。职业分类是指采用一定的标准,依据一定的分类原则,对从业人员所从事的各种社会职业进行全面、系统的划分与归类。职业分类的基本依据是工作性质的同一性。我国的职业分类大典中将职业分为大类、中类、小类和细类 4 个层次,依次体现由粗到细的职业类别。我国的职业分类体系借鉴国际标准职业分类体系,将职业分为 8 个大类,66 个中类,413 个小类和 1838 个细类。每一个层次都有不同的划分原则和方法:

① 大类层次的职业分类是依据工作性质的同一性,并考虑相应的能力水平进行的分类;

② 中类层次的职业分类是在大类的范围内,根据工作任务和分工的同一性进行的分类;

③ 小类的职业分类是在中类的范围内,按照工作环境、功能及其相互关系的同一性进行的分类;

④ 细类的职业分类即为职业的划分和归类,它是在小类的基础上按照工作分析的方法,根据工艺技术、对象、操作流程和方法的相似同一性进行的分类。

职业的细类主要是根据工作分析方法得出的,它是在许多不同企业中进行工作分析的结果的总结。因此,关于职业细类的描述对于进行工作分析是非常重要的。

(2)职业功能与资料、人、物的关系。职业分类词典,对每个职业的功能按照对资料、对人、对物的关系进行标准化编码(见表 2-1)。

表 2 - 1　　职业功能编码标度

	资料	人	物
复杂 → 简单	0 综合 1 调整 2 分析 3 汇编 4 加工 5 复制 6 比较 7 服务	0 指导 1 谈判 2 教育 3 监督 4 转换 5 劝解 6 交谈—示意 7 服务 8 接受指示、帮助	0 创造 1 精密加工 2 操作控制 3 驾驶、操作 4 处理 5 照料 6 反馈—回馈 7 掌握

（3）职业分类词典中关于出纳岗位描述的示例（见表 2 - 2）。

表 2 - 2　　职业分类词典中关于出纳岗位的描述

> 211.362—18 出纳（财务人员）
>
> 　　1. 收进和支出资金，并保存资金的记录和财务交易中的可转让票据。
>
> 　　2. 接收现金和支票并存在银行中，核对数目，检查支票背书。核对签名和余额之后将支票兑现。将交易的记录输入计算机，并开具计算机生成的收据。安排日常的现金供应，计算将要入账的现金。平衡现金支票，对账。开新账户，提取存款。使用打字机、复印机，准备支票和其他财务文件。
>
> 　　（GOE：07.03.01 STRENGTH：L GED：R4 M3 L3 SVP：5）

　　在上面的岗位描述中，左上角的数字表示的是职业代码，前三位数字表示的是分类编码。第 4 到第 6 位表示的是对职位所从事的活动的评定，第 4 位表示与资料的关系，第 5 位表示与人的关系，第 6 位表示与物的关系。在上面这个"出纳"职位中，与资料的关系是"汇编"，与人的关系是"交谈—示意"，与物的关系是"操作控制"。在最后一行中的符号和数字中，"GOE"表示按照职业兴趣、能力倾向等对职业进行的分类，"07.03.01"表示的是"商业细节、财务细节、付出与收进"；"STRENGTH"表示职业所需的体力程度，"L"表示轻度体力活动；"GED"表示教育程度，"R"表示推理能力水平，"M"表示数学能力水平，"L"表示语言能力水平，均为 1～6 分，6 分表示最高的教育水平，1 分表示最低的教育水平；"SVP"表示从事该职业所需的经验，"5"表示 6 个月到 1 年的经验。

　　在进行工作分析时，首先可以查阅职业分类词典，找到类似的岗位描述，除非所要分析的岗位是全新的岗位。但一定要注意,不可照搬现有的资料,只可将现有的资料作为参考,因为职业分类词典中的岗位描述并不是针对某个具体组织中的岗位。很多情况下,在不同的组织中,名称相同的岗位其具体的职责、任务、任职要求等都有很大的差异。因此,应针对具体组织中的实际情况做出具体的分析。

2. 组织中的有关资料

对工作进行分析时,组织中的一些资料是非常重要的。其中包括:

(1)组织结构图。组织结构图是用来描述组织中各个组成部分之间相互关系的,从结构图中,可以看到部门或职位之间的关系,每一个部门或职位应该向谁负责,每一个部门或职位的下属是谁,发生关联的部门和职位有哪些。通过组织结构图,可以很清楚地理解各个职位在组织中的位置(见图 2-2)。

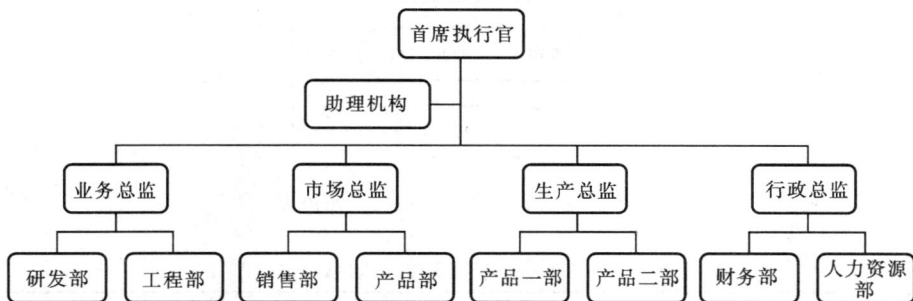

图 2-2　组织结构图

(2)工作流程图。在工作流程图中,我们可以看出在一项工作活动中,某个部门或职位需要接受来自哪些部门或职位的信息或指令,需要对信息和指令做出哪些处理,需要向哪些部门或职位发出信息或指令等等。通过工作流程图,可以比较好地了解工作任务以及工作中的关联关系,这对现有工作流程进行优化和调整是非常重要的。下面是员工参加培训的工作流程(见图 2-3)。

(3)部门职能说明书。部门的职能说明书规定了组织中一个部门的使命和职能,而工作分析就是要将部门的职能分解到下属的职位上去,仔细研究现有的部门职能说明,可以帮助我们将部门的职能全面有效地分解到部门内部的各个职位上。通常,部门职能说明书的形式如下(见表 2-3)。

3. 现有的工作说明书或职位描述资料

在很多组织中,并不是第一次实施工作分析,因此组织中一般会有一些现成的工作说明书或职位描述等资料。这些现有的资料尽管可能不尽完善,或者由于工作的变化已经与现在的实际状况不符,但仍会提供工作职位的一些基本信息,因此仍然具有参考价值。

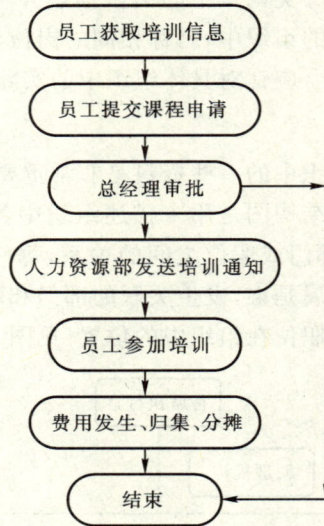

```
┌─────────────────────┐
│   员工获取培训信息   │
└─────────────────────┘
          │
          ▼
┌─────────────────────┐
│   员工提交课程申请   │
└─────────────────────┘
          │
          ▼
┌─────────────────────┐
│      总经理审批      │──────────┐
└─────────────────────┘          │
          │                      │
          ▼                      │
┌─────────────────────┐          │
│  人力资源部发送培训通知  │      │
└─────────────────────┘          │
          │                      │
          ▼                      │
┌─────────────────────┐          │
│     员工参加培训     │          │
└─────────────────────┘          │
          │                      │
          ▼                      │
┌─────────────────────┐          │
│  费用发生、归集、分摊  │        │
└─────────────────────┘          │
          │                      │
          ▼                      │
┌─────────────────────┐          │
│        结束         │◀─────────┘
└─────────────────────┘
```

图 2-3　员工参加培训的工作流程

表 2-3　部门职能说明书

人力资源部职能说明书		
部门名称:人力资源部	部门负责人:人力资源部经理	直接主管:行政副总
职位设置 　　人力资源部经理、招聘专员、培训专员、薪酬福利专员		
部门使命 　　人力资源部负责建立和健全人力资源开发与管理体系,并确保其得到持续、有效的实施与发展,为各部门提供人力资源管理服务和支持		
部门主要职能 　　1.拟订人力资源管理规范 　　2.制定人力资源规划,进行人力资源需求分析 　　3.实施工作分析,编写工作说明书 　　4.实施人员招募、甄选、评估工作 　　5.组织实施集团的绩效考核工作 　　6.建立与调整薪酬福利体系 　　7.分析培训需求,拟订培训计划,组织实施培训		

　　以前保留的工作分析资料也有助于更加全面地了解职位的情况。但是在使用这些资料时要注意不能照抄照搬，应根据组织现实的具体情况，有选择地加以利用。

　　除此之外，与组织高层领导就原工作系统运行中存在的问题进行深入探讨、获取他们实质性的支持，对整个工作分析而言也是非常重要的。

2.4.2　收集工作的相关信息

　　要做好工作分析，就必须了解工作分析所要收集的信息的内容和来源。

1. 工作分析所要收集的信息的内容

　　在进行工作分析时，美国劳工部规定收集如下信息：工作内容、工作的职责、有关工作的知识、精神方面的技能、灵巧正确的程度、经验、适应年龄、所需要的教育程度、技能的培养要求、学徒（见习）要求、与其他工作的关系、作业身体姿态、作业环境、作业对身体的影响、劳动强度、特殊心理品质等。

　　国外人事心理学家从管理角度提出了著名的工作分析公式，把工作分析所要回答的问题归纳为 6W1H。即做什么（what）、为什么（why）、用谁（who）、何时（when）、在哪里（where）、为谁（for whom）及如何做（how）。这 6W1H 基本上概括了工作分析所要收集的信息的内容。

　　(1) 做什么（what）。做什么是指任职者所从事的工作活动。主要包括：任职者所要完成的工作活动是什么？任职者的这些活动会产生什么样的结果或产品？任职者的工作结果要达到什么样的标准？

　　(2) 为什么（why）。为什么表示任职者的工作目的，也就是这项工作在整个组织中的作用。主要包括：做这项工作的目的是什么？这项工作与组织中的其他工作有什么联系？对其他工作有什么影响？

　　(3) 用谁（who）。用谁是指对从事某项工作的人的要求。主要包括：从事这项工作的人应具备什么样的身体素质？从事这项工作的人必须具备哪些知识和技能？从事这项工作的人至少应接受过哪些教育和培训？从事这项工作的人至少应具备什么样的经验？从事这项工作的人在个性特征上应具备哪些特点？从事这项工作的人在其他方面应具备什么样的条件？

　　(4) 何时（when）。何时表示在什么时间从事各项工作活动。主要包括：哪些工作活动是有固定时间的？在什么时候做？哪些工作活动是每天必做的？哪些工作活动是每周必做的？哪些工作活动是每月必做的？

　　(5) 在哪里（where）。在哪里表示从事工作活动的环境。主要包括：工作的自然环境，包括地点（室内与户外）、温度、光线、噪音、安全条件等。工作的社会环境，包括工作所处的文化环境(例如跨文化的环境)、工作群体中的人数、完成工作所要求的人际交往的数量和程度、环境的稳定性等。

(6)为谁(for whom)。为谁是指在工作中与哪些人发生关系,发生什么样的关系,主要包括:工作要向谁请示和汇报?向谁提供信息或工作结果?可以指挥和监控何人?

(7)如何做(how)。如何做是指任职者怎样从事工作活动以获得预期的结果。主要包括:从事工作活动的一般程序是怎样的?工作中要使用哪些工具?操纵什么机器设备?工作中所涉及到的文件或记录有哪些?工作中应重点控制的环节是哪些?

2. 工作分析所要收集的信息的来源

工作分析所要收集的信息可以来自以下几个途径:

(1)现有可查资料。一些组织里都有关于现任职位的资料记录以及其他相关资料,比如:组织结构图、以前的工作说明书与职位规范、招聘用的广告与宣传手册以及各种规章制度等。这些资料对工作分析非常有用,有助于发现问题。另外,"相似工作分析汇编"和"职业职位辞典"等工具书,也会对工作分析有所帮助。

(2)任职者提供的信息。只有任职者最清楚自己的工作,如果任职者能客观真实地描述工作的实际情况,这将是很有价值的信息。从任职者处获得信息主要有两种方式:一种是工作分析人员通过访谈,要求任职者自己描述所做的主要工作以及是如何完成的。这种访谈对现任职位的分析是很重要的一环,然而,很难保证所有的工作方面都能在访谈中涉及,而且任职者本人所提供的信息难免会有失客观(这也许是由于记忆的失误造成的)或者弄虚作假。另一种方式是通过任职者所做的工作日志和记录、填写的工作分析问卷调查等,得到比较详细的工作信息。由于工作日志和记录是在工作中完成的,所以可以避免主观性和由于记忆而造成的失误,不过这是一种很费时的方法。

(3)同事提供的信息。除了直接从任职者那里获得有关的资料外,也可以从任职者的上级、下属等处获得资料。同事提供的信息有助于提供一个对比,也有助于弥补仅从任职者那里获得资料的不足与偏颇。对于结构性问卷比如职位分析问卷(PAQ),上级的评价还可检查结果是否是有效的。

(4)工作分析人员提供的信息。工作分析人员通过对任职者进行现场观察获得的有关信息。尽管工作分析人员出现在任职者的工作现场,对任职者会造成一定的影响(霍桑效应),但只要注意方式与方法,仍能得到一些其他途径所不能提供的信息。

(5)客户提供的信息。客户包括供应方、用户及顾客等。他们处于组织的外部,一般能站在一个比较客观的角度来看问题,他们的意见及提出的好的建议,对于工作分析同样具有参考价值。随着现代科技的发展,信息的来源更加多样化,但作为工作分析人员,要注意寻求最为可靠的信息来源渠道,以避免信息失真,确保工作分析的有信度和有效度。

2.5　工作分析的分析阶段

工作分析的分析阶段主要任务是对收集来的与工作分析相关的信息进行统计、分析、研究、归类。目的是获得各种规范化的信息,并最终形成格式统一的工作说明书。在分析阶段除了利用所收集到的第一手资料,还可以参照组织以前的工作分析资料和同行业相同工作及其他组织的相关工作分析资料,以提高信息分析的可靠性。这一阶段主要包括整理资料、审查信息和分析信息三个环节。

2.5.1　整理资料

将收集到的信息按照工作说明书的各项要求进行归类整理,检查是否有遗漏的项目,如果有的话要返回到上一个步骤,继续进行调查收集。

2.5.2　审查信息

要对经过归类整理的信息的准确性进行审查,如有疑问,就需要找相关的人员进行核实,或者返回到上一个步骤,重新进行调查。工作分析提供了与工作的性质和功能有关的信息,这些信息必须与从事这些工作的人员以及他们的直接主管进行核对才能避免出偏差。核对工作既有助于确定工作分析所获信息是否正确、完整,也有助于确定这些信息能否被所有与工作分析相关的人员所理解。同时,由于所收集的工作信息是反映工作承担者的工作活动的,所以这一审查步骤实际上还为这些工作的承担者提供了一个审查和修改工作描述的机会,这有助于赢得大家对所收集到的工作分析信息的认可。审查信息工作完成后,工作分析小组要将经审查后确定的信息送交领导人或委托人进行审查确认。

2.5.3　分析信息

在确认了所收集的信息没有遗漏和错误后,就可以对这些信息进行分析了。要创造性地分析和发现有关工作及工作人员的关键问题,归纳、总结出工作分析所需的材料和要素。一般来说,对工作信息进行分析通常包括以下内容:

1. 工作名称分析

工作名称分析需要正确恰当地反映其在组织中的位置与功能特征,并符合通常的习惯,使人们通过工作名称就可以了解工作的性质和内容。命名应准确,不易发生歧义。同时名称应有美感和吸引力,切忌粗俗。例如翻砂工与造型师,理发师和形象设计师,保险推销员和家庭理财顾问等,前面的称谓显然不如后面的称谓有吸引力。

2. 工作描述分析

工作描述分析的目的是为了全面地认识工作,包括工作任务分析、工作权责分析、工作关系分析和劳动强度分析。

(1)工作任务分析。工作任务分析是对工作任务、工作内容、独立性与多样性程度、工作的程序和方法、设备与材料的运用进行分析。

(2)工作责权分析。工作责权分析是以定量的方式确定每项任务的责任与权限。例如,财务审批的金额、准假的天数等等。

(3)工作关系分析。工作关系分析是对工作的制约与被制约关系、协作关系、升迁与调换关系等进行分析。明确某个职位会与哪些工作发生关联关系,会对哪些工作产生影响,受到哪些工作的制约,与谁发生协作关系,可以在哪些职位范围内进行升迁和调换。

(4)劳动强度分析。劳动强度分析是对劳动强度指数、标准工作量、工作压力等进行的研究与界定。如确定工作的标准活动量,规定劳动定额、绩效标准、工作循环周期等。

3. 工作环境分析

工作环境分析的目的是确认工作的条件和环境。工作环境分析包括工作的物理环境分析、工作安全环境分析和工作的社会环境分析。

(1)工作的物理环境分析。工作的物理环境分析包括对工作环境的温度、湿度、照明度、噪音、震动、异味、粉尘、污秽、气压、辐射等,以及任职者与这些环境因素接触的时间等进行的分析。

(2)工作安全环境分析。工作安全环境分析包括对工作环境的危险性、危害性、危害程度、发生频率、职业病、工业卫生等安全因素进行的分析。

(3)工作的社会环境分析。工作的社会环境分析包括对工作所在地的生活方便程度、环境的变化程度、工作的孤独程度、工作的单调程度、人际交往等社会因素进行的分析。

4. 任职资格分析

任职资格分析的目的是确认工作执行人员的最低任职资格条件。主要包括:

(1)必备知识分析。必备的知识分析是指工作执行人员所具备的基本知识技能。具体包括:最低学历要求,对有关政策、法令、工作准则及规定的通晓程度,对设备、材料性能、安全技术、工艺过程和操作方法、工具的选择等有关知识的最低要求。

（2）必备经验分析。必备经验分析是指工作执行人员的基本的经验要求。主要包括：相关工作经历要求，专门训练和专业证书要求，有关工艺规程、操作规程、工作完成方法等实际经验。

（3）必备的能力分析。必备的能力分析是指工作执行人员根据必备知识分析和必备经验分析内容确定的注意力、决策力、创造力、判断力、组织力、记忆力、智力、适应性等。

（4）必备心理素质分析。必备心理素质分析是指工作执行人员的职业性向、运动心理能力、气质性向等。也就是工作中应具备的耐心、细心、沉着、诚实、主动性、责任感、支配性、情绪稳定性等方面的特点。

（5）必备的身体素质分析。必备的身体素质分析是指工作执行人员在工作中应具备的行走、跑步、攀登、站立、平衡、旋转、弯腰、举重、推拉、握力、耐力、手指与手臂的灵巧性、手眼协调性、感觉辨别力等。

2.6　工作分析的完成阶段

这是整个工作分析过程的最后阶段。这一阶段的主要任务是形成并应用工作分析的结果。它主要包括编写工作说明书、进行工作分析评价和应用工作分析的结果三项工作。

2.6.1　编写工作说明书

编写工作说明书是指通过对工作分析的结果加以整合以形成具有组织法规效果的正式文件的过程。工作说明书是工作分析的最终结果之一，它包含了工作分析所获得的所有信息，并把这些信息以标准化的形式编制成文。

1. 编写工作说明书的步骤

（1）按一定的格式编写工作说明书的初稿；

（2）将初稿反馈给相关的人员进行核实，意见不一致的地方要重点进行讨论，无法达成一致的还要返回调查阶段，重新进行分析；

（3）形成工作说明书的定稿。

2. 编写工作说明书的准则

（1）准确性。工作说明书要准确说明某项工作的具体要求和任职者的资格条件。这里的准确性有两方面的含义：其一，它所说明的工作要求和任职者的资格条件首先应该是正确的，要真实地反映该工作的基本情况和主要特征；其二，工作说明书应该是明确的,即要表达清楚,不能含糊其词、模棱两可。

（2）完备性。为了提示某一工作的具体要求和主要特征,工作说明书应该对该项工作的基本概要、工作职责以及任职者资格条件等做一个全面完整的描述,不能有遗漏或省略的地方。

（3）普遍性。它主要是为了使不同的工作之间可以相互参照比较。工作说明书的每一项内容最好是被分析的各种工作所共有的,这样不同的工作之间才有可比性,从而有利于确定各种工作的相对价值,为薪酬、考核等提供参考依据。

（4）实用性。工作说明书是进行人力资源管理活动的基本依据,其中的招聘、薪酬、考核等都要依据工作说明书的要求来进行。所以,工作说明书的编写必须具有实用性,如主要职责的说明、任职者资格条件的要求等。这样更便于操作,从而得出确实可靠的结果。

（5）预见性。工作是在不断地变化发展的,工作说明书也要体现出这一变化特点。它既要严格真实地反映工作的现实特征,又要具备一定的柔性或弹性,以便预见未来的变化趋势。

（6）逻辑性。编写工作说明书要符合逻辑顺序,尤其是体现在对工作职责的描述上。一般来说,按重要程度和所花费的时间来安排各项工作职责,并注意将详尽的职责排列在一起,这样有助于人们对工作说明书的理解和使用。

（7）简约性。简约性一方面表现在工作说明书的措辞上,应尽量使用简洁的语言;另一方面体现在内容上,要求表达精练、严谨、合理,如对主要职责的叙述不交叉、不矛盾、条例清晰。

（8）统一性。文件格式最好统一,注意整体的协调与美观。

3. 工作说明书包括的内容

无论工作说明书的格式如何变化,其内容都包括两大部分:工作描述和任职资格。

（1）工作描述。工作描述反映职位的工作情况,是关于职位所从事或承担的任务、职责以及责任的目录清单。一般包括:① 工作标识与工作概要;② 工作职责;③ 工作关系;④ 工作权限;⑤ 工作程序;⑥ 工作范围;⑦ 业绩标准;⑧ 工作环境。

（2）任职资格。它反映职位对承担这些工作活动的人的要求,是人们为了完成这些工作活动所必须具备的知识、技能、能力和其他特征的目录清单。包括:①"显性"任职资格:教育、工作经验、工作技能、培训等要求。②"隐性"任职资格:工作能力要求。

2.6.2 工作分析评价

工作分析评价就是要对工作分析工作的成效进行评估，以确定其价值，并总结经验教训，为今后更科学、有效地进行工作分析提供借鉴。对工作分析的评价主要使用下列标准：

1. 灵活性与工作成本收益标准

对工作分析的评价可以通过对工作分析的灵活性与成本收益的权衡来说明。工作分析越细致，所需要花费的成本就越高。于是，在工作分析的细致程度方面就存在着一个最优化的问题。因此，有许多公司都在减少工作类别的划分，并愿意进行比较灵活的工作描述。例如，通用汽车公司和丰田汽车公司成立的合资企业新联合汽车生产公司(NUMMFI)把120种不同的工作合并成4个等级。在这种情况下，一种工作的定义比较宽泛，做同一种工作的两个员工的工作任务可能有很大的差别。但是，从对组织的贡献角度讲，他们创造的价值是相同的，因此得到相同的报酬。当组织的任务需求发生变化，需要在相同的一类工作中对员工的工作进行调整时，组织具有很强的灵活性，不需要办理工作调转的手续，也不需要调整员工的工资。

日本的一些企业，包括东芝(Toshiba)和三菱(Mitsubishi)等就不使用工作描述，而是强调完成工作所需要的能力和经验要求。这种通用性的工作描述的一个缺点是容易让员工对组织的报酬的公平性产生怀疑。一般而言，工作分析中所收集的资料越详尽，越容易对工作之间的差别进行区分，当然成本也越高。至于对工作之间的差别进行详尽的描述是否值得，这将取决于组织所面临的特定环境。

2. 可靠性和有效性标准

工作分析还有可靠性和有效性的问题。工作分析的可靠性是指不同的工作分析人员对同一个工作的分析所得到的结果的一致性和同一个工作分析人员在不同的时间对同一个工作的分析所得到的结果的一致性。工作分析的有效性是指工作分析结果的精确性，这实际上是将工作分析结果与实际的工作进行比较。通常检验工作分析有效性的方法是通过多个工作者和管理人员收集信息，并请他们在分析结果上签字表示同意。

2.6.3 工作分析应用

工作分析的价值和作用并不在于工作分析成果本身，而在于工作分析所获得的信息能够为人力资源管理各项职能的发挥提供重要的支持和保证。因此，要正确、充分地应用工作分析的结果。工作分析结果的应用主要包括工作说明书的使用培训、使用说明书的反馈与调整、工作说明书在人力资源管理系统中的具体应用三个方面。

1. 工作说明书的使用培训

尽管部分任职者参与了工作分析的全过程,但是工作分析最终成果包含了大量技术性、专业性成分,因此对工作说明书的使用者进行培训是必要的。一般来说,工作说明书的使用培训包含以下三种类型:

（1）面向组织全体员工的公开宣讲。它主要讲授工作分析的目的、意义、用途以及工作说明书各信息板块的阅读及使用方法。

（2）各部门内部针对具体职位开展的培训。由工作分析人员参与进行,要明确各具体职位的工作职责、绩效标准、任职资格、学习和培训方向等。

（3）针对人力资源部职能管理人员的培训。它主要包括工作说明书如何运用于薪酬、考核、招聘、培训等人力资源管理功能板块。

2. 使用工作说明书的反馈与调整

一般说来,在稳定的组织中,工作说明书具有相对稳定性,但由于工作分析是在相对集中的时间内完成的,对于各信息板块的分析整理难免会有疏漏之处,同时随着组织与环境的发展变化,一些原有的工作任务会消亡,一些新的工作任务又会产生,现有的许多职位的性质、内涵和外延都会发生变化。因此,对于工作说明书的管理和使用应该是一个动态的过程。应经常对工作说明书的内容进行调整和修订。另外,工作说明书是否适应实际工作的需要,也需在使用过程中得到反馈。人力资源管理部门负责工作分析工作的人员应在实践过程中,建立工作说明书的反馈渠道,不断收集反馈信息,对工作说明书加以完善,同时总结工作分析过程中的缺陷和漏洞,为以后进行工作分析积累经验。

3. 工作说明书在人力资源管理系统中的具体应用

工作说明书在人力资源管理系统中的具体应用归纳起来有如下几点:

（1）职位分类。利用工作说明书可以根据各种职位的工作内容性质或任职资格要求的共通性,将不同的工作归纳到相应的类别中去,如工勤系列、职员系列、财务系列、营销系列、技术系列、技工系列,等等。对职位进行分类,是组织薪酬体系设计的一个基础要求,通过职位分类可以为不同的职位系列设置不同的成长通道,有利于企业确定薪酬的倾斜政策以及对专门人才的培养。

（2）工作评价。工作说明书是工作评价的基础性文件,在组织中,尤其是在规模庞大、层级关系复杂的组织中就不同工作在组织中的相对价值进行排序,没有标准的工作说明书来提供标准化的工作信息,简直是不可想象的。工作评价是建立健全薪酬体系的关键所在,而工作分析又是工作评价的基础,从这一意义上说,一个系统而科学的工作分析过程是薪酬体系建设的必由之路。

（3）工作设计与再设计。通过工作分析，可以对工作的内容、工作职责、工作关系、工作流程、工作环境和条件等各个方面进行系统的审视，通过改进不合理之处来提高员工的工作满意度，提高员工的工作效率。而且利用工作分析提供的信息，可以对工作所要完成的具体任务及采用的方法进行重新确认，有助于组织通过工作的丰富化和工作的扩大化来对工作进行再设计，使得人与工作能够更好地匹配。

（4）绩效评价。绩效评价的过程就是将员工的实际工作绩效与要求其达到的工作绩效标准进行对比的过程。而员工应当达到何种绩效标准，以及需要完成哪些特定活动都需要通过工作分析来确定。工作分析可以帮助我们确定一项工作的具体内容，根据这些内容，可以制定出符合组织要求的绩效标准，根据这些标准对员工工作的有效性进行客观地评价和考核。

（5）员工培训。工作分析以及作为工作分析结果的工作说明书显示出了工作本身要求员工具备的技能，可以帮助我们判断从业人员是否符合工作的要求以及员工目前的能力与工作要求的差距，从而自然也能够了解员工的培训需求，并根据培训需求制订培训计划，确定培训方针、培训内容和培训方式，决定受训人员，评价培训效果等，真正使培训具有针对性、及时性和有效性。

（6）员工调动与安置。通过工作分析，有助于我们根据组织与个人情况判断一个人是否适合一项工作，在不需要培训的情况下，可以为员工提供不同的工作机会，提高人与工作的适应性，使每一个员工在既能胜任、又符合自己特点的工作中发挥作用。

（7）招聘与录用。通过工作分析，明确不同工作的任职资格，规定了符合工作要求的人员录用标准，可以客观、公正地评价求职人员，从而使甄选录用工作科学化、正规化，避免经验主义和录用中的盲目性，保证人适其职，从源头上对工作绩效的影响因素进行控制。

（8）劳动安全。通过工作分析，可以全面了解不同工作的危险程度，从而采取有效的安全保护措施。同时，一旦发生事故，也可以根据工作分析的信息，科学地分析和判断事故的原因，为事故的处理提供有效的依据。

（9）人力资源规划。组织需要确认是否有合适数量的员工在合适的时间在合适的位置上，为组织和客户产生最大的效益。同时，要保证人力资源的储备能够满足组织不断成长的要求。工作说明书所提供的信息中包括工作的任务有哪些，以及具备什么样条件的人才能完成这些工作任务，这实际上决定了需要招聘和雇佣什么样的人来从事此种工作，从而也就确定了招聘甄选计划和甄选条件。因此，可以根据公司的总体设计计划、公司各部门的需求以及工作分析的结果来确定所需要的人员配备及组织内已有的人力资源状况。如果两者相互匹配，则无需外部招聘,只需做好内部人力资源调配工作;如果两者不匹配,则需确定需要招聘的职位,根据该职位的工作说明书要求进行招聘。

总之,工作分析是人力资源管理活动的基础,它是组织进行公平管理的基础,工作分析提供的信息集中体现于工作说明书,它所提供的信息对员工的报酬、考核、晋升、职业发展等具有直接的影响。一般来说,工作分析结果的应用都不是独立进行的,不同的应用之间互相联系、互为支撑。

本章思考题

1. 组织在何种情况下需要开展工作分析?

2. 工作分析小组应由哪些人员组成?他们应具备哪些条件?分别负责什么工作?

3. 工作分析需要哪些背景资料和相关信息?

4. 工作分析要分析的重要信息有哪些?

5. 编写工作说明书要遵循哪些准则?

6. 工作分析的结果可以应用在人力资源管理的哪些方面?

案例分析

W公司工作分析实施的方案

背景:W公司是一家大型的电子产品公司。最近,某大学经济管理学院专家组为其进行了组织诊断与组织再设计工作。通过该项工作,W公司形成了新的组织结构、职能权限体系和业务工作流程。为使W公司实现有效的组织运行,需要实施工作分析。

目的:通过工作分析,使W公司组织设计的结果进一步深入和细化,将部门的工作职能分解到各个职位(也称岗位),明确界定各个职位的职责与权限,确定各个职位主要的工作绩效指标和任职者基本要求,为各项人力资源管理工作提供基础。

工作分析的内容与结果:本次工作分析要完成下列工作内容:了解各个职位的主要职责与任务;根据新的组织机构运行的要求,合理清晰地界定职位的职责权限以及职位在组织内外的关联关系;确定各个职位的关键绩效指标;确定工作任职者的基本要求。工作分析的最终成果将形成每个职位的工作说明书。

需要的资料:组织结构图;各部门职能说明书;工作流程图;职权体系表;岗位责任制;人员名单。

工作分析的方法:工作分析涉及的方法有资料调研;工作日志;访谈;职位调查表;现场观察。

工作分析的实施者:为了保证工作分析的顺利进行,在开始工作前需要组织一个团队,其成员包括:企业高层领导、各部门经理、咨询公司的专业咨询师。这些成员在团队中的各自角色如下:

1.总经理的角色。确认工作分析需求;提出工作的原则、方向以及召开中层管理人员和咨询人员的碰头会;确认工作时间计划;解决工作过程中出现的一些冲突;提供持续的支持;验收最后的项目结果。

2.中层管理人员角色。贯彻工作分析计划;参与工作分析;与其下属就工作分析进行沟通;检查所辖部门内工作岗位的分析结果。

3.工作分析员的角色。开发、指定资料收集的方法;收集所需资料,并分析结果;撰写工作说明书。

4.咨询师的角色。在工作分析中,咨询师可能扮演工作分析员的角色,其工作内容如前。他们还有可能需要给高层管理者提出工作分析的建议,与他们就关心的问题进行沟通;监督整个工作分析过程;与工作分析员一起工作或对他们的工作提出建议;数据收集和分析;撰写工作说明书;建立系统性的工作流程。

5.普通员工的角色。参与资料收集;参与撰写工作说明书的初稿(部门岗位)。

工作分析的实施程序:本次工作分析主要分三个阶段进行,即准备阶段,实施阶段和结果整合阶段。

阶段一:准备阶段(5 月 10 日—5 月 20 日)。对现有资料进行研究;选定待分析的职位;设计调研用的工具。

阶段二:实施阶段(5 月 21 日—6 月 30 日)。召开员工会议,进行宣传动员;制定具体的调研计划;记录工作日志;实施访谈和现场观察;发放调查表。

阶段三:结果整合阶段(7 月 1 日—7 月 20 日)。对收集来的信息进行整理;与有关人员确认信息,并做适当的调整;编写工作说明书。

案例讨论

1. 评价 W 公司的工作分析实施方案的优点和不足。

2. W 公司的工作分析实施程序是否全面？

第 *3* 章

工作分析方法

　　工作分析是一个多层次、多种类,适应面非常广泛的管理技术。根据工作分析的导向、分析对象的差异,形成了一系列不同的工作分析方法。这些工作分析方法的差异主要体现在分析的维度不同、数据的来源不同、分析深入的层面不同、收集数据的方式不同四个方面。在现有数十种工作分析方法中,既有传统与现代之分,也有定量与定性之分,根据不同用途可划分为若干类属。尽管这些工作分析方法无论从理论研究上还是从技术运用上都已经相当成熟,但没有一种工作分析方法可以适用所有的组织管理目的,也没有一种工作方法是无可挑剔的。在管理实践中,选择工作分析方法时,关键是要考虑到所选择的工作分析方法与工作分析目的是否匹配、工作分析方法与需要分析的工作特征是否适合以及工作分析方法在应用时的成本是否具有可行性。在此基础上,如果能综合运用各种方法,将会使有限的时间、精力和资金得到最有效的配置。只有选择到最有效的信息收集方法,并严格按照科学的程序运用这些分析方法,才能确保所收集的信息对工作分析有用。

重点问题

⇨ 工作分析方法的类型
⇨ 工作分析的主要方法
⇨ 工作分析的主要方法各自的优劣
⇨ 工作分析的主要方法各自适用的工作类型
⇨ 工作分析的主要方法使用时各自的关注点

3.1　工作分析方法的分类

工作分析要素差异的多样性,决定了工作分析方法的丰富性与多样性。本章根据实际运用与分析的方便,在借鉴国际通行的分类方法的基础上,将工作分析方法划分为通用工作信息收集方法、以人为基础的系统性方法、以工作为基础的系统性方法和传统工业企业工作分析方法四大类。

3.1.1　通用工作信息收集方法

1. 通用工作信息收集方法

该方法是我国企业在工作分析过程中常见的收集工作信息的方法。这类方法具有灵活性强、易操作、适用范围广等明显优势,但也存在结构化程度低、缺乏稳定性等缺点。

2. 通用工作信息收集方法的主要类型

(1)问卷法;

(2)访谈法;

(3)工作日志法;

(4)观察法;

(5)文献分析法;

(6)主题专家(subject matter experts,SMEs)会议法。

3.1.2　以人为基础的系统性方法

无论是以人为基础的还是以工作为基础的工作方法都是一种系统性的工作方法。所谓系统性的工作分析方法就是指工作分析的方法从实施的过程、问卷量表使用、结果表达运用等方面都体现出高度结构化的特征,通过量化的方式来刻画工作性质、工作特征的工作分析方法。

1. 以人为基础的系统性工作分析方法

该方法是从任职者的行为角度描述工作,侧重于任职者在履行工作职责时所需要的知识、技术、能力以及其他行为特征。

2. 以人为基础的系统性工作分析方法的主要类型

(1)工作元素分析法(job element analysis);

(2)职位分析问卷法(position analysis questionnaire);

（3）管理职位分析问卷法（management position description questionnaire）；

（4）工作诊断调查法（job diagnostic survey）；

（5）能力需求量表法（ability requirement scales）；

（6）基础特质分析系统（threshold trait analysis）；

（7）工作成分清单法（job components inventory）；

（8）职位分析清单法（occupation analysis inventory）。

3.1.3　以工作为基础的系统性方法

1. 以工作为基础的系统性工作分析方法

该方法是从工作角度出发，侧重描述完成其组成元素——工作任务——所需的活动、业绩标准以及相关任职条件（KSAOs）等，该方法的关注点是准确详尽地描述履行工作任务的前期投入、中期过程和后期产出。

2. 以工作为基础的系统性工作分析方法的主要类型

（1）功能性职位分析法（functional job analysis）；

（2）关键事件法（critical incident technique）；

（3）工作—任务清单分析法（job task inventory analysis）；

（4）管理及专业职位功能清单法（the managerial and professional job function inventory）。

3.1.4　传统工业企业工作分析方法

1. 传统工业企业工作分析法

该方法是在科学管理之父——泰勒和吉尔布雷斯夫妇针对操作性工作所做的时间动作研究的基础上，进行完善开发的工作分析方法，适用于对重复性的、规律性的操作性工作进行活动分析。

2. 传统工业企业工作分析方法的主要类型

（1）时间研究法（time study）；

（2）动作研究法（motion study）；

（3）工作样本法（work sampling）；

（4）工作负荷分析及人事规划法（workload analysis and personnel scheduling）；

（5）电脑模拟工作分析法（computer simulation and job analysis）。

3.2　工作分析的主要方法

四大类若干种工作分析方法在工作分析的实践中常用的有：观察法、工作实践法、访谈法、问卷调查法、工作日志法、文献分析法、关键事件法、职位分析问卷法和职能工作分析法。

3.2.1　观察法

1. 观察法及其适用范围

观察法是指工作分析人员通过感官或利用其他工具对员工正常的工作状态进行观察记录，获得有关工作内容、工作环境以及人与工作的关系等信息，并通过对信息进行分析、汇总等方式得出工作分析成果的一种方法。

观察法是最早被使用的工作分析方法之一，实际中它多用于了解工作活动所需的外在行为表现、体力要求、工作条件、危险性或所使用的工具及设备等方面。另外，由于许多工作职位的职责不容易被观察到或没有完整的工作周期，单独使用观察法难以获得全面的信息。所以观察法主要适用于大量的、周期性、重复性较强的工作。如果用于复杂性较强的工作时，最好与其他的方法结合使用。

2. 观察法的优缺点

观察法具有真实性 、深入性、灵活性、有效性的特点。观察法能为工作分析提供最直接的第一手资料。国内外相关研究表明，由问卷法和访谈法获得任职者对自己行为的估计往往会和观察法所获的信息相冲突。因此，最有效的信息收集途径是观察其工作过程，同时观察法也可以用于对其他工作分析方法所获信息进行检验。

观察法能够提供工作外在特征方面最有深度的信息。正如马丁（Matting）和加德纳（Gardner）所说的："从观察法中获得的有深度的工作行为不仅可以用于描述任职者做什么，而且可以描述其如何组织自己的行为以达到工作目标。"另外，相关研究表明，对人类行为产生环境或情境的分析研究，对于正确把握人类行为具有极其重要的影响，而观察任职者的工作过程，正是获得工作情景资料最为有效的途径。

观察法在收集信息目的性方面有较大的灵活性，可以根据工作分析的实际需要，有选择地收集各种不同的信息。

通过观察法可以在工作过程中建立与任职者面对面的交流，在任职者对自我工作表述有障碍时，通过形体语言给予正确的解答，从而避免信息二次加工带来的失真现象。另外在观察过程中有助于加深对相关工作中的术语、行话的理解,将在以后的访谈法和问卷法调查中与任职者产生共鸣。

同时观察法也存在着耗时长、成本高、难度大、任职者反应异常和表面性的不足。观察法所用时间部分取决于观察的规模和广度,然而无论什么规模的观察法都必须包含必备的操作程序。在通常情况下,数据转换所需时间是观察实施过程的两倍左右。因此,同等规模的工作分析采用观察法所需的时间,要远远多于采用访谈法和问卷法所需的时间。

观察法的成本与其耗时是相对应的,也就是说,其成本比其他几种传统工作分析方法要高。在所有的成本中,观察分析人员的选聘和培训成本所占比重最大,观察法对分析人员的技能要求很高,尤其是观察、语言表达和文字整理能力。通常观察分析人员应由外部专业人士担任,其费用成本相对较高;若从组织内部培训观察分析人员,培训时间相对较长,而且其"内部人"的身份,往往会影响工作分析的效果。

由于观察法耗时耗力,在实际操作过程中,使用频率相对较低,因此其可以参照的案例、程序、经验相对较少,给观察法的操作带来极大的不便。若直接采用非结构性的观察法,很可能造成收集的数据堆积如山,给后期工作造成沉重的压力;即使能够收集或开发出结构化的观察方法,但往往由于其数量巨大且难以量化,同样会造成分析整理难度加大。因此,工作分析观察法,只适合于那些重要性高、数量少、重复性强的操作性工作。

在任职者和组织其他成员看来,观察法必然带有分析人员主观评价成分,因此在受到观察的压力下,他们往往会表现出超常的工作绩效,甚至从事工作职责外的工作,"展示"出错误信息,由此造成工作分析的失真。

由于观察法"观察"的局限性,它只能描述任职者可观察的外在行为部分,而不能准确刻画其不可观察的内在心理活动如计划、思考等。对于纯粹的体力操作性工作来说,观察法的这一局限对分析尚无太大影响,但是对于知识经济时代主要从事智力性工作而言,这一局限是致命的。另外,对于工作不规则的高层管理工作,观察法也不适用。

3. 观察法的使用程序

使用观察法进行工作分析的程序:

(1)观察目标定位。这一步骤包括明确工作分析观察的目的和观察客体的定位两个环节。

① 明确工作分析观察的目的。一般说来,观察法所提供的信息具有两方面的作用。一方面是描述(describe),对任职者的个体或群体工作活动、行为和环境等进行客观描述,为后续编制调查问卷、访谈提纲、工作说明书提供信息支撑;另一方

面是验证（test），通过对工作活动的实地观察，验证通过其他方法收集来的信息的真伪，对信息进行加工修订。

针对不同的目的，将会有不同的观察客体、结构化程度、观察的关注点与之对应，因此必须首先明确观察的基本目的。

② 观察客体的定位。在组织中，观察的客体主要有个体、小组、团队、组织四个层面。层面定位是指将所要观察的工作置于怎样的环境中来观察。一方面，我们应根据目标工作的影响范围来确定观察的层面，若目标工作涉及整个组织的运行，则将其置于组织层面，以此类推。例如对于一条流水线主管人员工作活动的观察应置于整个小组的层面，而对于其中某个操作人员的观察在个体层面即可。另一方面，在确定观察的客体的层面时，我们要根据观察的目的（描述或是验证）选择合适的观察客体所处的层面。一般来说，由于描述性观察法需要收集全面完整的信息，因此应针对上述四层面展开全面的观察；而验证性观察法仅针对所要验证的信息，因此只需根据需验证信息所涉及的客体进行观察就可以了。

（2）研究设计与开发。这一步骤包括选择确定观察对象、选择合适的方法、确定观察的时间、地点和所需设备工具四个环节。

① 选择确定观察对象。根据工作分析观察法的目的以及客体的定位，我们应从目标工作任职者中选择合适的观察对象。若目标工作任职者较少（3 个以内），这些任职者都将成为观察对象；若目标工作任职者较多，从经济和便利的角度出发，一般选择 3～5 位典型的任职者作为观察对象。当然在选择的同时可以采用"标杆瞄准"（benchmarking）的原则，选取绩效水平较高的任职者作为观察对象。

对于选定的对象，进行相关培训是十分有必要的。通过培训，应向他们说明工作分析的目的、操作程序以及最终的影响等，力图消除其戒备心理。工作分析组织者切忌采用"暗中观察"的方式。虽然这种方式能最大限度地排除分析人员的"介入效应"，但是这种方式也会降低组织成员对组织的信任感，导致工作分析的失败和削弱工作分析对于帮助组织成员自我改进的优势。

② 选择合适的方法——结构化与非结构化的观察方法。观察法的结构化程度是指观察过程、记录方式、结果整理等环节在多大程度上得以事先确定和统一。

结构化观察法，需要在现成理论模型和对工作相关的资料进行分析整理的基础上，针对目标工作的特点开发个性化的观察分析指南，对观察过程进行详细规范，严密掌控观察分析的全过程。结构化观察法具有规范、连贯、可信度高的优点。在使用结构化观察法时，可以通过明确观察的具体内容，要求观察者固定观察地点，限定观察的时间跨度和开发结构化表格收集、记录、分析信息等途径增加观察的结构化程度。同时结构化观察法也存在着僵化、信息缺失等缺点。

非结构化观察法，只需根据观察的目标定位、所要收集的信息进行观察，方式灵活。非结构化观察法具有灵活、信息收集面宽的优点,也有指导性差、分析整理难度大的缺点。

在实际操作过程中,为了避免两种极端方法的缺陷,经常综合使用两种方法,在两者之间寻找恰当的平衡点,既避免观察的盲目性又保证观察的灵活性。

③ 确定观察的时间、地点。为了不影响组织的日常工作,观察时间、地点应事先确定。时间、地点的确定应遵循典型性、经济性、全面性、民主性的原则。观察的时间、地点应为该工作的典型、常规的工作时间、地点,而不是偶尔发生的工作时间和地点。在选择时间和地点时,应考虑观察法的经济性,尽量不要影响组织的日常工作活动,同时在收集完整信息的前提下,尽量减少时间跨度和空间的转移。

为了使观察的覆盖面能涵盖任职者的全部工作内容,因此观察的时间、地点尽可能全面、完整,尤其在描述性观察法中,时间、地点的完整性对结果会产生重大的影响。对于周期性工作岗位,观察的时间最好覆盖某一典型的工作周期;另一方面对于非周期性的工作岗位,应从多方面收集其典型工作发生的时间段,在这些时间段中,对其进行观察。例如,可通过与上司、本人进行沟通讨论,确定典型时间段,作为观察时间。

观察的时间和地点的选择可以征求本人和其上司的意见,在双方沟通交流的基础上确定,这样做可以增加观察对象的参与程度,降低其抵触情绪。

④ 所需设备工具。在观察过程中,将有大量的信息需要观察人员进行快速的整理记录,因此有必要采用一些辅助的手段帮助观察员进行记录,常用的设备包括:录音机、摄像机等。如果要对任职者的工作活动进行录音、录像,那么应事先告知其目的及方式,避免各种负面影响。但在观察过程中,宜采用“隐形记录”的方式,即各种记录设备应放置于较为隐蔽、任职者无法看到的位置,因为过于外显的设备会给任职者造成工作压力,从而会在不知不觉中改变自己惯常的行为方式,造成信息失真。同样,观察、记录人员也应处于不显眼的位置,以免影响正常的工作,例如可以采用“单向玻璃”隔离观察等。

另外其他计时、度量的工具应根据实际观察的需要予以配备。

(3)观察分析人员的选拔培训。观察分析人员的选拔和培训是整个观察法操作过程中最重要的环节,培训质量的好坏将直接影响工作分析的成败。通过培训观察员,不但可以增加整个观察分析活动的规范性,而且通过集体协商讨论可以弥补观察方案中的不足之处,增强方案的可行性。这一步骤包括选拔、培训两个环节。

① 选拔。在对观察人员进行选拔方面没有一定的规定,大致说来,观察人员需要具备公正客观的态度、较强的人际交流技能、文字表达能力以及对行为的理解把握能力,对于某些特殊的工作,需要有较强的体力等。

　　另外,过程的结构化程度和观察的目的两个因素对于人员的选拔有一定的参考意义。高度结构化的观察过程对于观察者的公正客观性乃至培训的力度要求较低;而非结构化的观察过程则需要观察者具备高度的公正客观的态度和较多的培训。

　　工作分析观察的目的是选拔观察员的一个重要的因素。如果观察的目的定位于"描述",则观察员最好是目标工作任职者中的一人或是任职者的同事;如果观察的目的是"验证",则观察员最好是"外部人"或是与任职者无利益关系的人。

　　② 培训。对观察人员进行培训的主要目的是增强观察过程的可信度,收集更加准确的信息。因此培训的内容主要是操作方法,以及如何较少或避免观察过程中的误差和错误。培训的内容主要包括以下几个部分:关于此次工作分析的目的、特点的简介;研究设计的解释说明;观察法操作方法及要点;常见的误差、错误及其改进办法;工作分析小组的管理办法。

　　(4)观察的实施过程。这一步骤包括进入观察现场、现场记录两个环节。

　　① 进入观察现场。这一环节要做好相关承诺、简要介绍和设备安装几项工作。进入现场后,首要的工作是与任职者建立良好的相互信任关系。为了增加任职者的安全感,积极主动地配合观察工作,观察人员应做出如下承诺:尊重隐私权、保证匿名性、授予拒绝参与权和结果知情权。

　　观察开始之前,重申工作的目的。简要介绍观察的目的对于打消任职者的"跟随效应"(投"观察者"所好)有显著作用;但是过于详细的介绍反而会束缚任职者的行为,因此"开场白"一定要适度。

　　为了观察工作的顺利展开,应安装必要的观察记录设备,安装这些设备时应避开任职者,以免对其造成压力。

　　② 现场记录。在观察者和任职者之间建立良好的信任合作关系后,即进入现场观察记录的阶段。观察记录质量的好坏对结果的影响是不言而喻的,因此在观察记录的过程中,观察分析员一定要严格遵守观察记录的流程要求,本着严肃、敬业的态度完成对目标工作每个环节的记录工作。在现场观察记录中应注意保持距离、加强交流、及时反馈三个问题。观察者与工作者最好处于"单向知觉"状态,就是说最好的观察环境是观察者能清晰地观察工作者的工作活动,而工作者无法看见观察者。在条件无法满足的情况下,观察者应选择便于观察且不影响工作者的位置进行观察。另外在出现敏感性问题时,应在与工作者协商的基础上决定是否继续观察。

　　对于观察过程是否应与工作者及时交流的问题,人们的看法不一。通常来看,观察者可以在工作者的工作间歇(如喝水、短暂休息),与其就观察过程中的某些疑问进行探讨,但应谨记接触不能过于频繁。

　　观察结束后,应及时与工作者就观察所获信息进行沟通、确认。实践研究表明,两天以后的沟通将会丢失部分信息,因此观察结束后,简短的沟通是十分必要的。

　　(5)数据整理。观察结束后应对收集的信息数据进行归类整理,形成观察记录报告。数据整理根据采用的方法有不同的整理要求。对于结构化的观察结果,应按照计划要求,对收集的数据进行编码、录入计算机,以便分析;对于非结构化调查,则应按照一定的逻辑顺序(如发生时间)进行整理排列,补齐观察过程中的缩写、略写,形成一份描述性的报告,当然也可以加入个人的分析判断。

　　(6)数据分析及运用。观察法数据分析是一项庞杂的工作,尤其是对于非结构化观察法,要对大量的活动描述进行归类分析。对于结构化观察结果,可以根据设计要求和实际情况采用各种统计分析方法进行统计分析。由于结构化观察法目前在我国运用相对较少,而且主要适用于操作性工作,在此省略其分析统计。对于非结构化观察所获结果可以参照工作日志法的分析提炼方法进行加工整理,获取标准化信息。

相关链接 3-1

某操作职位"工作分析观察表"示例

表 3-1　某操作职位"工作分析观察表"

一、岗位	
1. 岗位名称	
2.	

产品名称	产品名称

3. 流水线类型	

4.

工序名称	工序名称

5. 工序类型　A 部装；B 主线；C 其他

6. 岗位在工序中的作用及其重要性
　　　A 一般岗；B 关键岗；C 质控岗；D 关键质控

7. 具体工作任务

二、设备与产品

1. 设备与工具

	名称	型号	数量
设备			
模具			
量具			
辅具			

2. 加工或装配的零部件及零件号

三、身心活动

1. 工作姿势　A 站；B 坐；C 蹲；D1 空走；D2 搬物直走；D3 弯腰搬物走

2. 体力负荷

负重	次数						
	1～3	3～5	5～10	10～25	25～50	30＋	备注
公斤							
拿							
搬							
推拉							

3. 眼手灵活性	高 1　2　3　4　5 低
4. 眼手脚协调性	高 1　2　3　4　5 低
5. 视力等级	好 1　2　3　4　5 差
6. 听力	强 1　2　3　4　5 弱
7. 触摸	频次高 1　2　3　4　5 低
8. 记忆	强 1　2　3　4　5 弱
9. 分析	高 1　2　3　4　5 低
10. 观察	高 1　2　3　4　5 低
11. 注意力	集中 1　2　3　4　5 分散
12. 紧张程度	高 1　2　3　4　5 低
13. 计算程度	难 1　2　3　4　5 易
四、任职资格	
1. 所需最低工作熟练程度等级 　A. a.1 级；b.2 级；c.3 级 　B. a.1 级；b.2 级；c.3 级 　C. a.1 级；b.2 级；c.3 级	
2. 所需最低学历　A. 小学；B. 初中；C. 技校高中； 　D. 大专；E. 大专以上	
3. 相同或相似岗位工作经验 　A. 半年；B. 一年；C. 两年；D. 两年以上	
4. 岗前培训时间	
5. 年龄 A. 18～23 岁；B. 24～28 岁；C. 29～33 岁； 　D. 34～38 岁；E. 39 岁以上	
6. 性别 A. 男；B. 女	
五、工作关系	
1. 是否有人指导监督 A. 有；B. 无	
2. 什么人	
3. 什么性质 A. 定期；B. 不定期	
4. 是否指导别人 A. 是；B. 否	

5. 与上下工位的联系方式
　　A. 口头交流；B. 动作交流；C. 文档交流

6. 与同事的合作与协调　A. 多；B. 一般；C. 少

六、工作评价标准

产品合格率/班	
生产数量/班	
单件操作时间	
设备保养标准	
其他	

七、工作环境与条件

1. 空气　　污浊1 2 3清新

2. 油污　　有1 2 3无

3. 粉尘　　多1 2 3少

4. 液体　　有害1 2 3无害

5. 气体　　有害1 2 3无害

6. 温度　　不适宜1 2 3适度

7. 通风　　不好1 2 3好

8. 噪音　　大1 2 3小

9. 照明　　暗1 2 3明

10. 火花飞溅　　有1 2 3无

11. 电弧光　　　有1 2 3无

12. 地面清洁　　脏1 2 3洁

13. 设备清洁　　脏1 2 3洁

14. 警觉程度　　需要1 2 3不需要

15. 危险程度　　大1 2 3小

16. 铁屑飞溅　　有1 2 3无

八、差错类型与影响程度
一次差错对企业可能造成的损失 　　A. 10 元以下/次；B. 11～100 元/次；C. 101～1000 元/次； 　　D. 1001～10000 元/次；E. 其他
九、工作准备与安排
1. 原材料 A. 需要准备；B. 不需要 　　需要多长时间 A. 少于 10 分钟；　　B. 10～15 分钟； 　　　　　　　　　C. 15～20 分钟；　　D. 20 分钟以上
2. 设备运行前准备 　　设备试运行 A. 需要；B. 不需要 　　设备保养　　A. 需要；B. 不需要
十、与外部配件的关系
1. 外部配件、原料、毛坯的质量对本岗位工作的影响 　　A. 严重；B. 不严重；C. 无影响 　　表现在哪些方面
十一、需要说明的其他问题

3.2.2　工作实践法

1. 工作实践法及其适用范围

工作实践法是由工作分析人员亲自从事所需要分析的工作，以收集相关信息的工作分析方法。工作实践法适用于短期内可以掌握的工作或者工作内容比较简单的工作，不适用于需要进行大量的训练和危险的工作。

2. 工作实践法的优缺点

运用工作实践法能获得第一手资料，可以准确了解工作的实际过程，以及在体力、知识、经验等方面对任职者的要求。但工作实践法也存在着适用范围狭窄，要求工作分析人员必须具备待分析工作的实际操作能力等局限。

3. 工作实践法的使用程序

（1）培训工作分析人员。对工作分析人员进行培训，让其熟练掌握将要从事的工作所需的知识、技能。

（2）记录下工作中的相关信息。下面的步骤与工作日志法基本相同，可以参照工作日志法。

3.2.3　访谈法

1. 访谈法及其适用范围

访谈法又称面谈法。它是通过工作分析人员与任职者、主管等人面对面的谈话来收集相关工作信息的一种工作分析方法。它是一种重要的收集基本工作信息的工作分析方法，通过访谈法收集的工作信息不仅是工作分析的基础源泉，而且可以为其他工作分析方法提供最初始的资料。

访谈法的适用范围很广，它能够适应于各层各类工作，而且是对高层管理工作进行深度工作分析效果最好的方法。访谈的成果不仅仅表现在书面上，在整个访谈过程中，任职者对工作进行的系统思考、总结与提炼也具有十分重要的价值和意义。目前我国组织中运用最广泛、最成熟、最有效的工作分析方法就是访谈法。

2. 访谈法的基本要素

要顺利地展开访谈，就要有访谈的参与者，明确访谈者的角色定位，确立访谈的结构化程度。

（1）参与者。在一般情况下，访谈的参与者为两人：工作分析人员和被访谈者。在实际操作过程中，也会出现访谈中的一方或双方都为多人的情况，例如SMEs 会谈法。

为了收集更为全面完整的工作分析信息，访谈的对象除了工作的直接任职者之外，往往还包括任职者在整个工作流程中的上游供给者（supplier）和下游接收者（recipient）、管理层级中的直接上级（supervisor）以及同事（co-worker），对其下级的访谈可以作为信息补充。各类对象在访谈过程中所起的作用和提供的信息种类存在一定的差异。

① 上游供给者：提供上游工作对其下游目标工作职责任职资格的要求。

② 下游接收者：通过对上游目标工作的满意度评价校对其工作职责，从结果的角度提出任职资格建议。

③ 直接上级：获取直接上级对该工作的期望职责以及任职资格，并对该工作现存状况进行评价。

④ 同事：提供与工作相关的直接信息。

⑤ 下级：从下级的角度发现目标工作的职责盲区以及其期望上级扮演的角色。

（2）访谈者的角色定位。访谈者在访谈过程中所扮演的角色，根据访谈目的、访谈者的风格等不同,既可以是消极的信息记录者,也可以是积极的思维引导者。作为信息记录者,其主要职责是根据访谈提纲尽可能收集其需要的信息,以信息的完备性作为其追求的目标;作为思维引导者,访谈者应积极引导任职者进行扩展思维,根据任职者提供的线索深入追问,以获得附加信息,以信息的广度和有效性为其追求的目标。

(3)访谈的结构化程度。工作分析人员可根据实际需要选择结构化或非结构化的面试方法。结构化访谈信息收集全面但不利于任职者的发散性思维。可以通过限制收集信息的类型、规定所提问题的形式,规定访谈过程中所提问题的内容、规定收集的信息的形式,规定收集信息的内容、同时规定问题及答案的形式,同时规定问题及答案的内容等途径来增强访谈的结构化。非结构化访谈可以根据实际情况灵活收集工作信息,但在收集信息的完备性方面存在缺陷。实际运用中,往往将两者结合起来,以结构化访谈问卷为一般性指导,访谈过程中,根据实际情况就某些关键领域进行深入探讨。

3. 访谈法的优缺点

访谈法具有交流充分,信息准确、全面,沟通及时,参与性强等特点。通过访谈双方面对面的交流,能深入广泛地探讨与工作有关的信息:目标工作的特征,任职者的态度、价值观和信仰以及语言等技能水平。但无法准确地收集任职者思维层面的信息。

工作分析人员能对所提出的问题进行及时的解释与引导,避免因双方书面语言理解的差异导致收集的信息不准确。工作分析人员能根据实际情况及时修正访谈提纲中的信息缺陷,避免重要信息的缺失。

工作分析人员能及时对获得的信息与任职者进行沟通确认,将极大地提高工作分析的效率,必要时可以由双方签字确认。

对于对工作分析有抵触情绪的任职者,可以通过工作分析人员的沟通、引导,最大限度地使其参与其中,必要时可以更换访谈对象。

同时访谈法也存在着主观性、耗时性、信度低等局限。工作分析人员在访谈的过程中容易受到任职者个人因素印象的影响,导致收集的信息的扭曲。

访谈法会影响任职者的工作甚至组织的日常运转。访谈双方需要充足的时间进行沟通,在大规模的访谈过程中,这一弊端便显得尤为突出。

由于访谈双方的公开性,可能导致任职者的不诚实行为或利己行为,特别是在劳动关系紧张、劳资双方缺乏必要信任的组织,会极大地影响工作分析的可信度。

4. 使用访谈法的程序

使用访谈法进行工作分析的通用程序:

（1）**访谈准备阶段**。这一阶段主要包括制定访谈计划、培训访谈人员和编制访谈提纲三项工作。

① 制定访谈计划。在制定访谈计划时要明确以下内容：明确访谈目标；确定访谈对象（任职者直接上级或是从事本职位 6 个月以上的任职者）；选定合适的工作分析访谈方法（例如，访谈的结构化程度以及访谈的形式）；确定访谈的时间、地点（访谈的时间安排以不打搅正常的工作为宜，访谈的场所应该保持安静、整洁、方便）；准备访谈所需的材料和设备。

② 培训访谈人员。培训主要包括三方面的内容：访谈基本原则、知识、技巧的培训与交流；针对本次访谈展开的专项培训，主要是传达访谈计划，明确访谈目的和意义；按照访谈分工，各访谈人员收集并分析现有的目标工作相关信息，在实践中本环节操作质量的好坏对访谈的效果将会产生极大的影响，一般来说，在工作分析正式开始前，需要对访谈者进行专项访谈技能培训。国外研究表明，最好的培训方法是模拟访谈过程或作为辅助人员参与正式访谈，另外，为访谈者准备详尽的访谈提纲可在一定程度上弥补其经验不足的缺陷。

培训可以根据实际需要采取个体分散学习和集中分析总结等方式开展，通过培训要使访谈人员对访谈工作有大致的了解与认识。

③ 编制访谈提纲。编制访谈提纲是为了防止访谈中出现严重的信息缺失，确保访谈过程的连贯性。访谈提纲大致分为通用性问题（开放式）和个性化问题（封闭式），通用性问题主要列举需要收集的各方面信息，个性化问题主要列举与工作相关的各项职责和任务，以作为启发被访谈者思路的依据。访谈法访谈提纲示例如下（见表 3 - 2）。

（2）**访谈开始阶段**。访谈是双方面对面的交流互动过程，因此访谈双方的情绪和心态对于访谈的效果起着相当关键的作用。从这种意义上说，在访谈初始阶段帮助被访谈者建立平和、互信的心态则显得格外重要。这一阶段要做好营造访谈气氛，介绍访谈程序，强调访谈的有关要素，做出访谈承诺四项工作。

① 营造访谈气氛。在访谈工作的初始阶段，工作分析人员应尝试采用随意简单的自我介绍方式，发现被访谈者爱好的话题，由此引出访谈话题，在话题开始时，采取鼓掌、适度赞扬等方式营造轻松、舒适的访谈气氛。

② 介绍访谈程序。工作分析人员应向被访谈者介绍本次访谈的基本程序和对被访谈者的要求。如果在访谈的过程中，需要使用笔录、录音等辅助手段，应向被访谈者事先说明。

③ 强调访谈的有关要素。工作分析人员应重点强调本次工作分析的目的及预期目标、所收集的信息的用途以及本次工作分析相关技术性问题的处理方法。

④ 做出访谈承诺。告知被访谈者本次访谈已经征得其上司的同意，但是参与

访谈的全部人员将保证访谈的内容除了作为分析基础外,将对其上级和组织中的其他人员保密。

表 3 - 2　职位分析访谈提纲示例

　　1.请您用一句话概括您的职位在本公司中存在的价值是什么? 它要完成的主要工作内容和要达成的目标是什么?

　　2.请问与您进行工作联系的主要人员有哪些? 联系的主要方式是什么?

　　3.您认为您的主要工作职责是什么? 请至少列出 8 项职责。

　　4.对于这些职责您是怎样完成的,在执行过程中碰到的主要困难和问题是什么?

　　5.请您指出以上各项职责在工作总时间中所占的百分比(请指出其中耗费时间最多的 3 项工作)。

　　6.请您指出您的以上工作职责中最为重要、对公司最有价值的工作是什么?

　　7.组织所赋予您的最主要的权限有哪些? 您认为这些权限有哪些是合适的,哪些需要重新界定?

　　8.请您就以上工作职责,谈谈评价这些职责是否出色地完成的标准是什么?

　　9.您认为在工作中您需要其他部门、其他职位为您提供哪些方面的配合、支持与服务? 在这些方面,目前做得好的是什么? 尚待改进的是什么?

　　10.您认为要出色地完成以上各项职责需要什么样的学历和专业背景? 需要什么样的工作经验(类型和时间长度)? 在外语和计算机方面有什么要求? 您认为要出色地完成以上各项职责需要具备哪些能力?

　　11.您认为要出色地完成以上各项职责需要具备哪些专业知识和技能? 您认为要出色地完成以上各项职责需要什么样的个性?

　　12.请问您工作中自主决策的机会有多大? 工作中是否经常加班? 工作繁忙是否具有很大的不均衡性? 工作中是否要求精力高度集中? 工作负荷有多大?

　　(3)访谈主体阶段。这一阶段的主要任务是收集到关于目标工作的准确而全面的信息。要想实现这个目标就要完成下列步骤:

　　① 寻找"切入点"。一般来说,工作分析人员获取信息应从一般信息入手逐步深入到问题的细节部分。访谈主体阶段"切入点"的寻找可以从询问被访谈者所在部门与组织中其他部门的相互关系,或者目标工作与部门内外其他工作的相互关系开始,也可以通过诸如工作环境等一些简单的话题开始,逐步将访谈的内容引向深入、具体、详细。主要询问被访谈者各项工作任务的"投入"(input)、"行动"(action)以及"产出"(output)过程。

　　② 获取"主干"。获取"主干"就是掌握工作任务。在访谈过程中,可向被访谈者提供事先准备的任务清单初稿,与被访谈者就任务清单所列项目逐条进行讨论。

　　针对任务清单初稿,工作分析人员可以向被访谈者询问以下问题:我们对这项任务的表述是否准确清晰? 在我们对这项工作任务的描述中,所用术语是否正确,是否还有其他更为专业的表述? 任务清单是否穷尽你全部工作内容? 整个任务清单中是否有相互矛盾和逻辑混乱的地方? 各项任务表述中是否相互重叠,哪些内容可以合并或者需要拆分?

　　如果访谈前没有准备任务清单初稿,工作分析人员可通过以下问题启发被访谈者逐项列举其工作内容:如果现在是你的一个典型工作日的开始,你想做的第一件事情是什么? 接下来你会做什么? 作为××,你认为你的工作主要由哪些板块构成? 各板块分别包括哪些任务和职责?

　　③ 探索"枝叶"。探索"枝叶"就是要掌握任务细节。就每项工作任务,工作分析人员应积极引导被访谈者深入讨论,从"投入"(input),"行动"(action),"产出"(output) 三个角度,主要收集 6W1H 信息。

Why	此项工作的主要目的
What	主要的工作内容
When	工作时间
Where	工作地点
Who	工作承担者
For whom	工作的服务对象
How	完成工作的方法

　　(4)访谈结束阶段。这一阶段的主要任务是确定访谈结束和再次与访谈者沟通。

　　① 访谈结束的标志。访谈目的达到是访谈结束的标志。当按照访谈计划,访谈已经涉及目标工作所有的职责领域、收集到所有可能收集的与工作相关的信息后,意味着访谈即将进入结束阶段。

　　访谈时间约束。工作分析人员应该根据事前计划把握访谈进程,若需要超过计划时间,应及时和被访谈者及其上司沟通,征得同意。

　　一般说来,访谈时间不宜超过 3 小时,过于冗长的访谈会使得双方感到疲倦乏味。

　　② 再次与访谈者沟通。在访谈结束阶段,工作分析人员应与被访谈者进行再次沟通。沟通的问题包括:允许被访谈者提问;就细节问题进一步追问并与被访谈者最后确认信息的真实性与完整性;重申工作分析的目的和访谈所收集的信息的用途;提前告知下次访谈的内容(最终确认成果);邀请被访谈者在需要的时候,与工作分析小组联系;感谢被访谈者的帮助与合作。

　　(5)访谈整理阶段。访谈整理阶段是整个访谈过程的最后一个环节,由工作分析人员在速记员的协助下,整理访谈记录,为下一步信息分析提供清晰、有条理的信息记录。

5. 对访谈者的要求

访谈能否取得良好的效果在一定程度上取决于工作分析人员中担任访谈任务的访谈者的综合访谈技能以及对访谈原则和具体技能的掌握与运用。

(1)访谈者的综合技能。一名合格的访谈者必备的访谈技能包括:积极地聆听对方的谈话,并能准确地把握其要点;访谈过程中掌握并调节被访谈者的情绪;深入分析被访谈者的弦外之音;掌控访谈节奏;全面系统地记录访谈信息。而且要求访谈者在使用这些技能时不影响整个访谈的进程,达到预期的效果。

(2)当好访谈的主导者。访谈是一个开放式的、高度自主的互动交流过程。有时候被访谈者会特别专注于与所需工作信息无关的细节问题或是偏离话题,对于这种情况,访谈者应准确把握访谈的节奏与方向,明确特定细节与所需信息之间的关系。通常,有以下几种基本的访谈技术和原则能更好地帮助访谈者建立一个合理的访谈模式,应对访谈过程中出现的特殊情况,以确保更加迅速有效地收集工作信息。

① 沟通(communicating)。被访谈者往往不知道工作分析人员需要哪些与工作有关的信息,因此,工作分析人员可以适当使用语言(例如"是的"或"我懂了")或动作(如点头)等方式与被访谈者进行交流。这种交流的作用是使被访谈者认识到他提供了工作分析人员所需要的信息。这种认同的交流方式,会增强被访谈者的自信,提供更多的有效信息。

② 提示(prompting)。工作分析人员要能根据访谈的进程,对与工作相关的信息进行提示,引导被访谈者思维。在访谈过程中,当被访谈者不清楚应该提供什么信息、语言阐述有障碍或是不愿谈论其工作时,工作分析人员可以采用如下启发式问题来引导:根据我们的经验和所获得与您工作相关的信息,某项工作应该在您的职责范围之内,您认为呢?(如果回答是肯定的,则继续提问)请你详细谈谈这项工作职责的细节问题。能举几个相关的例子吗?

③ 静默(silence)。在访谈的过程中,采取适当的静默有利于访谈者更好的整理思路、组织语言、避免整个访谈过程的枯燥乏味;同时适当的静默是鼓励被访谈者继续谈论的信号。访谈者应根据实际情况判断双方沉默时被访谈者的意图,采取适当的应对措施。也应当注意过多的静默会造成双方的尴尬,破坏访谈过程的连贯性。

④ 控制(control)。访谈者应控制整个访谈过程,使访谈不偏离主题,但同时要努力维持轻松的交流氛围。访谈过程中,有时会出现过度控制或访谈失控的现象。过度的控制主要表现为被访谈者缺乏兴趣、回答过于简单以及访谈者发言过

多等。访谈者可以通过转换话题或变换面部表情和姿势等方式缓解现场气氛,同时也要努力克制不要打断被访谈者的发言。访谈失控一般表现为回答问题过于冗长、被访谈者过多地谈及题外话、被访谈者提问过多等。访谈者可以及时总结相关话题,结束在无关问题上的纠缠,必要时访谈者可以直接结束话题:"为了节省时间,我们应该转入下一问题了,以后有机会我们再就这一问题进行沟通吧"。

⑤ 追问(probing)。在访谈过程中,当被访谈者提供的信息太过抽象或模糊,或者访谈者对这个问题存在疑问时,就有必要就此问题的细节追根问底。追问的方式一般是开放式提问,访谈人员要灵活使用如下的追问技巧:使用简短的语言,从是什么、怎样做、什么人、什么时间、什么地点以及对象是什么(6W1H)等角度询问详细信息;采用附和方式提问,例如当被访谈者谈及"我的工作是处理服务订单",访谈者可以试着重复提问:"处理?"面对这样的情形,被访谈者一般会进一步详细解释:"是的,我审核这些订单,并整理排序,同时将已经答复的订单归档。"访谈者可以进一步追问:"审核?"这样的提问会促使被访谈者详细解释其工作中的细节问题。

告知理解的局限,访谈者要敢于将自己的某些错误理解暴露在被访谈者面前。由于访谈者往往对工作细节不甚了解,因此对工作难免会有错误的理解,有意或无意地暴露自己认识中的误区,由被访谈者给予解答,也会收到查缺补漏的效果,同时也能激发被访谈者表达的欲望。访谈者一定要坚信被访谈者是这一领域的专家,对于访谈获得的信息与通过其他渠道了解的信息相矛盾时,在充分交流的基础上,应该允许对方保留自己的意见,切忌和被访谈者发生争执,访谈结束后再通过其他渠道加以证实。

在就某些细节问题进行追问时,应注意:不要使用封闭式或可以用"是"或"否"回答的问题,例如使用"是不是……?"这样的方式。不要使用类似"为什么……?"这样的提问方式。因为这样的提问方式会让被访谈者感到自己的表述缺乏可信度,需要访谈者加以证实,从而导致被访谈者产生敌对不合作的情绪。不要使用轻率的判断型问题和行为,这样容易降低收集信息的准确性。例如带有强制性的提问:"你负责处理服务订单,不是吗?"这种提问容易让被访谈者感觉到这项工作是访谈者对其工作的期望,或许反映了上级的意图,从而将这项原本不属于自己的职责纳入自己的工作范围。

访谈中要适度表达赞同或反对的语言和动作,因为过度的判断言行会导致被访谈者投其所好,导致信息收集的偏差。

相关链接 3-2

职位分析访谈记录表示例

表 3-3　职位分析访谈记录表示例

职位分析师		
时间		
访谈对象		
职位名称		
相关工作经验（年）　（月）		
当前工作时间（年）　（月）		
工作地点		
电话号码		
工作条件	工作过程（职责）	结果
1.	1.	1.
2.	2.	2.
3.	3.	3.
4.	4.	4.
5.	5.	5.
6.	6.	6.
7.	7.	7.
8.	8.	8.
9.	9.	9.

3.2.4　问卷调查法

1. 问卷调查法及其适用范围

问卷调查法是采用调查问卷方式通过任职者或其他目标工作相关人员单方信息传递来获取工作信息，从而实现工作分析目的的一种工作分析方法。问卷调查法可以用于对组织内各层各类工作进行工作分析，具有较为普遍的适用性，也是目前我国组织中运用最为广泛、效果最好的工作分析方法之一。由于问卷调查法收集的信息完整、系统、操作简单、经济，可在事先建立的分析模型的指导下展开，因此，几乎所有的结构化工作分析方法在信息的收集阶段都采用问卷调查的形式。

问卷法与访谈法具有极高的互补性，二者结合使用，是目前工作分析的主流方法。

2. 问卷调查法的分类

在工作分析实践中，工作分析人员根据不同的用途以及理论模型要求设计出大量的工作分析问卷，这些问卷按照结构化程度的标准可分为以下两类。

（1）定量结构化问卷。定量结构化问卷是在相应理论模型和假设前提下，按照结构化的要求设计的相对稳定的工作分析问卷，一般采用封闭式问题，问卷遵循严格的逻辑体系，分析结果可通过对信息的统计分析加以量化，形成对工作的量化描述或评价，例如职务分析问卷（PAQ）、管理人员职务描述问卷（MPDQ）等，就是定量结构化问卷。

定量结构化问卷最大的优势在于问卷一般经过大量的实证检验，具有较高的信度与效度，便于工作之间相互比较。

（2）非结构化问卷。非结构化问卷是目前国内使用较多的工作分析问卷形式，其特点在于能对工作信息进行全面、完整的调查收集，适用范围广泛，能根据不同的组织性质、特征进行个性化设计。

与结构化的问卷相比，非结构化问卷存在精度不够、随意性强、与工作分析人员和主管等因素高度相关等缺陷，但是非结构化问卷也有适应性强、灵活高效等优势。非结构化问卷不仅是一种信息收集工具，而且包含了任职者和工作分析人员的信息加工过程，因而其分析过程更具互动性、分析结果更具智能性。

本处将着重介绍非结构化问卷。

3. 非结构化问卷的构成

设计非结构化问卷首先要考虑问卷的用途，然后根据问卷的用途选择适当的信息收集内容，在一般的工作分析中，非结构化问卷主要包括以下内容：

（1）工作基本信息。工作基本信息主要描述任职者目前的基本信息，包括姓名、工作名称、所在部门、学历、工作经历、年龄、薪资水平等。

（2）工作目的。工作目的要求任职者使用一段简短的、具有高度概括性的语句来揭示目标工作在组织中存在的目的和作用。

（3）工作职责。工作职责要求任职者在将工作目的分解的基础上，认真仔细梳理工作任务，按照一定的逻辑顺序和规范的行文格式列举本工作主要的职责。

（4）绩效标准。绩效标准要求任职者填写针对各项工作职责所需达到的绩效标准，主要从工作结果的角度衡量，包括结果的数量、时限、质量以及对组织的影响等。

（5）工作联系。工作联系要求任职者填写与部门内部其他岗位、其他部门、上级组织以及组织外部其他组织之间的联系内容、重要性等，工作联系的范畴界定为稳定的、长期的工作联系而非突发性的、偶尔的联系活动。

（6）组织架构。组织架构要求任职者填写其二级上级、直接上级、同级、直接下级职位的名称。

（7）工作特征。工作特征主要从工作时间、出差比重、工作负荷等角度刻画工作特征，可采用开放式提问，也可采用封闭的选择方式。

（8）任职资格。任职资格包括工作所需的学历、工作经验、知识结构、工作技能、能力与素质等。

（9）所需培训。所需培训主要描述胜任本工作所需的培训和知识结构，包括培训的内容、数量、目标等。

（10）职业生涯。职业生涯主要刻画职位晋升通道，包括本职位经过何种培训后可以晋升到何种职位，以及哪些职位经过何种培训后可以晋升到本职位。

4. 非结构化问卷操作程序

（1）问卷设计。问卷调查的第一步是根据工作分析的目的和用途，设计个性化的调查问卷。问卷设计主要考虑问卷包含的项目、填写难度、填写说明、填写者文字水平、阅读难度、问卷长度等内容。

（2）问卷试测。对于设计的问卷初稿在正式调查前应选取局部进行试测，针对试测过程中出现的问题及时加以修订和完善，避免正式调查时出现严重的结构性错误。

（3）样本选择。针对某一具体工作进行分析时，若目标工作任职者较少（3 人以下），则全体任职者均为调查对象，若任职者较多，则应选取适当的调查样本，出于经济性和操作性的考虑，样本以 3～5 人为宜。

当然调查样本可以包括任职者的直接上级以及有代表性的其他相关人员。

（4）问卷发放及回收。在对选取的工作分析样本进行必要的工作分析辅导培训后，工作分析人员通过组织内部通讯渠道（文件、OA 系统等）发放工作分析调查问卷。

在问卷填写过程中，工作分析人员应及时跟踪相关人员填写状况，解答填写过程中出现的疑难问题，并通过中期研讨会的形式组织目标工作任职者交流填写心得，统一填写规范。工作分析人员按照工作分析计划按时回收问卷。

（5）问卷处理及运用。对于回收的问卷，工作分析人员应进行分析整理，剔除不合格问卷或重新进行调查，然后将相同工作的调查问卷进行比较分析，提炼正确信息，编制工作说明书。

相关链接 3-3

非结构化职位分析调查问卷示例

职位分析调查问卷

　　职位分析又叫工作分析或岗位分析,是人力资源管理乃至整个企业管理的基石,是一项专业性很强的技术。职位分析的根本目的在于完整地收集一项工作的所有信息,客观地确认工作活动的内容、性质、所承担的责任、工作环境和任职资格。感谢您在紧张而繁忙的工作中抽空填写本调查表,您填写的完整性和真实性对我们进行职位分析非常重要,因此请留意每个项目后的说明和示例,尽量列举,并可将内容较多的部分写在表格之外,甚至附页说明。如果职位没有此项内容则可以跳过。尤为重要的是,身兼数职的人员必须将多个职位的职责分开,最好用不同的颜色标明,在每一部分都分开填写。有不清楚的地方可向职位分析项目组问询。

　　　　　　　　　　　填表日期:2002 年 6 月 10 日前交至人力资源部 xx 处

一、职位基本情况

姓　名		职位名称		年　龄	
学　历		所学专业		职　称	
目前工资		本公司工龄			
所在部门					

二、本职位设置的目的

（请填写你的工作目的）

　　填写说明:

　　1.这一栏目的主要目的是用一个简短的,具有高度概括性的语句来揭示一个职位在一个组织中存在的目的和作用。

　　2.具体填写格式为:工作依据＋工作内容＋工作成果

　　3."工作依据"填写格式:根据……

　　4."工作内容"填写格式:动词＋工作对象,其中动词的使用需经过仔细提炼,确保准确概括本职位在工作中发挥的作用,动词的选择参见后附《参考动词表》。

　　5."工作成果"填写格式:主要描述工作达到的目的。

　　6.例如,某公司办事处系统部客户经理职位设置的目的是:根据公司有关客户服务的规章制度和公司战略发展需要,拓展本系统客户关系,确保本系统销售目标的完成和客户关系的提升。

三、工作职责(请尽量列出本职位的职责,并按照其重要性加以排序)

　　请填写你的工作职责。填写空格不够时,可以另附表格。

重要性	工作职责	时间比重
1		
2		
3		
4		
5		
6		
7		

　　1."重要性排序"是指按照每项工作对于达成本职位目标的重要程度将全部职责排出顺序,最重要的排在第一,其次的排第二,依此类推。(注意:投入时间多的工作不一定重要。)

　　2.工作职责书写格式:动词＋工作对象＋工作需达到的目标

　　其中动词的选择需根据工作实际情况仔细斟酌,请参见后附《参考动词表》。

　　3."时间比重":请你大致计算某一工作职责占你全部工作时间中的百分比之后填写,注意各项工作职责的百分比之和为 100%。

　　4.任多个职位的人员请注意将两个或多个职位分开书写,并予以标明。

5.以下是某公司办事处系统部客户经理填写的内容,请将其作为参考:

重要性	应负责任	时间
1	了解本系统客户要求,及时反馈市场信息,挖掘并组织项目实施,提高项目成功率,确保销售目标与回款的完成	40%
2	安排本系统客户到公司考察、管理交流、用户恳谈会以及日常拜访等市场公关工作,建立均衡、稳固的客户关系平台	30%
3	通过组织、参与技术交流、技术推广、样板点考察等多种宣传活动,促进公司和产品品牌的提升和市场目标的实现	30%

四、填写下面的图表,以表明本职位在整个组织中所处的层级

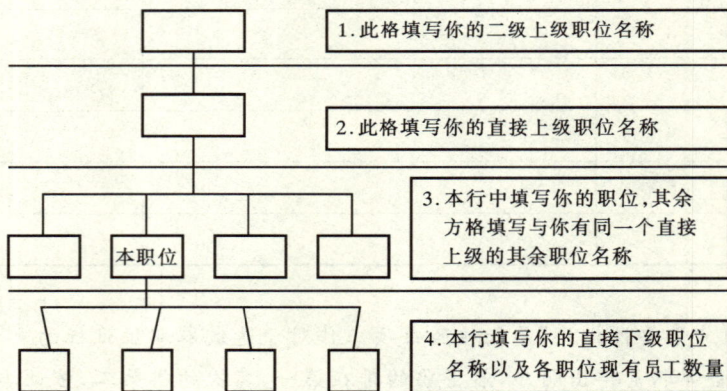

1.此格填写你的二级上级职位名称

2.此格填写你的直接上级职位名称

本职位

3.本行中填写你的职位,其余方格填写与你有同一个直接上级的其余职位名称

4.本行填写你的直接下级职位名称以及各职位现有员工数量

（请你在上图中直接填写）

　　注:根据所担任的职位在整个组织中的位置填写空框,尤其要注意填写清楚上下级职位名称,此部分可以参照公司已有的组织结构图,身兼数职者(如管理者代表)要特别在图上标明,或者自己画出结构图。

五、工作联系

内　外	联系对象（部门或单位）	联系的主要内容
与内部各部门的联系		
与外部各单位的联系		

填写说明：

1. 请你填写在从事本职工作时，与你发生业务关系的部门、子公司、外部单位，并列举出联系的主要内容（留空不够可以在表外标明、填写）。

2. 有关"业务关系"的界定：本表格列举的工作联系为你的工作中经常发生的联系，而非突发事件，具体界定为每周至少发生一次或在一个业务周期内定期发生的联系。

3. "联系的主要内容"请你简单界定。如"财务部审计主管"对"分/子公司财务部门"的工作联系为"内部审计"。

六、工作特征（请在符合你的工作特征的项目后画"√"）

维度	具体界定	选择
工作时间	定时制：一个工作周期内（管理人员一般为一个月，或者更长），基本上工作量没有太大的变化，比如出纳员	
	适度波动：一个工作周期内，出现以天计的工作忙闲不均的情况。工资发放的主管，在月末比较忙，而平时工作比较简单	
	周期性：在长期的工作过程中，出现强烈的反差，比如市场人员，在投标前期工作极其紧张，但是交接工程部门以后，相对轻松	
工作负荷	轻松：工作的节奏、时限自己可以掌握，没有紧迫感	
	正常：大部分时间的工作节奏、时限可以自己掌握，有时工作比较紧张，但持续时间不长，一般没有加班情况	
	满负荷：工作的节奏、时限自己无法控制，明显感到紧张，出现少量加班	
	超负荷：完成每日工作须加快工作节奏，持续保持注意力的高度集中，经常感到疲劳，有经常的加班现象	
出差	占总时间的 ％（填写百分比）	

七、任职资格

任职资格指任职者履行该职位的职责所应具备的资格条件（是填写该职位现在的工作人员的情况，即应当从职位的角度而非从任职者自身的角度来考虑担任这一职位的人所应具备的资格条件）。

1. 学历——工作经验替代表

	中专以下	中专、高中	大专	本科	硕士
毕业生					
1 年					
2 年					
3 年					
4 年					
5 年					
6 年					
学习专业					
应具备资格证书					

说明：请将所有符合你职位条件的学历、工作经验组合用阴影填涂。

2. 专业培训

培训内容	培训方式	每年的计划时间

说明：其中培训方式选择为：在职培训（离岗半天以内）、长期脱产培训（离岗半月以上）、短期集中培训（离岗 1 天～半月）。

3. 工作技能（请画"√"选择完成工作必须具备的技能）

维度	表述	选择
外语能力	不需要	
	国家英语四级，能读写简单的英语文章	
	国家英语六级，能进行简单的英语交流，看懂专业文章	

公文处理能力	熟悉一般公文写作格式,符合行文要求	
	能抓住要点,并加以归纳整理	
	具有较好的文字表达能力,言简意赅,行文流畅	
计算机	熟练使用办公室工作软件	
	熟练使用本专业专业软件	
	能针对需求编程	

4.能力与素质(请选择完成工作必须具备的能力与素质)

素质或能力项目	等级
1.业务能力:掌握本职位的工作所具备的专业知识和技能,能有效地发现问题并及时加以解决	12345
2.学习能力:善于读书学习,能总结经验教训,吸取他人的长处,接受新知识,注重自我提升	12345
3.创新能力:在工作中不断提出新设想、新方案,改进工作方式和方法,开拓新局面的能力	12345
4.协调能力:与人融洽相处,在人际交往中随和大度,能坚持立场,有效化解冲突,与上司、下属、客户保持友好关系的能力	12345
5.沟通能力:通过口头语言准确、简洁地表达自己的思想和感情,根据表述内容和沟通对象的特点采取适当表达方式和技巧的能力,在人际交往的情景中,能通过各种途径和线索准确地把握和理解对方的意图,抓住关键信息,做出恰当反应的能力,使别人接纳自己意见和建议的能力	12345
6.公关能力:采取恰当的方式与媒体、政府部门及公众沟通,以达到预定的目标	12345
7.适应性:能根据不同的环境和条件及时调整自己的心态和工作方法,在新的自然和人文环境下能很快胜任工作要求,采取相应的应变措施	12345

说明:上述的各项能力或素质,从低到高共分为5个等级:5表示要求非常高;4表示比较高;3表示要求一般;2表示要求不太高;1表示要求不高。在对应的下方画"√"代表胜任该职位对各项能力或素质的要求程度。

八、职业通道

职位名称	所需培训项目	
能晋升至本职位		
本职位能晋升至		
可轮换的职位		

九、备注

再次感谢您的支持和合作！

附：参考动词表（略）

3.2.5　工作日志法

1. 工作日志法及其适用范围

　　工作日志法又称工作写实法，指任职者按照时间顺序详细记录下自己的工作内容和工作过程，然后经过工作分析人员的归纳、提炼，获取所需工作信息的一种工作分析方法。工作日志法主要用于收集有关工作职责、工作内容、工作关系以及劳动强度等原始的工作信息，为其他工作分析方法提供信息支持，特别是在缺乏工作文献时，工作日志法的优势就表现得尤为突出。工作日志法适用于工作循环周期较短、工作状态稳定、无太大起伏的工作。

2. 工作日志法的优缺点

　　工作日志法信息可靠性很高，适于勾勒整个工作活动的结构与次序；相对于其他工作分析方法，工作日志法更容易操作、控制以及分析，是一种较为经济、有效的工作信息收集方法。

　　但是使用工作日志法时，工作分析人员无法对日志的填写过程进行有效的监控，可能导致任职者填写的活动详细化程度可能会与工作分析人员的预期有差异；任职者可能不会按照规定的填写时间及时填写工作日志，导致事后填写的信息不完整甚至是"创造"工作活动;工作日志法要求有足够的填写时间,若填写时间短,则收集的信息难以覆盖其工作的全部,而且工作日志法的分析整理任务较重;目标工作的部分任务发生频率低,但是影响重大,是本工作的核心职能,在工作日志法中,有可能因在填写的时间区间内没有发生,而导致重要信息的缺失。

3. 工作日志的设计

(1)编写工作日志填写说明。在填写问卷之前,通过适当的方式对填写者进行培训,规范工作分析填写方法,将会大大提高工作日志法收集的信息的质量。另外在填写工作日志表格前,再次明确工作日志填写说明,同样也会达到增加信息规范程度,减少分析阶段工作量的目的;从某种意义上来说,也可以打消填写者对工作分析的疑虑。

一般说来,工作日志填写说明主要包括三个部分:

① 前言:解释并再次强调通过工作日志收集信息的目的;

② 任职者基本信息:姓名、工作、联系方式、工作性质等;

③ 填写说明:明确填写的时间、方法、注意事项、填写样本等。

(2)编写工作日志填写表格。工作日志填写表格包括的主要内容有:

① 活动名称:工作活动概述(2~4字);

② 编号:记录工作活动的顺序;

③ 活动方式:动词,准确描述如何完成该活动;

④ 活动对象:工作活动的客体,活动加工的对象;

⑤ 活动结果:工作活动带来的直接成果;

⑥ 频次:在此段时间内重复出现的次数;

⑦ 起止时间:工作活动发生的起止时间(原则上,每隔半小时填写一次工作日志;若有跨时间区间的工作活动,则在工作结束后填写);

⑧ 活动地点:活动发生的地点以及地点转移;

⑨ 工作联系:与部门其他人员、其余部门人员、外部人员发生工作联系的内容以及对方的身份(组织、部门、职位);

⑩ 性质:常规—临时,区分常规工作活动与临时性、偶尔发生的工作活动;

⑪ 重要性程度:采用3等级尺度,依次为很重要、重要、一般。

4. 工作日志法操作程序

(1)工作日志填写辅导。为了尽可能使收集的信息更加规范与完整,为后期的分析整理工作减轻压力,在工作日志下发之前,应由工作分析小组组织召集填写者进行填写辅导,辅导的内容为如何规范填写工作日志。

(2)选择填写时间区间。有两个层面的工作日志填写时间需要工作分析人员事先加以规定：

① 填写的总时间跨度。填写的总时间跨度即工作日志填写的时间范围。总体时间跨度应适中，时间太短会造成大量信息的缺失；时间太长则会造成工作分析成本上升，对组织正常工作的开展带来较大的影响。一般来说，对于能划分完整工作周期的工作，在可能的情况下，可以选其一个工作周期作为填写工作日志的总体时间跨度；对于大多数工作，一般选取一个月到一个半月作为工作日志填写时间。

② 每日填写的时间间隔。对于填写者来说，确定填写工作日志的时间间隔的原则是，在尽可能不影响日常工作的前提下记录完整准确的工作信息。因此时间间隔的选择不能过长，过长会导致填写者因为遗忘而使信息不准确甚至"创造"信息；也不能过短，过短会因为填写工作日志而打乱工作节奏，影响工作的正常开展，从而导致信息失真。一般来说，每日填写时间间隔为半小时，能最大限度地满足工作日志法的填写原则。在工作分析实践中，半小时的填写时间间隔所收集的信息，也是相对完整准确的。

（3）过程监控。在工作日志填写过程中，工作分析人员有必要通过各种方法进行过程监控。例如，中期讲解、阶段成果分析、工作分析交流会等。

（4）分析整理工作日志法收集的信息。通过工作日志法收集到的信息量是相当巨大的，因此在整理分析阶段需要专业工作分析人员对运用专业方法所得到的信息进行统计、分类和提炼，以形成较为完整的工作框架。

① 提炼工作活动。工作日志整理的首要任务是从繁杂的日常工作描述中提炼目标工作的工作活动内容。一般来说，根据各项活动不同的完成方式，采用标准的动词形式，将其划分为大致的活动板块，例如"文件起草"、"手续办理"、"编制报表"等，然后按照各板块内部工作客体的不同对工作任务加以细化归类，形成对各项活动的大致描述。

② 工作职责描述。在确定工作活动后，根据日志内容尤其是工作活动中"动词"确定目标工作在工作活动中扮演角色，结合工作对象、工作结果、重要性评价形成任职者在各项工作活动的职责。

③ 工作任务性质描述。区分工作活动的常规性和临时性，对于临时性的工作活动，应在工作描述中加以说明。

④ 工作联系。将相同的工作联系客体归类，按照联系频率和重要性加以区分，在工作说明书相应项目下填写。

⑤ 工作地点描述。对工作地点进行统计分类，按照出现频率进行排列，对于特殊工作地点应详细说明。

⑥ 工作时间描述。可采用相应的统计制图软件，做出目标工作时间——任务序列图表，确定工作时间的性质。

相关链接 3 - 4

工作日志示例(见表 3 - 4)

表 3 - 4　某公司员工工作日志示例

（封面内容）

工作日志

姓　名：

年　龄：

岗位名称：

所属部门：

直接上级：

从事本业务工龄：

填写日期自_____月_____日

至_____月_____日

（封二）

工作日志填写说明

　　(1)请在每天工作开始前将工作日志放在手边,按工作活动发生的顺序及时填写,切忌在一天工作结束后一并填写。

　　(2)要严格按照表格要求进行填写,不要遗漏那些细小的工作活动.以保证信息的完整性。

　　(3)请提供真实的信息,以免损害您的利益。

　　(4)请注意保管,防止遗失。

　　感谢您的真诚合作!

（正文）

工作日志填写实例

　　5 月 29 日

　　　工作开始时间 8:30

　　　工作结束时间 17:30

序号	工作活动名称	工作活动内容	工作活动结果	时间消耗	备注
1	复印	协议文件	4 页	6 分钟	存档
2	起草公文	贸易代理委托书	8 页	75 分钟	报上级审批
3	贸易洽谈	玩具出口	1 次	40 分钟	承办
4	布置工作	对日出口业务	1 次	20 分钟	指示
5	会议	讨论东欧贸易	1 次	90 分钟	参与
...					
16	指示	贷款数额	1 次	20 分钟	报批

3.2.6　文献分析法

1. 文献分析法及其适用范围

文献分析法是通过现存的与工作相关的文档资料进行系统性分析来获取工作信息的一种工作活动分析方法。文献分析法一般用于收集工作的原始信息,编制工作任务清单初稿。

2. 文献分析法的优缺点

文献分析法能为其他工作分析方法的使用提供第一手资料,而且是一种经济、有效的信息收集方法。但是由于文献分析法是对现有资料的分析提炼、总结加工,所以通过文献分析法无法弥补原有资料的缺失,也无法验证原有描述的真伪。

3. 文献分析的范围

(1)内部信息。一般要对组织内部以各种不同的形式记录下来的与工作有关的信息进行分析。诸如《员工手册》《工作环境描述》《组织管理制度》《员工生产纪录》等等。

(2)外部信息。一般要对外部类似组织相关工作进行提炼,但必须注意目标工作与"标杆瞄准工作"的相似性。

4. 文献分析的主要内容

对文献进行分析时,重点要表示出与工作相关的重要信息点:

(1)总结并标示出各项工作活动与任务;

(2)各项工作活动与任务的细节,重点是各项活动、任务的主动词,对于动作出现的先后可用数字加以区分;

(3)文献分析中遇到的问题;

(4)引用的其他需要查阅的文献;

(5)知识、技能、能力要求；

(6)特殊环境要求(如工作危险、警告等)；

(7)工作中使用的设备；

(8)绩效标准；

(9)工作成果。

5. 文献分析法过程控制要点

(1)发现并标出有效信息点。与访谈法不同,文献分析法的客体——文献材料——不能主动提供工作信息,需要工作分析人员在大量的文档中寻找有用信息,因此采用浏览的方式快速阅读文献,寻找有效信息点,是降低工作量,提高信息收集效率的有效方法,当然可以根据工作分析人员个人习惯采用适当的阅读技巧及策略。当发现有效信息后,应使用各种不同的符号标出,以便以后快速查找。

(2)关注缺漏挖掘隐含信息。在分析文献时,往往会出现信息不完整和缺乏连贯性的情况,针对这些问题分析人员应及时重点标出,在编制工作分析访谈提纲时,作为重点问题加以明示。对于文献中隐含的工作内容以及绩效标准,分析人员应该深入挖掘,以在今后的分析中得以求证。

(3)列举关键信息。在文献分析中,分析人员往往会遇到这样的问题:"是简单的罗列工作任务、活动以及所需技能知识等信息,还是尝试着将'input'(投入)的内容与'action'(行动)、'output'(产出)按照自己的判断匹配起来?"在有些观点看来,这项工作显然是文献分析的一部分。但是,在文献分析所获信息的基础上,完成这项工作有着相当的困难;此外,知识、技能与工作活动、任务的匹配不是简单的一一映射关系,而是一个复杂的网状结构,因此工作分析人员很难独自判断它们之间的相互关系,因此在文献分析时,只需独立列举工作活动、任务与所需知识、技能的内容。

(4)恰当使用所获信息。在对组织现有文献的分析中要坚持所收集的信息的参考地位,不能先入为主,让其中错误、多余的信息影响工作分析的结果;以文献分析法所获信息为基础编制其他工作分析工具时,要注意旧信息的适度介入,既不要使新编制的工作分析工具流于表面、缺乏个性,也不要因为旧信息的大量堆积影响对任职者的判断。

3.2.7 关键事件法(CIT)

1. 关键事件法及其适用范围

关键事件法又称关键事件技术(critical incidents technique,简称 CIT),是指工作分析人员、目标工作的任职者或与目标工作有关的人员,将工作过程中的"关键事件"加以记录,在大量收集信息之后,对工作的特征和要求进行分析的一种方法。

"关键事件"是指在工作的过程中,给工作带来显著影响、对工作的结果起决定作用的事件。关键事件法应对完成工作的关键行为进行记录,以反映特别有效和特别无效的工作行为。

关键事件法能有效地提供任务行为的范例,适用于外显性的工作。主要用于培训需求评估与绩效评估。

2. 关键事件法的优缺点

与其他的工作分析方法相比,关键事件法的最大优点是简单、快捷,并能获得非常真实可靠的资料;由于是在行为进行时的观察与测量,因此所描述的工作行为、建立的行为标准就更加准确;能更好地确定每一行为的利益和作用。

同时,关键事件法要求工作分析人员熟悉本行业并具有丰富的专业知识和熟练的技术,如果满足不了这些要求,就会使关键事件法运用起来相当困难;关键事件法需要花费大量的时间去收集"关键事件",并加以概括和分类;关键事件并不对工作提供一种完整的描述;对中等绩效的员工难以涉及,不反映平均绩效水平。

3. 关键事件法的实施步骤

(1)获取关键事件。可以通过工作会议形式和非工作会议形式从领导、部门主管、任职者或其他相关人员那里获取关键事件。

① 工作会议形式。最为普通的确定关键事件的工具是召开讨论会。

首先,确定与会人员。有6～12个工作分析人员参加,由熟悉关键事件的专家来主持会议。工作分析人员是指对要分析的工作完全熟悉,有充分的机会去观察完成工作时典型的、较差的和特别出色的等各种水平的行为表现的人员。也就是要选择有工作经验的管理者,或有足够的经验和观察力的任职者。工作分析人员一般要选择至少有5年相关工作经验的人,可能的话,要选择一些口头表达能力较强和好奇心比较强的人,他们一般比较关注别人的工作,能获得更多的信息。

其次,确定会议的方向。由会议主持人向大家介绍要分析的工作是什么,为什么要编写关键事件,如何编写关键事件,以及最终它们如何应用。然后,给出几个编写较好的和编写较差的关键事件的例子,让大家充分进行讨论。讨论时,应该注意描述的行为是否特定而明确、是否集中描述了工作所展现出来的可观察到的行为、是否简单描述了行为发生的背景、是否说明了行为的结果。可以让大家先试写一两个例子,然后安排大家集体讨论是否符合以上的四个标准,纠正其中的不当之处。要确定大家都能清楚知晓为什么要做改动,为什么要更符合标准。

第三,选择纪录关键事件的方法。在工作会议中可以用结构化和非结构化两种方法来记录讨论的事件。

结构化的方法，就是事先设计好规范化的表格，让大家按照要求填写（见表 3-5）。

表 3-5　关键事件记录示例

> 请以您多年的工作经验，回忆工作者在工作中有哪些显著、典型的行为，能够反映出不同水平的工作绩效：非常有效（好）、非常无效（差）、适中。
>
> 1.引起这个行为范例的环境是什么？
> 2.请详细描述那些能够反映出不同水平的工作绩效的显著的行为。
> 3.这些行为的后果是什么？
> 4.请提供以下的信息：
> a.工作名称：
> b.工作绩效范围：
> c.绩效等级划分：1 2 3 4 5 6 7 8 9
> 　　　　　　　　差　　适中　　好

非结构化的方法，就是事先要准备好一份简要而全面的说明书，包括每一件事所包括信息的轮廓。会议期间主持人可以引导大家就行为范例进行讨论，把大家的发言记录下来，然后再按照要求整理成文字（见表 3-6）。

表 3-6　编写示例

> 指导
> 　工作会议的最终结果是一份行为导向的等级表。下面是一个为航空服务员进行开发的例子：
> 　　　　　　以热情友好的方式为乘客提供标准的服务
> 　热情友好地问候乘客，撕取票根，检验护照；帮助乘客提行李；准备并热情为乘客提供餐饮服务；注意乘客的举动，能让他们在机舱里看得见；提供杂志、毯子、枕头等，使乘客感觉更加舒服；在履行职责时，与乘客进行个人的交流。
> 　请大家注意不同的工作绩效范例对应不同的绩效等级。每个范例用短短的三两句话描述了在某个情形下工作者如何进行工作。这样不同的评价者进行评价的标准得到了统一，也使绩效等级同实际工作联系得更加紧密，评价者更加容易接受。为了使我们能获得清晰、同工作联系紧密的绩效范例，我们请您写下您所亲眼目睹或亲耳所闻的工作者是如何进行工作的，这些范例能够体现不同水平的工作绩效，以此我们就能开发出类似上表的绩效评价工具。

编写工作绩效范例

在编写工作绩效范例时,我们经常最容易想起的是一些极端的例子,同时我们也要归纳出一些代表一般工作绩效的例子:我们的要求不仅要明确而且要精确。

绩效范例一般有三个主要部分:首先,对工作者所面临的状况进行简要的描述。呈现在工作者面前是何种问题?什么情况下使工作变得尤为重要或关键?必须要记住工作的背景是确定特定工作行为是否有效的重要因素。同一工作行为可能在不同的范例中出现,但是面临的压力状况可能大不相同,工作行为的有效性也可能大不相同。

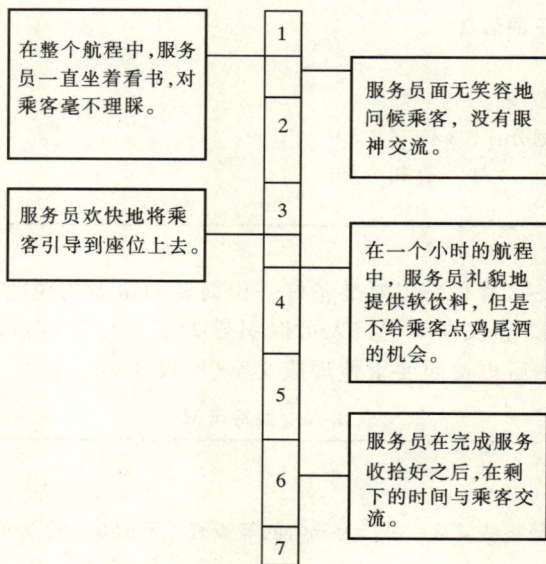

在整个航程中,服务员一直坐着看书,对乘客毫不理睬。	1	
	2	服务员面无笑容地问候乘客,没有眼神交流。
服务员欢快地将乘客引导到座位上去。	3	
	4	在一个小时的航程中,服务员礼貌地提供软饮料,但是不给乘客点鸡尾酒的机会。
	5	
	6	服务员在完成服务收拾好之后,在剩下的时间与乘客交流。
	7	

其次,要描述工作者对面临的状况如何进行反应。记录下工作实际上是如何做的,而不是记下从中推断的结果。例如,在编写某个范例时,我们可能会说:工作者表现出坚忍不拔的素质,实际上这是我们推断的结果。更好的描述方式是阐述是什么让我们觉得工作者表现出这种素质。一般来说,我们尽量避免使用那些概括复杂动作的动词,应当使用能表现出工作者直接动作的词语。

最后,描述工作者行为的结果。这里再次强调,描述工作结果时注意要直接且明确。

概括起来,一个好的绩效范例应该:

1. 描述在特定的情形下,工作者采取何种行为来完成工作。

2. 精确阐述工作者究竟做了什么,使你觉得在此情形下他/她是有效/无效的。

3. 精确、简短、切中要害,用不长的篇幅描述工作的结果。

② 非工作会议形式。确定关键事件还可以通过访谈和问卷的方式来完成。用访谈来收集关键事件与工作会议非常相似。需要收集同样的信息:导致工作发生的一系列事件,对行为明确又详细的描述和行为结果。较为结构化的方法通常效果最佳。访谈者应该一开始就介绍工作分析的目的,展示一些范例,解释范例是如何产生、如何进行编辑、如何转化成标准格式的。访谈对象可以对这一过程和结果提出问题,工作分析人员应当请访谈对象思考特别好(差或一般)绩效的范例。访谈者在描述访谈对象行为发生的环境、反应和结果时,应该进行详细的记录。必要时可以问一些探索性的问题来获取补充的信息。避免以"你是否"等这样简单地以"是或否"的作答来提问,尽量用开放性的"怎样"、"为什么"的提问方式,让访谈对象提供更加详细的信息。

利用访谈这种方法来获取关键事件也与其他大多数两个人的交流一样,需要在一定的环境下才能有效进行。必要的环境要求是:保密、不被打断、方便访谈。访谈对象应该感觉安全舒适、不被威胁,应被给予足够的时间来按关键范例的要求思考和回忆他们的工作。工作分析人员应该至少安排 1 个小时(2～3 小时更佳)来介绍问题、讨论方法与确定范例。对于那些时间很紧张的人(比如高层管理人员),他们讨厌别人长时间打搅他们的工作,我们建议分两次会谈来达到目的。首先,1 小时的会谈,简单的自我介绍之后,讨论工作分析的目的和关键事件方法的性质;记录下 2～3 个显著典型的范例;请访谈对象对他所注意到或想起的事件做简要的记录。其次,3～5 天后安排第二次会谈,因为有第一次会谈的基础,加上预先准备了记录,第二次会谈(1～2 小时)可能尤为有效。

使用问卷的方法就工作分析人员的时间和精力而言是最为有效的,但是对调查对象有较高的要求。他们不仅要有较好的书面表达能力,语言组织要高度结构化,而且对这项活动本身要有责任感。通常这种方法适用于律师、经纪人、经济学家等专业人士。

(2)描述关键事件。每个关键事件的描述内容都应该包括:该事件发生的背景状况;判断员工的行为中哪些有效、哪些无效;其关键行为所带来的后果是什么;员工支配或控制上述行为后果的能力如何等。

一个正确的关键事件描述应具备以下四个特征:第一,描述的行为是特定而明确的。如果详细描述的行为是单一的,我们称之为明确的行为。我们描述的行为必须足够全面,要让对工作有所了解的人能够想象出任职者是如何以某种方式来进行工作的;同时也必须足够详细,要让对工作有所了解的多个人想象出来的行为完全是一致的。第二,集中描述工作所展现出来的可观察到的行为。正确的关键事件编写应该集中描述可观察到的行为,可以称为行为导向的描述。一般来说,在描述事件时应该将任职者作为句子的主语,尽可能描写可观察到的、外在的动作,而不是内在的心理活动或疏漏之处。第三,简单描述行为发生的背景。通常事件描述应该涉及行为发生的背景,旨在让读者能够判断行为是否有效。主要的问题在于怎么提供足够多的背景描写,让读者能够准确地想象出行为发生的场景。有时用一句话来描写背景也是必要的。第四,能够说明行为的结果。许多判断任职者行为是否有效的信息来自于动作的结果。因此,完整的事件描述应该要包括对结果的描述。

对关键事件的描述除内容的完整性、规范性要求外,还要求格式统一,长度适度。还要考虑读者的认同感,应保留技术语言、职业行话、俗语,其中的细微差别能使它的使用者感同身受。

3.2.8　职位分析问卷法(PAQ)

1. 职位分析问卷法及其适用范围

职位分析问卷法(position analysis questionnaire,简称 PAQ)是一种基于计算机的、以人为基础的,通过标准化、结构化的问卷形式来收集工作信息的定量化的工作分析方法。

职位分析问卷法是 19 世纪 50 年代末期为分析一系列广泛的职位而开发出的工作分析系统。它是为了实现当时社会上亟待实现的两个目标而产生的。其一,是开发一种一般性的、可量化的方法,用以准确确定工作的任职资格(代替传统的测试程序);其二是开发一种量化的方法,用来估计每个工作的价值,进而为制定薪酬提供依据(以补充传统的、以主观判断为主的工作评价方法)。因此 PAQ 在研发之初就试图能够分析所有的工作,而在纷繁复杂的工作中,只有人的行为是"共通"的,所以 PAQ 的定位是人员倾向性的——即从普遍的工人行为角度来描述工作是如何被完成的——可用于多种工作类型。而且由于其问题措辞的一般性,PAQ 适用于公共部门和私营部门的许多工作,尤其是对体力劳动性质的工作适用性好。

2. 职位分析问卷法的优缺点

职位分析问卷法同时考虑了员工和工作两个变量因素,并将各种工作所需要的基础技能与基础行为以标准化的方式罗列出来,为人事调查、薪酬标准的制定等提供了依据;大多数工作都可以通过 6 个基本维度加以评价,根据得分提供一个量化的分数顺序,这样就可以对不同的工作进行比较;职位分析问卷法可得出每一类工作的技能数值与等级,因此,它可以用来进行工作评估及人员的甄选;职位分析问卷法不需要修改就可以用于不同的组织、不同的工作,使得比较各个组织之间的工作更加容易,也使得工作分析更加准确与合理。

　　同时职位分析问卷法也存在着一些明显的不足。它对管理性、技术性的工作适用性较差；它的通用化或标准化的格式导致了工作特征的抽象化，所以不能描述实际工作中特定的、具体的任务活动；要求问卷的填写者是受过专门训练的工作分析人员；需要的时间成本很高，可读性较差，没有受过 10～12 年教育的人无法理解其全部内容。

3. 职位分析问卷法的构成

　　职位分析问卷法是由心理学家麦考密克花费 10 年时间于 1972 年提出的一种适应性很强的数量化工作分析方法，麦考密克认为人类工作的领域有某种潜在的行为结构和秩序，并且有一个有限系列的工作特点可以描述这个领域。职位分析问卷法包括了 194 个标准化的问项，其中有 187 个问项被用来分析完成工作过程中员工活动的特征（工作要素），另外 7 个问项涉及薪酬问题。这些问项代表了从各种不同的工作中概括出来的各种工作行为、工作条件以及工作本身的特点。

　　(1)现行通用的职位分析问卷收集了 6 大类信息：

　　① 信息输入：从何处以及如何获得工作所需的信息；

　　② 体力活动：工人执行工作时所使用的身体活动、工具以及方法；

　　③ 脑力处理：执行工作所涉及的推理、决策、计划和信息处理活动；

　　④ 人际关系：执行工作所要求的与他人之间的关系；

　　⑤ 工作情境：执行工作的物理和社会背景；

　　⑥ 其他特征：其他活动、条件和特征。

　　(2)6 大类信息包含 187 项工作要素。

　　(3)187 项工作要素被类聚为 31 个维度。

　　(4)每个维度包含若干工作要素。

　　(5)每项工作要素都有与之相对应的若干等级量表。

　　(6)各维度及详细说明（见表 3－7）。

表 3－7　PAQ 各维度及其详细说明

1. 信息输入：从何处以及如何获得工作所需的信息？	
知觉解释	解释感觉到的事物
信息使用	使用各种已有的信息资源
视觉信息获取	通过对设备、材料的观察获取信息
视觉判断	对感觉到的事物作出判断
环境感知	了解各种环境条件

知觉运用	使用各种感知

2. 体力活动:工作中包含哪些体力活动? 需要使用什么工具设备?

使用工具	使用各种机器、工具
身体活动	工作过程中的身体活动(坐立除外)
控制身体协调	操作控制机械、流程
技术性活动	从事技术性或技巧性活动
使用设备	使用大量的各种各样的装备、设备
手工活动	从事手工操作性相关的活动
身体协调性	身体一般性协调

3. 脑力处理:工作中有哪些推理、决策、计划、信息处理等脑力加工活动?

决策	做出决策
信息处理	加工处理信息

4. 人际关系:工作中需要与哪些人发生何种内容的工作关系?

信息互换	相互交流相关信息
一般私人接触	从事一般性私人联络和接触
监督/协调	从事监督协调等相关活动
工作交流	与工作相关的信息交流
公共接触	公共场合的相关接触

5. 工作情境:工作发生的自然环境和社会环境如何?

潜在压力环境	工作环境中是否存在压力和消极因素
自我要求环境	对自我严格要求的环境
工作潜在危险	工作中的危险因素

6. 其他特征:其他活动、条件和特征

典型性	典型性工作时间和非典型性工作时间的比较
事务性工作	从事事务性工作
着装要求	自我选择着装与特定要求着装的比较

薪资浮动比率	浮动薪酬与固定薪酬的比率
规律性	有规律工作时间和无规律工作时间的比较
强制性	在环境的强制下工作
结构性	从事结构性和非结构性工作活动
灵活性	敏锐地适应工作活动、环境的变化

4. 职位分析问卷法的使用

(1)确定所需问项。对某一项工作进行分析时,工作分析人员要确定每一个问项是否适用于待分析的工作。

(2)对有效问项进行评价。根据 6 个维度对有效问项加以评价。这 6 个维度是:

① 信息使用度——工人使用该项目的程度;

② 耗费时间——做事情所需要花费的时间比例;

③ 对工作的重要性——问题所细分出来的活动对于执行工作的重要性;

④ 发生的可能性——工作中身体遭受伤害的可能性程度;

⑤ 适用性——某个项目是否可应用于该工作;

⑥ 专用代码(特殊计分)——用于 PAQ 中特别项目的专用等级量表。而且,每个等级量表都包括六个级别。例如"对工作重要性"的量表由下列评价点组成:

　　　　N(0) = 不使用

　　　　(1) = 很小

　　　　(2) = 低

　　　　(3) = 平均

　　　　(4) = 高

　　　　(5) = 非常高

(3)形成报告。把对有效项的评价结果输出到计算机中会产生一份报告,说明某项工作在各个维度上的得分情况。

相 关 链 接 3-5

职位分析问卷的部分示例(见表 3-8)

表 3-8　职位分析问卷的部分示例

1.1.1　工作信息视觉来源

	内容	释义	尺度	等级
1	书面材料	书本、报告、文件、文档等	通用	
2	数量化材料	包含大量数字信息资料，如会计报表、账目、数字表等	通用	
3	图形材料	图片或类似图片的信息材料,例如地图、照片、X光片等	通用	

使用的深度	
N	无运用
1	少量
2	偶尔
3	一般
4	较重要
5	非常重要

2.6 操作协调活动

	内容	释义	尺度	等级
93	手指操作	各种类型的细致的手指活动,包括使用精密仪器、写字、绘图等,没有显著手臂运动	通用	
94	手臂操作	通过手臂运动操纵控制目标,例如修理汽车、包装产品等	通用	

重要性	
N	无运用
1	微小
2	低
3	平均
4	高
5	极度

4.1.1　口头交流

	内容	释义	尺度	等级
99	劝导	对于有关财务、法律、技术、精神以及各种专业方面的问题向他人提供咨询和指导	通用	
100	谈判	与他人就某项问题达成一致所进行的交流沟通，例如劳动谈判、外交关系	通用	

重要性	
N	无运用
1	微小
2	低
3	平均
4	高
5	极度

4.3　工作联系数量

	内容	释义	尺度	等级
112	工作联系	与他人或组织发生工作联系的深度，例如与客户、病人、学生、公众、雇员等；仅考虑与工作相关的联系	专用	

专用尺度：联系时间	
1	几乎不
2	不经常
3	偶尔
4	经常
5	非常频繁

3.2.9　职能工作分析法(FJA)

1. 职能工作分析法及其适用范围

职能工作分析法(functional job analysis，FJA)，又称功能性工作分析方法。职能工作分析法主要分析方向集中于工作本身，是一种以工作为导向的工作分析方法。它主要针对工作的每项任务要求，分析完整意义上的工作者在完成这一任务的过程中应当承担的职责(工作者实际所做的工作)，以获取与通用技能、特定工作技能和适应性技能三种技能相关的信息。

职能工作分析法对工作的每项任务要求进行详细分析，对工作内容的描述非常全面具体，一般能覆盖工作所能包括的全部内容的 95% 以上。

2. 职能工作分析法的优缺点

运用职能工作分析法能对工作内容提供一种非常彻底的描述，对培训的绩效评估极其有用。但是职能工作分析法要求对每项工作任务都要做出详细的分析，撰写起来费时、费力；职能工作分析法并不记录有关工作的背景信息。

3. 职能工作分析法的要点

为了能够有效获取与通用技能、特定工作技能和适应性技能的相关信息，工作分析人员有必要掌握职能工作分析方法的一些要点：

(1)工作描述语言的控制：工作者要完成什么以及通过什么行为来完成；

(2)工作者职能等级的划分依据：所有工作都涉及工作者与数据、人、事三者的关系，所以将工作者职能分为事物职能、数据职能和人员职能三部分；

(3)完整意义上的工作者：同时拥有通用技能、特定工作技能和适应性技能的工作者；

(4)工作系统：由工作者、工作组织和工作本身组成；

(5)工作任务：作为工作的子系统和基本的描述单元；

(6)主题专家(subject matter experts,SMEs)作为基本信息来源的重要性：通过 SMEs 获取基本信息的信度和效度。

4. 职能工作分析的构成

职能工作分析包括以下几个方面：

(1)完成什么与做什么。在职能工作分析之前，工作分析人员要分清对某项特定工作应完成什么与做什么这两个概念，如果分不清这两个概念，就会造成工作行为与工作结果的混淆，并直接导致工作者实际的工作行为和需要他们完成的工作行为的混淆。为避免这种情况的出现，在职能工作分析中，每项任务描述都以能描述任职者行为的特定动词开始，以"目的是"或"为了"等对工作结果描述的动词作为任务描述的结尾。只有同时具备工作行为和工作结果，任务描述才算完整。

(2)任职者的职能——物、数据、人。FJA 认为所有工作都涉及任职者与数据、人和事三者的关系。任职者与数据、人和事发生关系时所表现的工作行为，可以反映工作的特征、工作的目的和人员的职能。在 FJA 中对数据、人、事三个关键要素有明确的定义。

① 数据：指与人、事相关的信息、知识、概念，可以通过观察、调查、想象、思考分析获得。具体包括数字、符号、思想、概念、口语等。

② 人：指人或者有独立意义的动作，这些动作在工作中的作用相当于人。

③ 事：指人控制的无生命性质的活动特征，这些活动的性质可以用物本身的特征反映出来。

实际上，每一项任务描述都必须反映出任职者与事、数据和人的最重要的联系。只有当任职者同物、数据和人的联系并不显著时，才可以在任务描述中予以忽略。描述任职者与事、数据和人的关系所使用的动词应从实际的工作过程中选取，并要进行精确的描述和定义。当动词以这种方式使用，而且任务描述能独立地进行分级，就可能获得很高的效度。

（3）完整意义上的工作者。完整意义上的工作者就是在完成工作职能时具备了通用技能、特定工作技能和适应性技能的任职者。我们对这三种技能定义如下：

① 通用技能：使人能够将事、人和信息有机联系在一起的技能。由于受个人偏好和个人能力（例如理解、算术、语言和人际交往能力）的影响，联系的程度存在差异。在任务分析中通用技能表现在培训时间单元中的通用部分。

② 特定技能：它们使任职者能够根据工作标准进行特定的工作。在任务分析中特定技能表现在培训时间单元中的特定部分，可以依照绩效标准将其分成不同的等级。

③ 适应性技能：就是指任职者在工作所处的环境的影响下趋同或求变的能力，如在物理条件、人际环境和组织结构等方面。从工作说明书、绩效标准中并不能直接得到适应性技能的要求。一般说来，分析以下这样的问题往往能够得到工作对适应性技能的要求："你在完成工作时必须具备哪样条件"、"为达到某种绩效标准，必须获得哪些指导"等。

（4）工作系统。工作系统包括任职者、工作组织和工作本身。在任务描述的结尾我们能找到工作的目标，多项任务的结果累积形成了工作的目标，多项工作的目标进而累积形成了组织的目标。因此，从这个意义来说，不仅是职能工作分析方法强调和阐明任职者的行为，而且工作行为直接关系到如何实现组织的目标。有人可能会问详细的绩效标准从何而来，答案就是来自于组织的目标，以及组织提供给工作者完成工作的技术。显然，FJA 任务描述只是一个子单元或者说子系统，任务库（工作组织中所有的工作者需要完成的所有任务的集合）才能描述整个工作系统。

工作系统中的每个部分都有自己的规则和语言。任职者可以通过任职资格和技能组合来描述；工作组织可以以目标来描述；工作可以以任职者职能（行为）、工作指南和绩效标准来描述。这三者互相联系，密不可分，三者共同促进了工作系统生产力的发展和工作者个人的成长。

（5）工作任务。在职能工作分析中，最基本的分析单元是工作任务，而不是工作本身。这是因为，虽然工作的名称经常改变，包含的工作任务也不固定，但是相同的工作任务却在多种工作中反复出现，所以说工作任务是我们进行工作分析最基本的分析单元，也是培训和绩效评估等人力资源管理活动关注的重点之一。

5. 职能工作分析的职能等级

作为一种职能分析系统，FJA 的核心是分析任职者的职能。其对职能的分析是通过分析任职者在执行工作任务时与数据、人和事的关系来进行的。工作行为的难度越大，所需的能力越高，也就说明了任职者职能等级越高。

(1)FJA 中的职能等级表。FJA 的职能等级表中,每项职能都描述了广泛的行为,概括了与数据(信息)、人和事发生关系时任职者的工作行为。这些职能被从复杂到简单进行排列,如:最简单的数据职能是"比较"数据,而最复杂的数据职能是"综合"数据。如何有效地将实际工作信息同 FJA 职能等级表联系起来,是 FJA 方法中的关键一环。FJA 职能等级表如下(见表 3－9)。

表 3－9　　FJA 职能等级表

数据(信息)		人		事	
号码	描述	号码	描述	号码	描述
高					
6	综合	7	顾问	4A	精确操作
5A	创新	6	谈判	4B	装配
5B	协调	5	管理	4C	操作控制 2
中等					
4	分析	4A	咨询	3A	熟练操作
3A	计划	4B	指导	3B	操作控制 1
3B	编辑	4C	处理	3C	开动－控制
		3A	教导	3D	发动
		3B	劝导		
		3C	转向		
低					
2	抄写	2	信息转换	2A	机械维护 2
1	比较	1A	指令协助	2B	机械维护 1
		1B	服务	1A	处理
				1B	移走

　　具体实施时,首先要指出某项工作在每种职能上的难度等级,然后对每种职能赋予一定的时间百分比,各项职能的百分比之和为 100%。

　　(2)FJA 等级表中对任职者职能每个等级对应的标准定义。

　　• 数据职能等级

　　1　比较:选择、分类或排列相关数据,判断这些数据已具备的功能、结构或特性与已有的标准是类似还是不同。

　　2　抄写:按纲要和计划召集会议或处理事情,使用各种操作工具来抄写、编录和邮寄资料。

3A 计划：进行算术运算；写报告，进行有关的预订和筹划工作。

3B 编辑：遵照某一方案或系统去收集、比较和划分数据；在该过程中有一定的决定权。

4　分析：按照准则、标准和特定原则，在把握艺术和技术技巧的基础上，检查和评价相关数据，以决定相关的影响或后果，并选择替代方案。

5A 创新：即在整体运行理论原则范围内，在保证有机联系的条件下修改、选择、调整现有的设计、程序或方法以满足特殊要求、特殊条件或特殊标准。

5B 协调：在适当的目标和要求下，在资料分析的基础上决定时间、场所和一个过程的操作顺序、系统或组织，并且修改目标、政策（限制条件）或程序，包括监督决策和事件报告。

6　综合：基于人事直觉、感觉和意见（考虑或者不考虑传统、经验和现存的情况），从新的角度出发，改变原有部分，以产生解决问题的新方法，来开发操作系统；或脱离现存的理论模式，从美学角度提出解决问题的办法或方案。

• 人员职能等级

1A 指令协助：注意管理者对工作的分配、指令或命令；除非需要指令明确化，一般不必与被管理者做直接的反应或交谈。

1B 服务：注意人的要求和需要，或注意人们明显表示出的或暗示出的希望，有时需要直接作出反应。

2　信息转换：通过讲述、谈论和示意，使人们得到信息；在既定的程序范围内明确做出任务分配明细表。

3A 教导：在只有两人或一小组人的情况下以同行或家庭式的关系关心个人，扶助和鼓励个人；关心个人的日常生活，在教育、鼓励和关心他人时要善于利用各种机构、团体与私人的建议和帮助。

3B 劝导：用交谈和示范的方法引导别人，使别人喜欢某种产品和服务或赞成某种观点。

3C 转向：通过逗趣等方法，使听众分心，使其精神放松、缓和某种气氛。

4A 咨询：作为技术信息来源为别人提供服务，提供相关的信息来界定、扩展或完善既有的方法、能力或产品说明（也就是说要告知个人或家庭诸如选择学校和重新就业等目标的详细计划，协助他们作出工作计划，并指导他们完成计划）。

4B 指导：通过解释、示范和试验的方法给其他人讲解或对他们进行培训。

4C 处理：对需要帮助（如有病）的人进行特定的治疗或调节；由于某些人对规定（化学的、物理的或行为的）的反应可能会超出工作者的预想范围，所以要系统地观察在整个工作框架内个人行为的处理结果；当必要时要激励、支持和命令个人使他们对治疗和调节程序采取接受或合作的态度。

　　5　管理：决定和解释每组工人的工作程序；赋予他们相应的责任和权限（规定性说明和详细的工作内容）；保证他们之间和谐的关系；评价他们的工作绩效（规定的和详细的）并促使他们提高效率，在程序的和技术的水平上作出决策。

　　6　谈判：作为谈判某一方的正式代表与对手就相关事宜进行协商、讨论，以便充分利用资源和权力，在上级给定的权限内或在具有完整程序的主要工作中"放弃和接受"某些条件。

　　7　顾问：与产生问题的人们进行交谈，劝导、协商或指导他们按照法律、科学、卫生、精神等专业原则来调节他们的生活；通过问题的分析、论断和公开处理来劝导他们。

　　•　事物职能等级

　　1A　处理：工作对象、材料和工具在数量上很少，而工人又经常使用；精确度要求一般比较低；需要使用小轮车、手推车和类似工具。

　　1B　进给或移走：为自动的或需要工人控制和操作的机器设备安插、扔掉、倒掉或移走物料；具有精确的要求，大部分要求来自于工作本身所需的控制。

　　2A　照管：帮助其他工人开、关和照看启动的机器和设备时，保证机器精确地运转，这需要工人在几个控制台按照说明去调节机器，并对自动机信号作出反应，包括所有不带有明显结构及结构变化的机器状态；在这里几乎不存在运转周期短、非标准化的工作，而且调节是预先指定好的。

　　2B　操纵：当有一定数量的加工对象、工具及控制点需要处理时，加工、挖、运送、安排或者放置物体或材料，具有比较精确的要求；包括工作台前的等待、用于调换部件的便携动力工具的使用，以及诸如厨房和花园工作中普通工具的使用等。

　　3A　操作—控制：开动、控制和调节被用来设计产品结构和处理有关资料、人员和事物的机器设备；这样的工作包括打字员、移动木材等使用机器运转的工作或负责半自动机器的启动、熄火的工作；控制机器和设备包括在工作过程中对机器和设备进行准备和调整；需要控制的机器和设备包括计量仪、表盘、阀门开关及其他诸如温度、压力、液体流动、泵抽速度和材料反作用等方面的仪器；包括打字机、油印机和其他的在准备和调节过程中需要仔细证明和检查的办公机器（这一等级只用于一个单元里设备和机器的操作）。

　　3B　运转—控制：（控制机器的操作）为了便于制造、加工和移动物体，操作过程必须被监视和引导；规范的控制行动需要持续的观察并迅速地做出反应（在使用工具时，即使工作只涉及人或物，也应遵循这一原则）。

　　4A　精确工作：按标准工作程序加工、移动、引导和放置工作对象或材料，在这里，对工作对象、材料和工具处理的精确度应符合最终完成工作时的工艺要求（这一原则主要适用于依靠手工操作和使用手动工具的工作）。

4B 装配：(安装机器设备)插入工具、选择工装、固定件和附件；修理机器或按工作设计和蓝本说明使机器恢复功能；精度要求很高；可以涉及其他工人操作或自己负责操作的一台或数台机器。

6. 职能工作分析法的程序

为了建立职能工作分析的任务库，需要按照一些基本的步骤操作才能覆盖任职者必须完成的 95% 以上的工作内容。具体步骤如下：

（1）回顾现有的工作信息。工作分析人员必须首先熟悉 SMEs 的语言（行话）。每一份工作都有其独特的语言，因为其处在特定的组织文化和技术环境中，必然带有特殊的烙印。现有的工作信息，包括工作描述、培训材料、组织目标陈述等等，应该都能使工作分析人员深入了解工作语言、工作层次、固定的操作程序以及组织的产出。工作分析人员应该尽可能准备一些在 FJA 格式下可得的信息，如果不能准备所有信息的话，也可以达到两个目的：其一是说明在哪些方面需要补充信息；其二可以以这些得到的部分信息向 SMEs 演示。这个步骤通常会花费 1～3 天的时间，这主要取决于可得的信息量以及时间的压力。在此花费的精力会减少小组会谈的时间和精力。

（2）安排同 SMEs 的小组会谈。同 SMEs 进行的小组会谈通常要持续 1～2 天时间，选择的 SMEs 从范围上要尽可能广泛地代表工作任职者。会议室要配备必要的设备：投影仪、活动挂图、涂改带，会议室的选址要远离工作地点，把对工作的影响减到最小。

（3）分发欢迎信。自我介绍之后，工作分析人员应当向与会者分发一封欢迎信，来解释小组会谈的目的，尤其要点明参与者是会议的主体，要完成大部分工作，而工作分析人员只是作为获取信息的向导或是促进者的角色存在。

（4）确定 FJA 任务描述的方向。工作分析人员事先应该至少准备好三张演示图。第一张显示任务的结构。第二张显示打印任务例子。如果可能的话，第三张最好准备一个难度、复杂程度中等的任务例子。这三张演示图的目的实际上是给 SMEs 提供任务陈述的格式和标准。这个过程大概会花费 20～30 分钟。

（5）列出工作的产出。工作分析人员首先希望 SMEs 小组能将工作的产出列出来。通常会问专家们这样一些问题："你认为被雇佣的工作任职者应该要提供什么产品或服务？工作的主要结果是什么？"一般来说，大概需要 5 分钟，小组就能以他们自己的语言将工作结果列出来。工作结果可能是物（各种类型的实物）、数据（报告、建议书、信件、统计报表、决议等等）、服务（对人或者是动物）。通常工作结果很少超过 10 条，多数的情况是 5～6 条。我们将这些工作结果整理好列在活动挂图上，挂在墙上。

(6)列出任务。让 SMEs 从任何一个工作结果着手,请他们开始描述通过完成哪些任务才能得到这个工作结果。通常在开始的时候大家技能不太熟练,会存在一个逐渐适应的过程。工作分析人员应该不断进行鼓励,给大家创造一个好的开始。工作分析人员可以以这样的问题来激发大家的思维:"工作是以工作说明或是指示开始吗?工作是日常例行的不需要特殊的指导吗?任职者个人需要主动干些什么?首先干什么?你是怎么知道该这样干?"很快,在完成了几个任务之后,大家会很快掌握到工作的精髓和诀窍,接下来工作进程会大大加快。

这项工作一直要持续到小组达成一致意见,所列出的任务应能覆盖工作所包括的 95％以上的工作任务,并要确信没有遗漏重要的任务项。当然中间可以灵活安排几次休息的时间,保持工作的良好节奏。

每项任务列出后工作分析人员将其写在活动挂图上。因为这个过程有多人参与,很可能还要进行字句上的斟酌和替换。在开始时大家常常有一个趋势,就是直接给出工作最终的结果,将其作为过程的工作行为。这就需要工作分析者进行指导,帮助小组将过程行为从最终结果中挑选出来。

(7)推敲任务库。每一个工作产出对应的任务都被写出来之后,会发现一些任务会在几个工作产出中反复出现,比如说"沟通"。在某些情形下,同样的任务会在信息来源或是最终结果上有细微的差别。另一方面,SMEs 应该说明有多少任务会以相同的行为开始。这些工作使小组对他们的工作有一个全面深刻的认识,不仅让他们认识到不同工作之间的相似之处,而且可以使他们看到哪些任务是琐细的,应该作为其他的一部分而存在,而哪些却是可以拆散为多个部分的。

(8)产生绩效标准。SMEs 满意地完成了任务库之后,下一个任务就要让他们列出为了满意地完成任务任职者需要具备的素质,工作分析人员一般使用下面的问题来引导小组进行分析:"大家可能注意到我们只是整理和分析了工作行为、最终结果、信息来源、指导以及工作设备,而没有涉及需要具备什么素质才能做好工作。我们可以设想我们是某个工作的管理者,我们需要为这个工作找一个合适的雇员,你将以什么标准来进行甄选?请大家考虑素质和特点的时候,尽量同任务尤其是任务对应的行为联系起来考虑。"

可能会得到很多一般性的东西,有必要进一步进行分析,最好能让大家举出例子:"这些素质特征以什么方式在何处体现出来?"

通常很多任务都需要相同的素质特征,工作分析人员应该请 SMEs 进一步说明其中哪些素质特征是比较重要,而哪些是最为关键的,同样在分析这些素质特征赖以成长的经验时亦是如此。完成这些工作后,小组会议就可以结束了。

(9)编辑任务库。工作分析人员将活动挂图上的信息收集起来,在此基础上用已演示的打印格式进行任务库的编辑。工作分析人员要对这些信息进行整理,疏

通语句,斟酌用词,特别是动词的使用。数据库即将完成之时,应该抄录一份给
SMEs 小组作最后的修改纠正。

3.3　工作分析方法比较

　　我们在前面介绍了 9 种工作分析方法。它们在分析导向、信息收集方法、分析
方法上存在较大差异,因此在选择工作分析方法时,要关注各种不同的工作分析方
法在不同类别性质的工作、不同人力资源管理功能领域方面特殊的适用性和各种
工作分析方法内在的性质所决定的在使用过程中各自不同的关注点。

3.3.1　适用的工作类型比较

　　工作类型的内在与外在差异决定了必须从不同的角度入手最大限度地了解和
界定工作的内涵与外延,为了达到这一目的,必须根据各种工作分析工具方法的特
点、属性加以适当选择。因此鉴别和掌握各种工作分析方法的适用范围,是合格的
工作分析人员专业知识架构中不可或缺的部分。

1. 观察法

　　观察法由于其直观化而无法深入了解目标工作人员的心理过程,因此不适用
于管理工作,而适用于简单、标准、重复性强的操作工作。

2. 工作实践法

　　工作实践法只适用于短期内可以掌握的或者工作内容比较简单、不具危险性
的操作工作。

3. 访谈法

　　一般说来,由于访谈法的内容、程序乃至最终成效往往取决于工作分析人员内
在的素质和访谈的水平,具有相当的灵活性,较少受到外界条件的影响,因此访谈
法适用于几乎所有的工作类型。

4. 问卷调查法

　　由于问卷调查法收集的信息完整、系统、操作简单、经济,可在事先建立的分析
模型的指导下展开,因此,几乎所有的结构化工作分析方法在信息的收集阶段都采
用问卷调查的形式。

　　问卷调查法可以用于各种类型的工作,具有较为普遍的适用性,也是目前我国
组织中运用最为广泛、效果最好的工作分析方法之一。

5. 工作日志法

　　工作日志法适用于各类工作。它主要用于收集原始的工作信息,为其他工作

分析方法提供信息支持,特别是在缺乏工作文献时,工作日志法的优势就表现得尤为突出。

6. 文献分析法

文献分析法适用于各类工作,主要用于收集工作的原始信息,编制工作任务清单初稿。

7. 关键事件法

关键事件法适用于操作性的工作。

8. 职位分析问卷法

职位分析问卷法适用于各类操作性工作和基层管理工作。

9. 工作职能分析法

工作职能分析法适用于各类工作。

3.3.2　适用的 HR 功能领域比较

各种不同的工作分析方法在其研制开发或个性化设计的过程中具有不同的功能定位,因此在选择工作分析方法时要考虑与人力资源管理功能领域的对应性,以充分发挥其效能。

9 种工作分析方法适用的 HR 功能领域比较(见表 3 – 10)。

表 3 – 10　工作分析方法适用的 HR 功能领域比较

		观察法	实践法	访谈法	问卷法	工作日志法	文献分析法	关键事件法	PAQ	FJA
IR 功能领域	工作描述		×	×	×	×				×
	工作分类			×					×	×
	职位评价				×				×	×
	工作设计		×			×				×
	工作规范		×	×	×				×	×
	绩效评估							×		×
	培训开发			×	×			×		×
	人员流动								×	×
	HR 规划				×				×	×

3.3.3　使用关注点比较

工作分析方法的使用要受到外部许多因素的影响和制约,在选择工作分析方法时要考虑到这些起影响和制约作用的因素,以保证所选用的工作分析方法有其可行性。这些因素被称为工作分析方法使用的关注点。关注点主要有职位的多样性、样本的规模、标准化、成本、时间和信度等。

9 种工作分析方法使用关注点比较(见表 3 - 11)。

表 3 - 11　工作分析方法使用关注点比较

		观察法	实践法	访谈法	问卷法	工作日志法	文献分析法	关键事件法	PAQ	FJA
关注点	职位多样性			×	×				×	×
	样本规模				×				×	×
	标准化		×			×			×	
	成本	×			×				×	
	时间	×		×	×				×	
	信度					×		×	×	

本章思考题

1. 什么是以人为基础的系统性工作分析方法? 什么是以事为基础的系统性工作分析方法?

2. 使用观察法进行工作分析有哪些步骤?

3. 访谈法的基本要素有哪些? 怎样扮演好访谈的记录者与引导者角色?

4. 使用文献分析法要注意哪些问题?

5. 怎样确定和描述关键事件?

6. 简述职位分析问卷法的构成及其特点与局限。

7. 简述职能工作分析法的构成。

案例分析

A 公司职位分析案例

A 公司在公司内部进行了一次职位分析尝试。

首先，他们开始寻找进行职位分析的工具与技术。在阅读了国内目前流行的几本职位分析书籍之后，他们从其中选取了一份职位分析问卷，来作为收集职位信息的工具。然后，人力资源部将问卷发放到了各个部门经理手中，同时他们还在公司的内部网页上发了一份关于开展问卷调查的通知，要求各部门配合人力资源部的问卷调查。

据反映，问卷在下发到各部门之后，却一直搁置在各部门经理手中，而没有发下去。很多部门是直到人力资源部开始催收时才把问卷发放到每个人手中。同时，由于大家都很忙，很多人在拿到问卷之后，都没有时间仔细思考，草草填写完事。还有很多人在外地出差，或者任务缠身，自己无法填写，而由同事代笔。此外，据一些较为重视这次调查的员工反映，大家都不了解这次问卷调查的意图，也不理解问卷中那些陌生的管理术语，何为职责，何为工作目的，许多人对此并不理解，很多人想就疑难问题向人力资源部进行询问，可是也不知道具体该找谁。因此，在回答问卷时只能凭借自己个人的理解来进行填写，无法把握填写的规范和标准。

一个星期之后，人力资源部收回了问卷。但他们发现，问卷填写的效果不太理想，有一部分问卷填写不全，一部分问卷答非所问，还有一部分问卷根本没有收上来。辛苦调查的结果却没有发挥它应有的价值。

与此同时，人力资源部也着手选取一些职位进行访谈。但在试着谈了几个职位之后，发现访谈的效果并不好。因为，在人力资源部，能够对部门经理访谈的人只有人力资源部经理一人，主管和一般员工都无法与其他部门经理进行沟通。同时，由于经理们都很忙，能够把双方的时间凑一块，实在不容易。因此，两个星期时间过去之后，只访谈了两个部门经理。

人力资源部的几位主管负责对经理级以下的人员进行访谈，但在访谈中，出现的情况却出乎意料。大部分时间都是被访谈的人在发牢骚,指责公司的管理问题,抱怨自己的待遇不公等。而在谈到与职位分析相关的内容时,被访谈的人往往又言辞闪烁,顾左右而言他,似乎对人力资源部这次访谈不太信任。访谈结束之后,访谈人都反映对该职位的认识还是停留在模糊的阶段。这样持续了两个星期,访谈了大概1/3 的职位。王经理认为时间不能再拖延下去了,因此决定开始进入项目的下一个阶段——撰写职位说明书。

可这时,各职位的信息收集却还不完全。怎么办呢? 人力资源部在无奈之中,不得不另觅他途。于是,他们通过各种途径从其他公司中收集了许多职位说明书,试图以此作为参照,结合问卷和访谈收集到一些信息来撰写职位说明书。

在撰写阶段,人力资源部还成立了几个小组。每个小组专门负责起草某一部门的职位说明书,并且还要求各组在两个星期内完成任务。在起草职位说明书的过程中,人力资源部的员工都颇感为难,一方面不了解别的部门的工作,问卷和访谈提供的信息又不准确;另一方面,大家又缺乏写职位说明书的经验,因此,写起来都感觉很费劲。规定的时间快到了,很多人为了交稿,不得不急急忙忙,东拼西凑了一些材料,再结合自己的判断,最后成稿。

最后,职位说明书终于出台了。然后,人力资源部将成稿的职位说明书下发到了各部门,同时,还下发了一份文件,要求各部门按照新的职位说明书来界定工作范围,并按照其中规定的任职条件来进行人员的招聘、选拔和任用。但这却引起了其他部门的强烈反对。很多直线部门的管理人员甚至公开指责人力资源部,说人力资源部的职位说明书是一堆垃圾文件,完全不符合实际情况。

于是,人力资源部专门与相关部门召开了一次会议来推动职位说明书的应用。人力资源部经理本来想通过这次会议来说服各部门支持这次项目。但结果却恰恰相反,在会上,人力资源部遭到了各部门的一致批评。同时,人力资源部由于对其他部门不了解,对于其他部门所提的很多问题,也无法进行解释和反驳。因此,会议的最终结论是,让人力资源部重新编写职位说明书。后来,经过多次重写与修改,职位说明书始终无法令人满意。最后,职位分析项目不了了之。

人力资源部的员工在经历了这次失败的项目后,对职位分析彻底丧失了信心。他们开始认为,职位分析只不过是"雾里看花,水中望月"的东西,说起来挺好,实际上却没有什么大用,而且认为职位分析只能针对西方国家那些管理先进的大公司,拿到中国的企业来,根本就行不通。原来雄心勃勃的人力资源部经理也变得灰心丧气,但他却一直对这次失败耿耿于怀,对项目失败的原因也是百思不得其解。

那么,职位分析真的是他们认为的"雾里看花,水中望月"吗?该公司的职位分析项目为什么会失败呢?

案例讨论

1.该公司在组织与实施职位分析的过程中存在哪些问题,这些问题是怎样产生的,应如何加以解决?

2.该公司所采用的职位分析工具和方法主要存在着哪些问题?请用相关知识加以分析。

3.如果你受命进行该公司的职位分析,你打算怎么办?请拟制一份较详细的职位分析计划。

第 *4* 章

工作说明书的编写

　　工作分析,通过对信息的收集、分析与综合,最终要形成工作分析的成果——工作说明书。工作说明书是关于工作是什么以及工作任职者应该具备什么资格及条件的书面文件。工作说明书是用来指导任职者如何工作的,它不仅可以帮助任职者了解其工作、明确其职责范围,还可以为管理人员的决策提供依据。工作说明书在人力资源管理中起着重要的作用,是人力资源管理活动的基本依据。它主要包括两部分核心的内容:一是工作描述;二是任职资格。在工作分析的各阶段中,工作说明书的编制是最为复杂的。它需要遵循目标明确、源于现实但又高于现实、指导和帮助、分工与协作统一的原则进行设计;需要根据具体的工作特点、目的和要求,灵活选用叙述式、表格式和复合式的表达形式;需要掌握用专业术语,准确简练,清晰透彻地进行描述的技巧。编写说明书最好使用统一的格式,注意整体的协调,做到美观大方。

重点问题

⇨ 工作说明书的构成
⇨ 工作描述的含义
⇨ 工作描述的主要内容
⇨ 任职资格的含义
⇨ "显性"任职资格的主要内容
⇨ "隐性"任职资格的主要内容

4.1　工作描述的编写

利用各种工作分析方法收集到的有关工作的相关信息,并不能够直接形成工作描述。在进行工作描述之前,还需要对收集所得的信息进行理解、分析与综合,即对工作进行系统的理解。其具体内容包括在工作分析人员的思维中建立起关于工作与组织之间、工作的内在各要素之间的逻辑框架体系。然后,根据工作与组织之间的关系和工作本身构成要素之间的关系进行工作描述。

4.1.1　工作描述的含义及其组成内容

1. 工作描述的含义

工作描述是对工作本身的内涵和外延加以规范的描述性文件。对工作行为研究的最终结果常常表现为有关工作流程与行为的工作描述。当分析的重点是任务的时候,工作分析的结果常常是工作任务描述。一位任职者每天的工作会被总结归纳,一组任务的集合就是一个工作,而对于这些任务组合应该被如何完成的描述就是工作描述。组织中有多少个工作就有多少份工作描述。

2. 工作描述的组成内容

工作描述的主要内容一般包括工作的目的、职责、任务、权限、业绩标准、工作关系、工作的环境条件和工作的负荷等。但工作分析的实践显示,不同的工作分析目的和不同的工作描述的使用者,对工作描述的内容具有不同的要求。比如直线管理者从向下属传递组织期望的角度,认为工作描述重在对工作目的和职责的详尽描述。而人力资源专家则可能从工作评价与薪酬决策的角度来考虑问题,要求工作描述中要包括职责的重要程度和复杂程度等定量信息,同时还要求有关工作负荷、工作环境的信息。因此,工作描述的内容通常被分为两部分:一部分为核心内容,另一部分是选择性内容。

(1)核心内容。核心内容是任何一份工作描述都必须包含的部分。如果这部分内容缺失,就会导致人们无法对本工作与其他工作加以区分。这部分内容包括:工作标识、工作概要、工作职责、工作关系。

(2)选择性内容。这部分内容并非是任何一份工作描述所必需的,而可由工作分析人员根据预先确定的工作分析的具体目标或者工作类别,有选择性地进行安排。这部分内容有:工作权限、履行程序、工作范围、职责的量化信息、工作条件、工作负荷、工作特点与工作领域。

本章立足于通用性的角度对工作描述的主要内容进行阐述。包括工作标识与工作概要、工作职责、工作关系、工作权限、工作程序、工作范围、业绩标准、工作环境等。

4.1.2　工作标识与工作概要

1. 工作标识

工作标识是用以区别该工作与组织中其他工作的。如同一个标签，通过它可以使阅读者对该项工作有一个直观的印象。工作标识一般包括工作基本信息和工作分析基本信息。工作基本信息包括：工作名称、工作代码、所在部门、直接上级、任职者姓名、职位薪点等；工作分析基本信息包括工作分析的时间、工作说明书的有效期和工作分析人员姓名或代码。

（1）工作名称。工作名称是工作标识中最重要的项目，指一组在重要职责上相同的职位总称。它用几个词来对工作进行定义，这个定义要指出该工作的大致领域和工作性质，把一项工作与其他工作区别开来。让人一看就大概知道这一职位主要是干什么的。

在确定工作名称时要注意：

工作名称要较准确地反映其主要工作职责。如"安全生产主管""电子发配员""轮胎检查搬运员"等。工作名称应该指明其在组织中的相关等级位置。如"高级项目经理"名称就高于"项目经理"。另外一些表示等级的工作名称还有诸如"实验助理""三分厂助理"等。

工作名称应该美化。工作名称会影响任职者的心态，一个合适的、经过艺术化处理的名称如"环卫保洁员"就比未经艺术化处理的"卫生员"好听。工作名称的美化不仅会提高工作的社会声望，而且可以提高员工对工作的满意度。

工作名称要沿用通行的做法。在确定工作名称时，最好按照社会上的通行做法来做，这样既便于人们的理解，也便于在薪资调查时进行比较。

（2）工作代码。工作代码又称职位编号，主要是为了方便职位的管理，组织可以根据自己的实际情况来决定应包含的信息。例如在某企业中，有一个职位的编号为 HR-03-06，其中 HR 表示人力资源部，03 表示主管级，06 表示人力资源部全体员工的顺序编号；再比如 MS-04-TS-08，其中 MS 表示市场销售部（market sales 的首写字母缩写），04 表示普通员工，TS 表示职位属于技术支持类，08 表示市场销售部全体员工的顺序编号。

（3）职位薪点。职位薪点是工作评价所得的结果，反映了这一职位在组织内部的相对重要性，是确定这一职位基本工资的基础。

2. 工作概要

工作概要，是对工作内容的简要概括，通常是一句话，对工作的内容和目的进行归纳。工作概要必须能使读者一看就知道这个职位大概要承担哪些职责,例如人力资源部经理的工作概要可以这样描述,"制定、实施公司的人力资源战略和年度计划,主持制定完善人力资源管理制度以及相关政策,指导解决公司人力资源管理中存在的问题,努力提高员工的绩效水平和工作满意度,塑造一支敬业、团结协作的员工队伍,为实现公司的经营目标和战略意图提供人力资源支持"。某公司前台的工作概要则需这样描述,"承担公司前台服务工作,接待安排客户的来电、来访,负责员工午餐券以及报纸杂志的发放和管理等行政服务工作,维护公司良好的形象"。

(1)工作概要中的动词。工作概要一般是用动词开头来描述最主要的工作任务,并且只需要包括最关键的工作任务即可,应该避免将绩效预期、紧急情况下的责任、时间限制等超出工作目的之外的细节囊括进来。

(2)工作概要的规范写法。工作概要的规范写法为:"工作行动＋工作对象＋工作目的"或"工作依据＋工作行动＋工作对象＋工作目的"。如上门推销员监理的工作概要为"监督和协调上门推销人员的活动"。销售部经理的工作概要为"根据公司的销售战略,利用和调动销售资源,管理销售过程、销售组织、关系,开拓和维护市场,以促进公司经营目标和销售目标的实现"等。《加拿大职位分类大典》中的编号和工作概要示例如下(见表4－1)。

表4－1　《加拿大职位分类大典》中的编号和工作概要

工作编号:5130－126　　　　　　　工作名称:上门推销员监理 (SUPERVISOR,DOOR－TO－DOOR SALESMEN) 所属行业:(零售业)　　　　　　　　DPT:138 工作概要:监督和协调上门推销人员的活动(细类5141)。 工作编号:1116－162　　　　　　　工作名称:渔业检查员 (FISHERIES INSPECTOR)　　　　DPT:267 工作概要:实施有关捕鱼作业、设备安全及产品质量的法律和条例,履行以下任何职责:

4.1.3　工作职责

1. 工作职责的内涵

工作职责,就是指任职者所从事的工作在组织中承担的责任,所需要完成的工作内容及其要求。它是在工作标识与工作概要的基础上,进一步对工作的内容加以细化的部分。

2. 工作职责的特点

工作说明书中的工作职责具有成果导向性、完备性、稳定性、独立性、系统性的特点。工作职责要表达的是该职位要完成什么工作,以及为什么要完成这些工作,而不是如何完成这些工作;工作职责要表达该职位所要取得的所有关键成果;工作职责仅仅包含该职位的稳定性的工作内容,而不包括上级那些临时授予的、动态性的工作;每一项工作职责都直接指向一个唯一的工作成果,不允许职责与职责之间有交叉和重叠;同一职位的若干项工作职责之间必然存在着某种逻辑联系,而不是任务的简单拼凑与组合。

3. 工作职责的梳理

工作职责的界定并非简单地来自对职位任职者的现行工作活动的归纳和概括,而是来自于基于组织战略的职位目的的界定。对通过各种方法得到的关于工作活动的信息,要经过深入地分析与判定,最后才能形成若干条工作职责。相对而言,这一项工作是较难、较复杂的,也是工作描述中最重要的部分,要经过反复的实践才能准确地把握。

对工作职责的分析与判定主要有两种方法:一种是基于战略的职责分解;另一种是基于流程的职责分析。在实践中,往往将这两种方法结合起来使用,互为补充。通过战略分解得到职责的具体内容,通过流程分析,界定在这些职责中该职位应该扮演什么样的角色,应该拥有什么样的权限。

(1)基于战略的职责分解:

① 确定职位的目的。要根据组织的战略和部门的职能职责定位,确定该职位需要达成的目的。

② 分解关键成果领域。通过对职位目的的分解得到该职位的关键成果领域。所谓关键成果领域是指一个职位需要在哪几个方面取得成果来实现职位的目的。如人事经理的成果领域就可以分解为:部门预算、人力计划、培训开发、招聘录用、绩效管理、人力配置、员工关系和薪酬管理 8 个方面。

③ 确定职责目标。确定该职位在该关键成果领域中必须达成的目标(取得的成果)。因为职责的描述是要说明这项职责主要做什么,以及为什么做。因此,从成果导向出发,应在关键成果领域中,进一步明确所要达成的目标,并且所有关键成果领域的目标都要与职位的整体目标之间存在整体与部分的关系。例如,上面提到的人事经理的 8 个成果领域的目标如下(见表 4 - 2):

表 4 - 2　人力资源经理成果目标示例

关键成果领域	所要达成的目标
1.部门预算	确保部门预算与组织的战略与整体预算保持一致
2.人力计划	确保人力资源计划与战略、组织结构保持一致
3.招聘录用	提高招聘工作的效果与效率,并确保空岗的关键职位能够及时得到高质量的人员补充
4.人力配置	提高组织内各部门、各职位的人事匹配
5.培训开发	提高培训组织的效果与效率
6.薪酬管理	确保组织能够有效地吸引、激励和保留人才
7.绩效管理	保证绩效管理循环的正常运行
8.员工关系	避免员工不满与劳动纠纷的发生

④ 正确选择表达职责目标的用词。

表达正向目标时用:确保、保证、促进、提高、提升、完善……

表达反向目标时用:防止、避免、防范……

表达支持目标时用:致使、作用、供、支持、提供、利于、帮助、实现、控制……

⑤ 确定达成职责目标的行动。确定该职位为了达成这些职责目标,需要采取的行动。对行动的确定,主要依靠对访谈和问卷中所获得的关于任职者行为与活动的信息进行归纳与提炼而得到。其具体的表达方法为:"行动方式+具体对象"。

⑥ 形成初步的职责描述。通过将上述几个步骤得到的职责目标与行动相结合,我们可以得到关于该职位的基本职责的初步描述。职责条目的具体数量要与关键成果领域的数量相一致。

(2)基于流程的职责分析:

① 理顺职位内部各项职责之间的逻辑关系。职责描述的系统化原则要求职位内部各项职责之间不能是一种简单的拼凑与组合,而应该是具有内在逻辑关系的统一体。而寻找到这样的逻辑关系,不仅对于职责描述的系统化具有极其重要的意义,而且还是基于流程的职责分析的前提与出发点。

一般来说,同一职位各项职责的内在逻辑关系大致可以分为四种类型。第一种是并列型,职责与职责之间的关系是相互并列的。第二种是流程型,职责与职责之间的关系是顺承的,上一职责的工作成果构成下一职责完成的工作输入。第三种是网络型,职责与职责之间的关系是中心与外围的关系。这些职责中存在某一核心职责,其他职责彼此并列,其成果成为该核心职责的工作输入。第四种是混合型,这种类型是上述几种类型的混合体。

② 寻找职位的流程入口与出口。在理顺了职责与职责之间的内在逻辑关系后,要进一步找到该职位在组织的整体流程中的位置,而这种位置的关键在于寻找到流程的出口与入口。所谓流程的入口,是指整体流程从哪一项职责处进入该职位;流程的出口则指整体流程从哪一项职责处流出该职位。寻找职位流程的入口与出口目的是排列职责的表达顺序。

在并列型的职位中,每一项职责都彼此独立,它们单独构成一个流程的入口与出口;在流程型的职位中,所有职责共同形成一个职位的内部流程,因此,这一内部流程的开端即为流程的入口,内部流程的末端即为流程的出口;在网络型的职位中,存在着一个具有总结性的职责,其余职责都为这一职责提供输入,因此,其余职责是流程的入口,总结性职责是流程的出口;在混合型的职责中,往往存在着几组相互衔接的职责,形成几组内部流程,每一条内部流程都存在着一个入口和出口。

③ 去除重叠职责,填补真空职责,理顺错位职责。在理清了职位在流程中的位置后,需要根据职位中的流程入口与出口,找到该职位在流程中的上游职位和下游职位,进一步对该职位与上游职位和下游职位之间职责的关系进行界定。尤其要理顺以下几个方面的内容:该职位与上、下游职位之间是否存在着"职责上的重叠"? 该职位与上、下游职位之间是否存在着职责上的真空? 即需要有人完成,但实际上两个职位都没有照顾到。该职位与其他职位之间是否存在着错位,即本来应该由某职位完成的职责,却由其他职位来完成?

对职位间的职责重叠、真空、错位问题的寻找主要通过流程访谈和职责描述两种方式展开。

④ 明确职位角色,进行规范描述。通过前面的步骤,已经理顺了职位边界。接下来,还需要进一步通过流程分析,来界定该职位在各项职责中扮演的角色。所谓角色,是指该职位在某一项职责中具有多大的控制力与制约力,相对于流程中的其他职位而言,该职位具体对流程中哪一个阶段的成果负责。明确职位角色的目的就是要确定该职位该做什么、能做什么。

4. 工作职责的描述

(1)工作职责描述的书写规则:采用规范的书写格式;尽量避免采用模糊性的动词,如"负责"、"管理"、"领导"等;尽量避免采用模糊性的数量词,如"许多"、"一些"等;尽量避免采用任职者或其上级所不熟悉的专业化术语,尤其要尽量避免采用管理学专业的冷僻术语。如确实有采用术语的必要,须在工作说明书的附件中予以解释;当其存在着多个行动和多个对象时,如果有可能在行动动词和对象之间的关系上引起歧义,就需要进行分别表述。

(2)工作职责描述的书写格式:行动或角色(动词)＋具体对象＋职责目标(成果)。例如:组织拟定、修改和实施公司的人力资源需求计划,使公司员工队伍结构合理,素质优良。

　　(3)工作职责描述常用的动词:

- 针对计划、制度、方案、文件:编制、制定、拟定、起草、审定、审核、审查、转呈、转交、提交、呈报、下达、备案、存档、提出意见;
- 针对信息、资料:调查、研究、收集、整理、分析、归纳、总结、提供、汇报、反馈、转达、通知、发布、维护管理;
- 针对某项工作(上级):主持、组织、指导、安排、协调、指示、监督、分配、控制、牵头、负责、审批、审定、签发、批准、评估;
- 针对思考行为:研究、分析、评估、发展、建议、倡议、参与、推荐、计划;
- 针对直接行动:组织、实行、执行、指导、带领、控制、监管、采用、生产、参加、阐明、解释;
- 针对上级行为:许可、批准、定义、确定、指导、确立、规划、监督、决定;
- 针对管理行为:达到、评估、控制、协调、确保、鉴定、保持、监督;
- 针对专家行为:分析、协助、促使、联络、建议、推荐、支持、评估、评价;
- 针对下级行为:检查、核对、收集、获得、提交、制作;
- 针对其他:维持、保持、建立、开发、准备、处理、执行、接待、安排、监控、汇报、经营、确认、概念化、合作、协作、获得、核对、检查、联络、设计、测试、建造、修改、执笔、起草、引导、传递、翻译、操作、保证、预防、解决、介绍、支付、计算、修订、承担、谈判、商议、面谈、拒绝、否决、监视、预测、比较、删除、运用。

　　(4)工作描述的书写次序:在对职责进行描述时,必须根据职责之间的内在逻辑关系确定职责的书写次序。根据前面所述同一职位内各项职责之间的四种逻辑关系类型确定的书写次序为:

- 并列型逻辑关系:根据职责的重要性排序和时间花费的百分比排序来进行书写安排。职责的重要性和时间花费比相比较,排列职责时应优先考虑职责的重要性顺序,其次再考虑时间顺序。
- 流程型逻辑关系:根据职责内在流程的逻辑关系来进行安排。
- 网络型逻辑关系:先按重要性的顺序对外围过程性职责进行书写,然后对核心总结性职责进行书写。
- 混合型逻辑关系:存在着若干组流程,在组与组之间按照重要性来进行安排,在同一组内部按照流程来安排。

5. 工作职责的定量化信息

　　除了对职责的定性描述之外,在一些情况下,也会要求对工作职责进行定量化的信息表达。但定量化信息必须建立在定性的职责描述的基础之上,而且不能取代定性描述的作用。

（1）职责的定量化信息的分类。职责的定量化信息可以分为两类：一类是描述性的数据，包括对职位的隶属度、是否执行、执行的频率、所花费的绝对时间和相对时间的描述，主要用于工作分配、资源分配和时间管理。一类是评价性的数据，包括对职责或任务的重要性、复杂性、失误后果、学习的难度的评价，主要用于工作评价与薪酬决策、关键职责识别与绩效评价、培训与开发。

（2）职责的定量化信息的表达方式。在实际的职位分析中，常用的职责的定量化信息表达方式有三种：各项职责所花费时间的百分比；各项职责的重要性排序；各项职责的复杂程度。

这些信息往往通过对任职者本人的访谈和问卷调查获得，其结果往往呈现在"职责描述"部分的各项职责的后面（见表 4 - 3）。

表 4 - 3　工作职责的定量化信息示例——时间百分比

职　责	时间（％）
根据年度工作需要，参考上级年度工作计划，起草公司年度审计工作计划，为公司审计工作的开展提供指导与依据	5
根据公司年度审计计划，参与、组织与指导审计处对公司各独立核算单位进行常规审计，对其日常经营与管理过程进行监控	20
根据公司年度审计工作计划，参与、组织与指导审计处开展公司及下属经济单位的债权债务审计、违规违纪审计、剩余物资和账外物资审计，为公司的业务运行提供有效的预警	25
根据公司年度审计计划，参与、组织与指导项目经理经济责任审计，为综合、如实地反映项目经理的业绩提供保障	25
根据不同的审计类别，撰写重要的审计报告，针对被审计单位的问题，提出建设性的改进建议，为公司经营管理提供增值服务	10
根据上级机关的要求与审计处年度工作需要，组织公司审计人员培训，提升审计人员的业务知识与技能	10
制定部门内部组织与人员管理方案与制度，培养、考核、激励部门下属人员，确保部门工作高效开展	5

4.1.4 工作关系

1. 工作关系的含义

工作关系是指某一职位在正常的工作情况下，主要与组织内部哪些部门和哪些职位发生工作关系以及需要与组织外部哪些部门和人员发生工作关系。偶尔发生联系的部门和职位一般不列入工作关系的范围之内。

2. 工作描述中的工作关系

工作描述中涉及的工作关系包括该职位在组织中的位置和任职者在工作中形成的关系两部分：

（1）该职位在组织中的位置。这部分工作关系是工作描述的核心部分，它反映该职位在组织中上下左右的关系。一般用组织结构图的方式来表达。

（2）任职者在工作中形成的关系。这部分工作关系是该职位的任职者在工作的过程中与组织内部、外部的部门、人员之间形成的。包括联系的对象、联系的内容、联系的方式、联系所采用的工具和联系的频次等多项内容。但在工作分析的实际操作中，主要关注的只有联系的对象和联系的内容两项内容。这部分工作关系反映在工作说明书中。

4.1.5 工作权限

1. 工作权限的含义

工作权限，是指根据该职位的工作目标与工作职责，组织赋予该职位的决策范围、层级与控制力度，该项目主要应用于管理人员的工作描述与职位评价，以确定职位"对组织的影响大小"和"过失损害程度"；另外，通过在工作说明书中对该职位拥有的工作权限的明确表达，可以进一步强化组织的规范化，提升任职者的职业化意识，并有助于其职业化能力的培养。

2. 工作权限与组织分权的关系

根据组织理论，权限的安排必须服从于组织的战略、与职位的工作职责相对应、与流程相协调、与任职者的职业化素养相适应，因此，在组织实际的工作权限分派时，相同的工作职责有可能对应不同的权限。由此可以得出，工作权限的划分绝非简单地通过工作职责分析来完成，而必须依靠系统性的组织安排，在纵向上根据职能定位与管理人员的职业化水平，在横向上根据组织业务流程的分解，同时考虑到组织内部的信息沟通、资源共享、风险分散、责任分担等若干因素进行系统性的分权，形成分层分类的"分权手册"。

3. 工作描述中工作权限的内容

工作描述中的工作权限往往并非来自于对工作本身的分析，而是来自于"分权手册"赋予该职位的权限。需要注意的是,工作描述中的权限并非要涵盖分权手册中所有相关内容,而是要选择有用的信息。在实际的工作分析操作中,工作权限一般包括人事权限、财务权限、业务权限三个部分。这三个部分分别与"分权手册"中的人事管理分权、财务管理分权、业务与技术管理分权等不同板块相对应。

4. 工作权限的表示方法

(1)人事权限:批准……类(或级)以下员工的录用、考核、升迁、出差、请假等;

(2)财务权限:批准……元以内的……费用;

(3)业务权限:批准……(事项)。

4.1.6　工作程序

1. 工作程序的含义

工作程序就是工作职责的履行程序,又被称为"职责细分"或者"工作任务",它是对工作职责的进一步分解,是针对每项工作职责如何具体完成的过程性描述。工作职责关注的是该职位"主要做什么"以及"为什么要做"。而工作职责的履行程序关注的则是"如何做"。工作职责履行程序的内容在职责描述中并非必要内容,而是对职责描述的进一步拓展和细化,主要应用于绩效标准的提取和新员工的上岗引导,同时它对于职业规范的建立也具有十分重要的作用。

2. 工作职责履行程序的形成

工作职责履行程序的形成主要有两种方法:一种是自上而下的"职责分解法",这种方法是建立在工作职责已经明确的基础之上,通过对每一项工作职责的完成进行流程分析,找到完成这项职责所需要的主要环节和步骤,从而形成责任细分的描述。一种是自下而上的"归纳法",这种方法是从"履行程序"中的最小的工作要素出发,通过对这些基础性的工作活动进行逻辑上的归类,形成职责细分,并进一步根据履行程序的归类,得到职责描述。

强调履行程序的职责描述示例如下(见表 4 - 4):

表 4 - 4　强调履行程序的职责描述示例——某公司人力资源配置主管

基本职责		
序号	职责	时间(%)
1.	起草、实施人力资源配置的管理制度及实施办法	20
2.	承办新员工招聘工作,制定、执行大中专毕业生接收计划	15

3.	组织专业技术资格申报工作	10
4.	办理人员政审	10
5.	管理人事档案,办理人员离职手续,执行人力资源基础管理工作	15

职责履行程序

序号	程序
1.	• 接受人力资源部部长指派,按照现代企业制度的要求,起草人力资源配置的管理制度及实施办法,征求人事董事管理高级主管意见修改后,报人力资源部部长审核,报总经理办公会审批实施 • 对人力资源配置的管理制度及实施办法及时提出修订意见,经人力资源部长审核,总经理办公会批准后修改、实施
2.	• 对外发布招聘信息,同时与人才机构联系,收集应聘材料,在人事董事管理高级主管的指导下筛选应聘材料,向人力资源部部长推荐面试人选,准备面试材料,组织面试 • 根据人力资源部部长的要求,将面试结果通知相关人员,为被录用者办理录用手续 • 汇总各控股子公司报送的大中专毕业生需求计划,编制公司系统大中专毕业生接收计划,提交给人事董事管理高级主管审核,计划批准后执行
3.	• 根据电力行业专业技术资格评审的有关要求,发布通知,收集申报材料并向相应专门机构报送申报材料,参与评审组织工作 • 建立和维护公司职称人员信息库
4.	• 查阅人事档案,对拟出国人员进行政治审查,报人力资源部部长审核后送综合管理部 • 根据人力资源部部长的要求,对其他人员进行政审
5.	• 遵循公司档案管理规定,管理公司本部人员及控股子公司高级管理人员人事档案,按照规定程序存放、借阅和使用档案 • 根据人力资源部部长的要求,录入、维护人事基础信息库 • 牵头办理离职人员手续 • 承担印制公司员工名册等基础管理工作

4.1.7　工作范围

1. 工作范围的含义

工作范围,是指该职位的任职者所能掌控的资源的数量和质量以及该职位的活动范围,它代表了该职位能够在多大程度上对组织产生影响,在多大程度上能够给组织带来损失。该部分信息并非所有职位描述中的必备内容,往往用于管理职位、以职位评价为目标的工作描述中。

2. 工作范围的内容

工作范围的内容主要包括人力资源、财务资源和活动范围三个部分。人力资源,包括直接下级的人数与级别、间接下级的人数与级别等。财务资源,包括年度预算、项目成本、年度收入(营业额)、年度利润、销售回款等。活动范围,根据职位不同存在着较大的差异,例如销售职位的"每星期接待客户的人数";人事经理的"每星期进行内部沟通的次数"等。

4.1.8　业绩标准

1. 业绩标准的含义

业绩标准又称"业绩变量",是在明确界定工作职责的基础上,对如何衡量每项职责完成情况的规定。它包括衡量要素和衡量标准两个方面。衡量要素,是指对于每项职责,应该从哪些方面来衡量它是完成的好还是完成的不好;衡量标准,是指这些要素必须达到的最低要求,这一标准可以是具体的数字,也可以是百分比。例如对于销售经理这一职位,工作完成的好坏主要表现在销售收入和销售成本方面,因此,它的业绩衡量要素就是销售收入和销售成本;至于收入达到多少,成本要控制在多少就属于衡量标准的范畴了,可以规定销售收入每月 100 万元,销售成本每月 30 万元。再比如对于人力资源部的薪酬主管,衡量其工作完成的好坏主要看薪酬发放的是否准确、及时,因此,其业绩衡量要素就是薪酬发放的准确率和及时性;至于准确率要达到多少、及时性如何表示就是衡量标准的范畴了,可以规定准确率要达到 98%,薪酬迟发的时间最多不超过 2 天。业绩标准是提取职位层级绩效考核指标的重要基础和依据,因此,在以考核为导向的工作描述中,业绩标准是其所必须包含的关键部分。

2. 业绩标准的类型

业绩标准存在着正向业绩标准与反向业绩标准两种类型。正向的业绩标准,是从正面的角度考察该职责是否完成,以及完成的效果,如目标达成率、计划执行质量、准确性、及时性等,适用于那些从正面角度易于衡量的工作职责。反向的业绩标准,是从反面的角度考察职责的完成效果,如差错率、失误率等,适用于那些从正面角度不宜衡量工作效果和质量的工作职责。

3. 业绩标准的提取方法

(1)正向业绩标准的提取,主要有两种方式:一种是直接以结果为导向,将职责所要达成的目标的完成情况作为业绩标准。这种方式适用于那些职责目标十分清晰,并且易于衡量的职责;一种方法则是通过分析在职责完成的整个流程中存在着哪些关键点,从这些关键点中找到对整个职责的完成效果影响最大、最为重要的关键点,来作为业绩标准,这种方法必须建立在"职责细分"的基础上。这种方式则适用于职责目标难以界定、难以衡量或者不能完全为任职者本人所控制的情况。

在工作分析的实践中常常将以上两种方法结合起来使用。

(2)反向业绩标准的提取。反向业绩标准可以在正向业绩标准不易提取,或者不具有可操作性的情况下采用。对反向标准的提取,要回答这样一个问题:"该项职责如果完成得不好,可以表现在哪些方面"。

反向业绩标准通常可以从差错率、失误率、时间延误、违纪次数、投诉次数(率)几类中挑选。

4. 业绩标准的筛选

通过上述两种方法提取出来的业绩标准,往往数量很多,但并非每一个都可以纳入到工作描述中,而必须依据一定的标准对其进行筛选。这些标准主要有:

(1)关键性。关键性即业绩标准变量对该职责的最终完成效果的影响程度。影响程度越大,则该业绩变量越可取。因此,最终结果标准比从关键控制点中寻找出来的过程性标准更好;

(2)可操作性。可操作性即业绩标准是否可以转化为实际能够衡量的指标。其包括是否可以收集到准确的数据或者事实来作为考核该标准的依据;是否可以量化,如果不能量化,是否可以细化,以避免单纯凭感觉打分的现象发生。

(3)可控性。可控性即该业绩变量受到任职者的工作行为的影响有多大,是更多受到任职者的控制,还是受到外部环境的控制。一般认为,如果任职者对该业绩变量的控制程度小于70%,则认为该变量必须舍弃。

(4)上级职位的认可。业绩变量的选取必须得到该职位的上级的认可。

4.1.9 工作环境

1. 工作环境的含义

工作环境是指工作的物理环境和心理环境。一般情况下,工作描述中所讨论的工作环境主要指工作的物理环境。

工作物理环境是指对工作所处环境的测定结果,通过工作环境测定而确定。工作环境测定又称为劳动环境测定,通常情况下人们重点关注的是对劳动环境中各种有害因素和不良环境条件的测定。这些有害因素和不良环境条件的测定对于分析工作对人体造成的危害与不适的研究具有决定性作用,也是劳动安全保障的重要依据。这部分内容是传统的"工作分析"的核心内容。但随着后工业化时代的到来,该部分内容已经逐步丧失了其传统的地位,尤其是针对管理人员和专业人员的工作分析,对"工作环境"的界定已无实际的意义。但针对制造企业的工厂车间中的操作岗位,这部分内容还要包含在工作说明书中。

2. 工作的物理环境包括的内容

工作的物理环境包含对人体有毒有害的物质或其他因素。

(1)有害物质主要有:温度、湿度、噪音、粉尘、异味、污秽、放射、腐蚀等;

(2)其他因素包括:高空、野外、水下等特殊工作环境。

3. 工作环境测定的基本方法

劳动环境中有害因素的危害程度,主要取决于劳动者在劳动过程中接触有害因素的时间和有害因素的强度(浓度)。因此,对劳动环境中有害因素测定的基本方法是:测定劳动者接触有害因素的时间和有害因素的强度(浓度),根据有害因素的种类,按照相应的国家标准、部颁标准和岗位劳动评价标准定量分级,做出评价。下面给出的是机械操作工工作环境的主要因素(见表 4 - 5)和工作环境评定量表(见表 4 - 6),供参考。

表 4 - 5　机械操作工工作环境的主要因素

工作环境			
空气	油污	粉尘	液体
气体	噪音	温度	通风
照明	火花飞溅	铁屑飞溅	电弧光
地面清洁	设备清洁	警觉程度	危险程度
紧张程度			

表 4－6　机械操作工的工作环境评定量表

下列各指标按照工作环境条件的恶劣程度,从低到高分为 5 个等级。等级越低,工作条件越好;等级越高,工作条件越恶劣

1. 空气:指工作时间内,岗位周边环境的空气质量
   清新 1 2 3 4 5 污浊
2. 油污:指工作岗位和工作台面上油污的多少
   无 1 2 3 4 5 有
3. 粉尘:指工作岗位周围空气中粉尘的多少
   少 1 2 3 4 5 多
4. 液体:指操作时经常接触到的化学液体的有害程度
   无害 1 2 3 4 5 有害
5. 气体:指操作时经常接触到的化学气体的有害程度
   无害 1 2 3 4 5 有害
6. 噪音:指工作环境周围(半径 30 米内)较大声音的程度
   小 1 2 3 4 5 大
7. 温度:指工作场所的温度是否适宜
   适宜 1 2 3 4 5 不适宜
8. 通风:指在有烟雾或其他不良气味的工作环境中空气的流动情况
   好 1 2 3 4 5 不好
9. 照明:指工作场所的光照程度
   明 1 2 3 4 5 暗
10. 火花飞溅:指操作时是否有火花溅出
    无 1 2 3 4 5 有
11. 铁屑飞溅:指操作时是否有铁屑溅出
    无 1 2 3 4 5 有
12. 电弧光:指操作时是否产生电弧光
    无 1 2 3 4 5 有
13. 地面清洁:指工作岗位所在地面的清洁程度
    洁 1 2 3 4 5 脏
14. 设备清洁:指操作时所用的设备、模具、夹具、工具、量具、辅具的清洁程度
    洁 1 2 3 4 5 脏
15. 警觉程度:指在操作中是否需要随时注意周围所发生的一切
    小 1 2 3 4 5 大
16. 危险程度:指万一由于操作不慎给操作人员或他人造成危险的程度
    小 1 2 3 4 5 大
17. 紧张程度:指时间上的持续作业和上下工序间的连续作业所形成的压力
    小 1 2 3 4 5 大

4.1.10 工作描述编写范例

1. 某集团总部财务副总裁工作描述(见表 4-7)

表 4-7 某集团总部财务副总裁工作描述示例

职位名称:财务副总裁 (POSITION)	所在部门:集团总部 (DEPT)
职位编码:xz-001 (CODE)	编制日期:20××年 5 月 2 日 (DATE)

职位概要:负责集团财务方面的事务,为集团的正常运转提供有力的保障	
主要关系(CONNECTION)	
关系性质	关系对象
直接上级	总裁
直接下级	财务部经理、法律事务部经理
内部沟通	集团总部其他副总裁
外部沟通	企业主管单位的财务部门,物价局、银行、国资局、税务局、财政厅、经贸委等单位,关联企业的财务部门

职位职责(DUTY AND RESPONSIBILITY)

1.制度规范

1.1 主持制定集团公司的所有财务管理制度,提交总裁

1.2 审定财务实施细则,呈报总裁

1.3 审定财务表格的标准格式,呈报总裁

1.4 主持编制集团公司内部法律事务的管理制度,提出意见,提交总裁

1.5 审定合同的标准范本,呈报总裁

2.财务规划

2.1 依据公司中长期规划,提供未来 3~5 年的财务规划(增股、配股、拆股等),提交总裁

2.2 拟定集团公司的经营计划和财务预算方针大纲,具体落实集团财务规划,并提交总裁

2.3 组织建立健全集团公司财务规划监控体系

2.4 提供集团公司资金运作建议,提交总裁

3.经营计划管理

3.1 依据公司发展战略和董事会确定的目标,审定经营计划指标,呈报总裁

3.2 主持编制集团年度经营计划,提供指导支持

3.3 审查集团公司年度经营计划,提出意见,提交总裁

3.4 审查集团公司的经营计划调整方案,提出意见,提交总裁

3.5 根据经营计划执行的信息,做出定夺和决策,提交总裁

3.6 主持对集团各下属机构经营计划的复核事宜,提出复核意见,提交总裁

4.财务预决算管理

4.1 审定集团公司预算方针的具体内容,呈报总裁

4.2 主持编制集团年度财务预算,提供指导和支持

4.3 审查集团公司年度财务预算,提出意见,提交总裁

4.4 审查财务预算调整方案,提出意见,提交总裁

4.5 监督指导财务决算事宜

5.资金管理

5.1 组织拟定公司总部和各下属机构的年度资金计划,提交总裁

5.2 审定下属机构月度资金收支计划和追加资金计划,呈报总裁

5.3 审查资金调拨方案,提出意见,提交总裁

6.信贷管理

6.1 制定集团公司融资规划,提交总裁

6.2 审批各下属机构贷款、抵押担保的申请报告,提出意见,呈报总裁

7.财务核算和分析

7.1 主持编制集团公司财务报表和分析报告,提交总裁

7.2 主持公司重大经营活动(投资、资产重组等活动)的可行性研究(财务和法律上),提出意见和建议,提交总裁

8.管理支持工作

8.1 制定和实施财务系统和法律系统的工作目标和计划,提交总裁

8.2 指导、分派、激励,考核下属部门的工作

9.其他工作

9.1 沟通政府财务关系

9.2 总裁交办的其他工作

基本职责绩效指标(KPI)	
· 制度完备,切合实际	· 预决算管理符合国家规定,没有纰漏
· 在资金上保证了企业的正常运转	· 为企业经营决策提供了帮助
· 财务工作没有发生重大问题	· 下属部门的业绩

职位环境和条件(WORKING CONDITIONS)
实行定时工作制 工作地点:集团总部办公室

2. 某技术质量管理科科长工作描述(见表 4 - 8)

表 4 - 8　某技术质量管理科科长工作描述示例

职务编号:　　　　　　　　　　　　　　　　　　　　　　　　　版本:00

职务名称:技术质量管理科科长	所属部门:总装部
职级:	直接上级:总装部经理
制作/日期:	批准/日期:

一、工作概要
负责整车装配工艺设计、生产技术准备与实施及部门技术管理;负责部门质量控制与 TQM 活动的开展;负责部门 ISO9000 运行与提案管理;负责部门培训计划的制定与实施;负责调试班、修理班、质检班的管理。

二、组织中的位置
总装部经理 ↓ 技术质量科科长 ↓ 整车装配工程师

三、工作职责描述

1.工艺技术管理

(1)根据新产品开发计划和生产计划,制定新产品技术准备计划,并组织实施

(2)负责编制年度设备、工装、器具、工具申购计划并报批

(3)负责年度技改、技措计划的编制及实施

(4)参与设备的安装、调试与验收

(5)负责整车装配及包装工艺的设计编写,并组织实施和监督检查

(6)负责装配工装、工具的设计、改进、选购及验收

(7)负责整车包装箱设计、鉴定

(8)负责班组作业指导书的编写指导、审核

(9)负责生产技术文件资料管理

(10)负责组织设计变更按计划实施。

2.质量管理

(1)负责部门装配过程的质量控制制度的制定,并组织实施、监督检查

(2)负责部门包装过程的质量控制制度的制定,并组织实施、监督检查

(3)负责部门整车调试、修理、检验过程的质量控制制度的制定,并组织实施、监督检查

(4)负责修订与完善 IS09000 体系文件,并对其运行情况进行监督检查,保证其有效性

(5)负责现场质量问题的处理与反馈

(6)负责对相关部门和现场发现的本部门过程控制的质量问题进行整改

(7)负责部门提案改善管理制度的制定,并组织提案实施

(8)负责部门 TQM 活动的推进和 QC 活动的组织开展

(9)负责制定部门培训制度,并组织实施

(10)组织编写员工岗位培训教材。

3.班组管理

负责调试班、修理班、质检班的管理

4.完成上级交办的其他工作任务

工作环境因素
工作地点:室内
主要绩效考查范围

1.部门有关技术、质量指标的完成情况

2.编制、审核工艺规程和工装图纸的质量

3.编写、审核质量统计报告的质量

4.部门质量目标和质量改进计划的完成情况

5.部门技术管理和培训情况

6.部门 QC 工作的开展情况和 QC 任务的完成情况

7.完成上级交办工作的效率。

续表 4 - 8

晋升与职务轮换可能性
晋升
具有丰富经验与管理能力的人,可晋升到本部门经理职位,也可晋升到其他生产部门或技术部门经理职位
职务轮换 可转任生产、技术或其他部门的科长,但需进行必要的培训。

撰写人 _____　　初审人 _____　　核准人 _____　　日期 _____

4.2　任职资格的编写

　　通过对运用多种方法收集到的有关信息的分析与归纳,从中找出并科学确定任职者为了完成工作,并取得良好的工作绩效,所应具备的相应知识、技能、能力以及个性特征要求。然后将这些知识、技能、能力以及个性特征要求编写成工作者说明书。也就是任职资格,与工作描述文件合并在一起,构成完整的工作说明书。

4.2.1　任职资格的含义及其组成内容

1. 任职资格的含义

　　任职资格,是指与工作绩效高度相关的一系列人员特征。任职资格是对于任职者或应聘者应该具有的个人特质要求。

2. 任职资格的内容

　　包括特定的技能(如焊接技术等)、能力(如逻辑思维能力、书面表达能力、口头表达能力等)、知识(如货币银行相关知识等)要求;身体素质(嗅觉、身体灵活性等)要求;教育背景(如研究生生等)要求;工作经验(如从事会计工作 2 年以上)、个人品质与行为态度(如工作积极性、责任感、忍耐力、成功动机等)要求;等等。需要强调的是,不管任职资格包括什么内容,其要求都是最基本的,也就是说是承担这一职位工作的最低要求。

　　任职资格与工作描述有很大的不同,它独立性较强,关注的是完成工作内容所需的人的特质。因此,它对于人员招聘、甄选、调动与安置和对员工进行绩效管理,都具有重大作用。

　　(1)任职者的个性特征对组织绩效可能产生的影响(见图 4-1)。

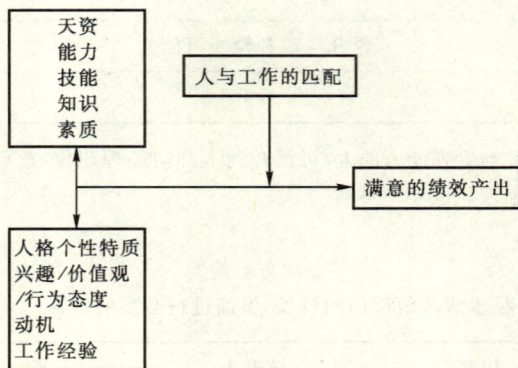

图 4-1　两类个性特质与工作输出

(2)人的 16 种主要特质(见表 4-9)。

表 4-9　人的 16 种主要特质

1. 孤独	对	外向
2. 迟钝	对	聪慧
3. 情绪激动	对	情绪稳定
4. 顺从	对	支配
5. 严肃	对	乐天
6. 敷衍了事	对	谨慎负责
7. 胆怯	对	冒险
8. 理智	对	敏感
9. 信赖	对	怀疑
10. 现实	对	幻想
11. 直率	对	世故
12. 自信	对	忧虑
13. 保守	对	激进
14. 随群	对	自立
15. 不拘小节	对	自律严谨
16. 心平气和	对	紧张困扰

3. 工作分析中的任职资格

工作分析中的任职资格,又叫做工作规范,仅仅包含上述变量的一部分,并且表现出不同的形式。比如,关于"任职者乐于做什么",其影响因素包括态度、价值观、动机、兴趣、人格等多方面的心理特质(统称为个性),但是,为了提高工作分析的可操作性,我们往往只选取上述诸多因素中与工作绩效密切相关,并且具有高度稳定性和可测性的因素,作为工作说明书的一部分。同时,由于现代能力(素质)模型的兴起,打破了传统的能力与个性之间"能做什么"与"乐于做什么"之间的界限。因此,在实践中往往将传统的能力与个性要素统一放在一个部分来处理,这就是目前在实践中对"能力"的新界定。

4.2.2　任职资格的构建方法

任职资格的构建方法和技术有多种,没有一个标准的方法。目前任职资格的构建主要有基于逻辑推导的任职资格体系、基于定量化职位分析方法的任职资格推断和基于统计数据验证的任职资格体系三种。

1. 基于逻辑推导的任职资格体系

基于逻辑推导的任职资格体系中包括以工作为导向和以人员为导向的两种推导方法。以工作为导向的任职资格推导方法,是从工作本身的职责和任务出发,分析为了完成这样的工作职责与任务,需要任职者具备什么样的条件。然后将这种基于职责、任务推导出来的任职者特点与组织事先所构建好的素质清单进行对照,将素质要求的普通描述转化为系统化、规范化的任职资格书写,这样就形成了该职位的任职资格。这种方法依赖于准确的工作描述,成本较低,具有普遍的适用性,但其准确性也相对较低。

以人员为导向的任职资格推导方法,首先是从任职者获得成功的关键行为或高频率、花费大量时间的工作行为出发,分析任职者要从事这样的行为,需要具备什么样的素质特点。然后,再将这样的素质要求与事先构造的素质清单进行对照,将其转化为系统化、规范化的任职资格语言。这种方法依赖于详细的行为描述和关键行为识别,与以工作为导向的推导方法一样,具有成本较低,适用性较普遍的特点和准确性相对较低的不足。

2. 基于定量化职位分析方法的任职资格推断

基于定量化职位分析方法的任职资格推断,是一种介于逻辑推导与严格的统计推断方法二者之间的一种技术。它并不对所测职位的工作绩效与素质要求的相关性进行数据分析,而是依赖于定量化问卷所测得的该职位的工作维度得分,根据已经建立的各维度与素质之间的相关性,判断该职位需要什么样的素质。

这种方法依赖于量化的职位分析问卷,准确性较高,具有普遍的适用性,但成本较高。

3. 基于统计数据验证的任职资格体系

基于统计数据验证的任职资格体系包括基于组织实证数据确定任职资格和基于公共数据资源确定任职资格两种方法。基于组织实证数据确定任职资格的方法,目的在于通过建立任职资格中的各项要素与任职者的实际工作绩效的关系,对任职资格要素进行筛选,该方法通过统计手段,保证了任职资格与工作绩效的高度相关,是一种高度精确且有效的方法。但是,由于进行任职资格要素与工作绩效的相关分析需要大样本,无法针对某一职位单独采用,但却可以针对组织全体员工进行实测,用于建立组织各职位所共同需要的任职资格要素以及某一职位所需要的任职资格要素。这种方法依赖于统计数据与样本容量,准确性高,但成本较高,仅用于通用要素。

基于公共数据资源确定任职资格的方法,是借助于现有管理学、组织行为学、人力资源管理实证研究中的成熟结论来判断某职位的任职资格。这种方法依赖于公共数据以及职位本身的通用性,准确性较高,成本较低,但仅用于通用要素。

4.2.3 "显性"任职资格

显性任职资格在任职资格体系中是指完成工作所要具备的知识要求。但知识要求往往要么因为难以测度,要么因为成本高昂,很难直接体现出来。所以人们通常用教育程度、工作经验、工作技能和培训要求四个部分来代替知识要求。

1. 教育程度

(1)度量教育程度的两种方法:一种是用完成正规教育的年限与专业来加以界定;一种是以任职者实际所达到的教育水平与职业培训来进行确定。无论采用哪一种方法来度量教育程度都要包括质量与数量两个方面。

(2)度量教育程度的两种尺度:一种是"教育年限＋专业",这一尺度是采用"教育年限＋专业"两个维度来分别表示教育水平的数量与质量。在采用这一尺度来确定职位的教育程度要求时,往往会考虑该职位的必要要求和理想要求。一般而言,理想要求在学历上比必要要求要高出一个等级。专业要求的安排又分为严格的专业要求和非严格的专业要求两种类型。上述两种情况可见表4-10示例。

用"教育年限＋专业"的尺度来度量教育程度较为简洁,易于理解和测度,因而应用范围很广,但它也存在着较大的缺陷。因为具备同样学历的人,其实际的认知能力可能存在着很大差异,并且对于那些自学成才的人,这样的度量方法就明显不适合。

表 4 - 10　某电力公司财务部经理的教育程度要求

项目	必备要求	理想要求
教育学历	大学本科	硕士
学习专业	财务管理 会计学	财务管理/电力管理复合 财务管理及金融

另一种是测量实际教育水平量表（DOT 教育量表），国外的许多职位分析系统开发出了测量实际教育水平的量表。其中，应用最为广泛的是美国劳动部的"普通教育程度量表"（GED）。该量表根据职位对推理能力、语言能力和数学能力三个维度的要求，来界定职位任职者所需具备的实际教育水平，并根据这三个维度将教育水平划分为 6 个等级，每个等级又与一定的教育年限相对应。该量表的使用，主要根据实际职位与 DOT 手册（美国职业名称大词典）中的对应职位的相似性，来具体确定该职位在 GED 上的位置，即根据某一职位的工作标识以及该职位的主要工作内容来判断这一职位可以在 DOT 手册中找到哪一个职位与之相近，那么用后者的教育程度等级来表示前者的教育程度要求。下面给出了人事部经理的教育程度要求（见表 4 - 11）。

表 4 - 11　人事部经理基于 DOT 量表的教育程度要求

普通教育程度——17 年以上			
	推理能力	数学能力	语文能力
具体描述	1. 能应用逻辑的或科学的方法思考广泛的理论和实际问题 2. 能运用非文字的符号（公式、科学方程式、图像、乐符等） 3. 能处理抽象和具体的变量，理解最深奥的各种概念	1. 能应用高等数学和统计技术 2. 能运用许多理论的数学概念 3. 能创造性地运用数学方法解决问题	1. 能撰写报告、文章和编审文献 2. 能起草契约、合同 3. 能为各类人员提供咨询意见

2. 工作经验

（1）度量工作经验的尺度。对工作经验的度量可以使用社会工作经验、组织内部任职时间与组织内部职业生涯两个尺度。社会工作经验尺度,包括任职者的所有工作经历。针对这些工作经历与现任职位的相关性,可以将其具体区分为:一般工作经验、相关专业工作经验、专业工作经验和管理经验几种不同的类型。这几种不同类型的经验之间存在着包含与被包含的关系。其中一般工作经验是最大层次的,相关工作经验其次,专业工作经验第三,管理经验第四。例如某房地产开发公司市场部经理的工作经验要求(见表4-12)。

表4-12　某房地产开发公司市场部经理的工作经验要求

	必备条件	理想条件
一般工作经验	10年以上社会工作经验	12年以上社会工作经验
相关工作经验	6年以上房地产开发公司或8年以上建筑公司工作经验	8年以上地产开发公司工作经验
专业工作经验	4年以上房地产市场策划或5年以上房地产销售工作经验	6年以上房地产市场策划工作经验,并主持过市场价值1亿元以上的大型房地产开发项目的市场策划
管理工作经验	3年以上担任中等规模企业部门副职	2年以上担任中等规模企业市场部经理

　　组织内部任职时间与组织内部职业生涯尺度,用任职者所需具备的在本组织内部的工作经历来表示该职位的工作经验要求,具体分析可以从该职位所需具备的经验结构和类型,结合任职者的职业生涯路径出发来进行。这种方式适用于由于组织业务性质和管理方式特殊,不适合在组织外部招聘的职位,尤其适用于特殊行业大、中型企业的业务部门经理与主管业务的副总经理等职位。例如某房地产开发公司市场部副总经理的内部职业经历要求(见图4-2)。

　　(2)工作经验与教育程度之间的替代关系。教育程度与工作经验,二者之间往往会存在着可以相互替代的关系。例如对于同一职位,大学本科毕业具备2年工作经验的人,与大学专科毕业具备5年工作经验的人都同样能够胜任,他们之间并不存在显著的绩效差异。对于这种关系,在工作说明书的任职资格部分,可以运用"学历与工作经验的替代表"来表达。学历与工作经验替代表示例如下(见表4-13)。

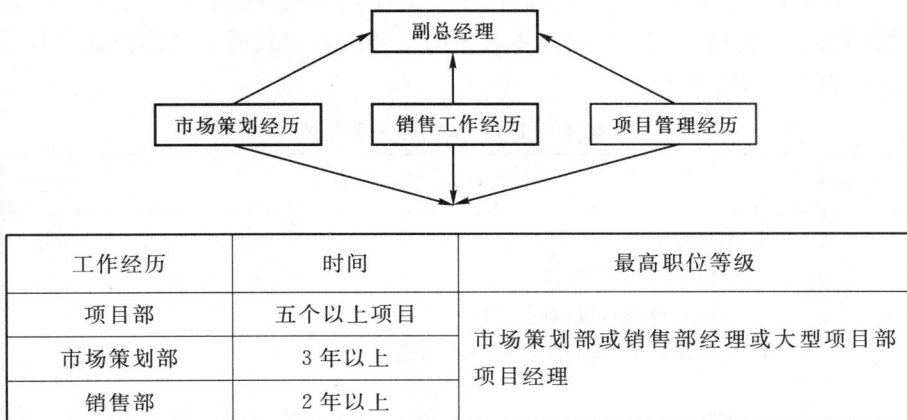

工作经历	时间	最高职位等级
项目部	五个以上项目	市场策划部或销售部经理或大型项目部项目经理
市场策划部	3 年以上	
销售部	2 年以上	

图 4-2　某房地产开发公司市场部副总经理的内部职业经历要求

表 4-13　学历与工作经验替代表示例

工作年限 ＼ 学历	大专以下	大专	本科	硕士	博士
应届毕业生					
1 年				■	
3 年			■	■	
5 年		■	■	■	
7 年		■	■	■	
9 年		■	■	■	
11 年		■	■	■	
11 年以上		■	■	■	

　　从上图可以看出，该职位可以由大专、本科和硕士三种不同学历的人担任，但大专学历的人需要具备 5 年以上的工作经验；本科学历的人需要 3 年以上工作经验；硕士学历的人只需具备 1 年以上工作经验。

3. 工作技能

　　工作技能，是指对与工作相关的工具、技术和方法的运用。事实上，职位所要求的工作技能会随着职位的不同存在很大的差异，但在工作说明书中，为了便于对不同职位的技能要求进行比较,人们往往只关注其中的少数几项对所有职位均通用的技能,一般包括:计算机技能、外语技能与公文处理技能。工作技能书写示例如下(见表 4 - 14)。

表 4 - 14　工作技能书写示例

技能模块	主要项目要求或等级	选择
外语	(1)不需要 (2)国家英语四级,简单读写 (3)国家英语六级,具备一定听说读写能力 (4)英语专业,能熟练使用英语表达	
计算机	(1)办公软件 (2)MIS 系统 (3)专业软件	
公文处理	(1)仅需看懂一般公文 (2)熟悉一般公文写作格式,能够起草基本的公文,且行文符合要求 (3)能抓住公文要点,并加以归纳整理 (4)具有较强的文字表达能力,言简意赅,行文流畅	

4. 培训要求

(1)两种培训要求界定。在工作说明书中培训要求存在着两种不同的思路和出发点。一种是以职位评价与薪酬为导向的培训要求界定。这种培训要求主要指从新手到熟练的任职者之间的岗前培训时间和工作熟悉期,一般而言,这段时间越长,说明职位的要求和胜任难度越大,那么职位的报酬水平也应该越高。这种岗前培训要求的界定往往仅考虑培训时间,并常常以月为度量单位。另一种是以人力资源开发为导向的培训要求界定。这种培训要求主要指作为该职位的一般任职者的培训需求,即每年需要多长时间的工作培训,培训的内容与培训的方式如何。并且,这种培训往往需要和组织整体的培训体系设计相衔接,以整个组织的培训开发的政策、制度和模式为基础。这种培训要求时间的度量往往以周为单位,表示该职位一年需要累计多长时间的培训;培训方式的界定主要分为在岗培训、脱岗培训和自我培训三种。

(2)现代组织的培训体系。现代组织的培训体系一般可以按照职位层级的不同要求,归纳为三个不同的层次:第一个层次是针对中下层基础岗位人员的培训,这种培训主要是职位知识与技能培训、组织的基础技术与产品知识培训;第二个层次是针对中层管理人员的培训,这种培训主要是管理技能培训;第三个层次是针对中高层管理人员的培训,这种培训主要是经营管理理念培训。

所以,在确定某一职位的培训内容时,往往可以根据其所处的管理层级,来确定其需要什么样层次的培训,在此基础上确定该职位的培训时间、内容与方式。

4.2.4 "隐性"任职资格

隐性任职资格在任职资格体系中是指完成工作所要具备的能力要求。

1. 构建能力模型的基础

确定职位的能力要求的基础,来自于组织的整体能力模型和分层分类的能力体系的建立。即需要根据组织的整体竞争战略和文化,提出整个组织的员工需要具备什么样的能力,从而形成组织的能力要素库,这一要素库将成为对各职位簇和具体职位能力要素选取的基础。

2. 构建能力模型的两个途径

(1) 修改成熟模型。就是选择现有的已经成熟的能力模型,以此为基础,根据组织的自身状况,对其要素进行筛选和修改,形成组织自己的能力要素库。目前在任职资格体系中被广泛引用的能力模型主要有 HAY 的"冰山模型"和美国 DOT (美国职业名称大词典)系统中的"GATB(一般能力倾向)模型"两种。

① "冰山模型"。"冰山模型"包括素质和能力两个部分。"冰山模型"中的素质构成要素包括:动机,指推动个人为达到一定目标而采取行动的内驱力,动机会推动和指导行为方式的选择朝着有利于目标实现的方向前进,防止偏离;品质,指个性、身体特征对环境与各种信息所表现出来的一贯反应,品质与动机可以预测个人在长期无人监督下的工作状态;态度、价值观与自我形象,指个人自我认知的结果,作为动机的反映,可以预测短期内有监督的条件下人的行为方式;知识,指个人在某一特定领域拥有的事实型与经验型信息;技能,指结构化地运用知识完成某项具体工作的能力,即对某一特定领域所需技术与知识的掌握情况。

"冰山模型"中的能力要素包括:主动性(initiative);领导能力(team leadership);指导他人(directing others);人才培养(developing others);建立政治联盟(political coalition building);企业家精神(entrepreneurship);建立关系(relationship building);演绎思维(analytic thinking);归纳思维(conceptual thinking);试错能力(error detection);战略思维(strategic thinking);发现机会(opportunity spotting);信息搜寻(information seeking);人际理解(interpersonal understanding);组织意识(organization awareness);成就动机(achievement motive);权力动

机(power motive);对秩序与质量的关注(concern for order,quality);客户服务精神(customer service)。

②"GATB(一般能力倾向)模型"。"GATB(一般能力倾向)模型"中的要素及其定义:

a.智力(G):一般的学习能力,对说明、指导语和各种原理的理解能力,推理判断的能力,以及迅速适应新环境的能力;

b.语言表达能力(V):理解语言的意义及与之相关联的概念,并有效掌握它的能力,对语言相互关系及文章和句子意义的理解能力,表达信息和自我想法的能力;

c.数学计算能力(N):在正确快速进行计算的同时,能进行推理,解决应用问题的能力;

d.空间能力(S):对立体图形以及平面图形与立体图形的关系的理解能力;

e.形体感(P):对实物或图解的细微部分正确知觉的能力,根据视觉比较辨别的能力。对图形的形状和阴影的细微差异、长宽的细小差异,进行辨别的能力;

f.文书处理能力(Q):对词语、印刷物、票据等的细微部分正确感知的能力,直观的比较辨别词语和数字,发现错误或校正的能力;

g.动作协调(K):正确而迅速地使眼和手或指协调,并迅速完成作业的能力。正确而迅速地做出反应动作的能力,使手能跟随着眼所看到的东西迅速运动,进行正确控制的能力;

h.手指灵活性(F):快速而正确地活动手指,用手指很好地操作细小东西的能力;

i.手工灵巧性(M):随心所欲地灵巧地活动手及手腕的能力,拿取、放置、调换、翻转物体时手的精巧运动和腕的自由运动能力;

j.眼、手、足的配合(E):根据视觉刺激,而使手和足彼此协调动作的能力;

k.颜色辨别能力(C):觉察或辨别颜色或同一颜色的浓淡或其他色调的异同的能力,鉴别某一特定颜色,或辨别各种调和的或对比性强的颜色组合,或准确调配颜色的能力。

"冰山模型"和"GATB模型"分别代表了对于能力的两种不同的内涵界定。前者为素质,后者为一般能力倾向。一般能力倾向主要适用于操作工人、一般文员、基层技术和专业人员等职位。而素质模型,又被称为胜任力模型,在知识经济和后工业化时代的企业管理中有更为广阔的应用前景。因此,在当今的工作分析实践中,胜任力模型的应用频率要远远高于一般能力倾向模型。二者在构建了能力模型之后,确定职位所需能力等后续步骤上是完全一致的。本书将以胜任力模型作为"隐性任职资格"的典型进行阐述。

（2）自主开发能力模型。组织自主开发个性化的能力模型，虽然需要投入大量的资源，但这种方式符合组织的个性化需求，能支持组织的战略和价值观，并能够得到组织管理者和员工的认同和对其内涵的准确理解。

组织自主开发能力模型时，可以着眼于组织的战略来构建，也可以着眼于绩效来构建。基于组织战略的能力模型构建，首先明确组织的战略与目标，思考为实现目标需要在哪些领域获得突破，然后确定关键的成功领域，再思考为实现在关键领域的成功需要员工具备什么样的能力和怎样保证对组织文化和价值观的认同，最后锁定关键能力。基于绩效的能力模型构建，一般而言，绩效的产生可以归结为一个"投入—过程—产出"模型。产出即为工作绩效，而投入和过程的环节则包含有与员工个人能力相关的因素，通过对这些因素的提取，可以形成组织的能力模型。

3. 建立分层分类的能力要素体系

（1）分层分类的能力要素体系的构成。分层分类的能力要素体系主要由通用要素、共用要素、组织中所有职位的任职者都必须具备的能力要素（组织中某一职种或职簇的职位任职者都必须具备的能力要素，但有的不包括在通用要素之中）和特殊要素（组织中的某个职位的任职者所必须具备的个性化的能力要素，并且不包括在通用要素和共用要素之中）几个部分组成。

（2）分层分类的能力要素体系的获得。分层分类的能力要素体系的确立，要以所构建的能力模型为基础，通过问卷调查和统计分析而得出。主要步骤为：采用"要素筛选问卷"，对组织所有职位的任职者进行调查，请各职位的任职者就能力要素模型中的各要素对本职位获取优良绩效的重要性进行评价；通过对问卷调查的所有样本进行数据统计分析，选取平均得分排在前 75％ 的要素或者选取超过一定分数线的要素，得到对组织各层各类职位的通用要素，这些要素对组织的绝大部分职位都具有重要意义；根据事先确定的组织职种划分标准，对问卷调查的数据进行分类统计，同样按照得分前 75％ 的标准进行要素筛选，得到在各职种内共用的能力要素。

①通用要素与共用要素筛选问卷示例（见表 4 - 15）：

表 4 - 15　通用要素与共用要素筛选问卷

请您根据以下能力特点对您所在职位的重要程度，按照 5 个重要程度等级进行评价：
1. 不重要；2. 不太重要；3. 一般；4. 比较重要；5. 很重要。

要素及其界定	重要性评价
1. 业务能力：掌握本职位的工作所具备的专业知识和技能，能有效地发现问题并及时加以解决	

续表 4 - 15

要素及其界定	重要性评价
2.学习能力:善于读书学习,能总结经验教训,吸取他人的长处,接受新知识,注重自我提升	
3.创新能力:在工作中不断提出新设想、新方案,改进工作方式和方法,开拓新局面的能力	
4.协调能力:与人融洽相处,在人际交往中随和大度,能坚持立场,有效化解冲突。与上司、下属、客户保持友好关系的能力	
5.沟通能力:通过口头语言准确、简洁地表达自己的思想和感情,根据表述内容和沟通对象的特点采取适当表达方式和技巧的能力	
6.公关能力:采取恰当的方式与媒体、政府部门及公众沟通,以达到预定的目标	
……	

② 分层分类的能力要素体系示例(见图 4 - 3)。

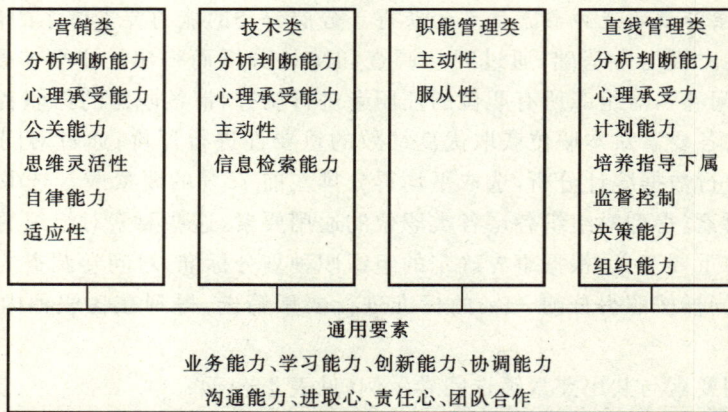

营销类	技术类	职能管理类	直线管理类
分析判断能力	分析判断能力	主动性	分析判断能力
心理承受能力	心理承受能力	服从性	心理承受力
公关能力	主动性		计划能力
思维灵活性	信息检索能力		培养指导下属
自律能力			监督控制
适应性			决策能力
			组织能力

通用要素
业务能力、学习能力、创新能力、协调能力 沟通能力、进取心、责任心、团队合作

图 4 - 3　某公司分层分类的能力要素体系示例

　　在图 4 - 3 中,我们给出了某公司根据上述方法建立的分类能力要素体系。该公司根据不同职位工作性质上的差异,划分出了"营销类、技术类、职能管理类、直线管理类"四个职种,并提取出对各职种都具有重要意义的通用要素与四个职种各自所需要的特殊能力要素。

4. 确定职位的能力要素

在得到通用要素和共用要素的基础上,需要进一步对照具体某一职位的工作职责与任务要求,对这些共用要素和通用要素的适用性以及不同要素对该职位的重要程度进行判断。这一步骤主要包括明确评定的主体、确定评定的尺度、进行准确计算等内容。

(1)评定的主体:由与该职位相关的主要人员共同对这些要素的重要性进行评定,并且针对不同的评定人的观点采用不同的权重。一般来说,不同的评定人的观点所占的权重分别为:任职者本人的评价占 20%;上司的评价占 30%;同事的评价占 10%;下级的评价占 10%;外部专家的评价占 30%。

(2)评定的尺度:根据不同要素对于每一项工作职责的重要程度来进行评定。该方法常要求评定者标明对每一项职责最为重要的三项能力要素,并分别赋予 3 分、2 分和 1 分。

(3)计算公式:

要素得分 = $\sum$ 该要素在各项职责上的得分 × 该职责的重要程度

$$要素权重 = \frac{该要素得分}{\sum 所有要素的得分}$$

(4)计算方法示例(见表 4 - 16):

表 4 - 16　针对职位相关人员的评定问卷(部分)

职责 \ 素质	职责 1 (30%)	职责 2 (15%)	职责 3 (15%)	职责 4 (15%)	职责 5 (10%)	职责 6 (10%)	职责 7 (5%)
业务能力	1			3	1	3	1
学习能力		3					
创新能力		1	2			2	2
协调能力	2			1	2		
沟通能力			1				3
分析判断	3			2			
进取心		2	3		3	1	

得分计算:

例如:业务能力 = 1×30% + 3×15% + 1×10% + 3×10% + 1×5% = 1.2

5. 能力要素的等级界定

可以使用三种方法对能力要素的等级进行界定：

（1）人群百分位法。这种方法往往用于标准化的测评体系。在具体使用时，将被试的得分与常模进行比较，得到被试在常模人群中的位置，从而判定其是否达到该职位的要求。

人群百分位法，能够较为准确地实现被试之间的等级比较，但需要依赖于现实构建好的大样本常模，因而通用性较差，构建成本很高，不具有行为引导性。

（2）等级行为描述法。等级行为描述法指依据具体的、可观察的行为来对每项能力要素的各个等级进行界定。在具体使用时，将以不同等级的行为描述为标准，对被试进行访谈与行为观察，并将访谈与观察到的被试的行为特点与各等级的标准进行比较，找到与被试最为接近的能力等级。等级行为描述法，具有较强的客观性，并能够引导任职者的行为改进，但往往难以实现标准与现状的吻合，并且容易出现等级描述的前后矛盾，构建成本较高。

（3）利克特量表法。利克特量表法一般采用 5 等级或 7 等级量表，数字越高表示等级越高，并且等级与等级之间所表示的能力要求的程度具有等差的特征。例如：

5	4	3	2	1
很强	较强	一般	较弱	弱

7	6	5	4	3	2	1
很强	较强	强	一般	弱	较弱	很弱

利克特量表法，具有简单易行，成本较低的特点，但等级评定的主观性太强，难以把握标准，不具有行为引导性。

6. 职位之间的等级比较

通过职位分析确定了职位在各项能力上的等级之后，还需要进一步对这些要素的等级界定，进行职位之间的横向比较与纵向比较，在比较的基础上找到矛盾与冲突的地方并加以修正。在此基础上制定各职位统一的要素界定尺度，实现职位之间的平衡。具体来讲，主要包括两个方面：一个方面是职位之间的纵向比较。在同一职类中，随着职位层级的升高，大多数能力要素的等级都会随之有更高的要求；此外，随着层级的升高，还可能淘汰某些仅适用于基层职位的能力要素，而增加某些新的要素，去除某些不需要的要素。另一个方面是职位之间的横向比较。在同一职位层级中，大多数要素的能力等级要求应该处于同一水平。但是，由于不同职类之间工作内容与工作性质上的差异，在某些要素上的要求会存在显著的差异。

4.2.5　任职资格编写范例

1. 某岗位任职资格 1(见表 4 - 17)

表 4 - 17　某岗位任职资格 1(示例)

内容 Content	必备条件 Junior Requirements	期望条件 Senior Requirements
教育水平	1.大学本科毕业(含同等学力)。具备财务、经营计划相关专业知识 2.熟悉财务会计和经济法律政策法规 3.了解行业管理一般特点及相关业务知识	1.硕士毕业 2.具备中等的英语阅读水平,翻译水平
工作经验	具有八年以上工作经验 其中管理工作五年以上	熟悉公司规章制度、业务流程
特殊技能和能力	核心能力:外部沟通、分析判断、内部协调、发现问题 基本能力:领导、计划、信息管理	创新能力、良好的决断能力
个性品质	沉稳、具有较强的开拓精神。承受心理压力、责任心强、忠诚、协作精神、服务意识	对细小差错的敏锐洞察力、前卫的管理理念、巧妙的工作艺术和工作技巧
体格要求	身体健康	较强的生理心理承受能力

2. 某岗位任职资格 2(见表 4 - 18)

表 4 - 18　某岗位任职资格 2(示例)

基本职责			
一、普通教育程度——13~16 年			
	推理能力	数学能力	语文能力
具体描述	1.会应用恰当的方法界定概念搜集数据、确定事实 2.通过对数据和事实的分析,能够运用恰当的原理进行有效的演绎推理 3.会解释以数学或图表形式出现的技术指标	1.具备高等数学知识 2.会应用统计方法进行分析、预测 3.用图纸表达空间概念	1.会写计划、报告、总结,会编审培训教材 2.用文字准确地阐述复杂的生产制造过程、空间位置和相互关系

二、专业知识要求
必备专业理论：机械原理、机械零件、机械制图、生产管理、ISO9000 质量标准、品质管理、摩托车结构和原理。
相关专业知识：高等数学、理论力学、材料力学、英语、电脑操作系统。

4.3　工作说明书范例

　　一份成功的工作说明书，能向员工翔实而准确地展示该职位的工作职责及职位对他的期望，通过工作说明书，员工很清楚组织需要什么样的员工以及自己与组织期望的差距，甚至当员工阅读完工作说明书后，就知道应立即着手去干什么。下面，我们提供 5 个工作说明书的范例，供工作中参考。

4.3.1　主管公司战略和财务的副总经理工作说明书

主管公司战略和财务的副总经理工作说明书

　　一、职位名称

　　主管公司战略和财务的副总经理。

　　二、职务概念

　　该副总经理为总经理和各部门经理人员在重大战略和经营问题上的主要顾问，并管理公司发展战略和财务事宜。

　　三、职责

　　1.公司战略：该副总经理将在协调制定公司价值最大化总体战略方面发挥主导作用。

　　(1)确保制定适当计划，通过公司目前各项业务为其创造最大价值。

　　①不断评估各项计划的价值创造潜力。

　　②通过下述工作确保各项计划侧重主要问题：(a)审核绩效变化的基本设想和理由；(b)提供价值创造机会的外部参照系数（例如，对其他所有者的业务价值）。

　　(2)在重大提议上就总经理和部门主管的意见提供专家看法。

　　(3)制定财务标准以及目标完成情况的监督制度。

　　(4)协助制定为股东创造额外价值的公司扩展战略。

　　(5)首先在与目前业务密切相关的业务上发现市场机会。

（6）评估公司利用机会的能力与资产，就弥补欠缺的能力开发方案提出建议。

（7）就具体提案进行业务和财务评估。

（8）规划并实施贯彻公司战略的重大交易。

2.财务战略：该副总经理有责任制定、建议并实施公司财务总战略，以支持公司执行其经营战略，实现股东价值最大化。

（1）制定关于价值创造资本结构和提出红利政策建议。

（2）设计向投资者和金融界转达公司计划要点和绩效的战略。

（3）谈判并实施所有重大财务交易，包括借贷、股票发行和股权重购。

3.预算和管理控制：该副总经理将制定并实行有关程序，确保公司总经理掌握正确信息。

（1）以确定目标，做出决策，监测绩效。

（2）协调编制短期业务预算。

（3）确定每一业务单位的主要绩效尺度。

（4）确保业务单位有充分的管理控制权。

（5）与总经理和各部门主管一道评估业务单位绩效。

4.财务管理：该副总经理将确保有效管理公司的各项财务。

（1）确保履行各项外部申报和规定义务。

（2）建立管理制度，保障公司资产。

（3）确保现金和出纳管理的完整和效率。

（4）履行各项报税和纳税义务。

（5）发现机会，减轻公司税务负担。

（6）与公司的银行保持紧密的正常关系。

（7）管理公司的养老金基金。

（8）管理公司的风险管理方案。

四、绩效标准

1.一年之内：

（1）制定明确的公司战略，并完成初步实施阶段的工作。

（2）制定明确的财务战略，并开始执行。

（3）部门主管和骨干经理在制定其计划和评估有关提案时，从为股东创造价值的角度考虑问题。

（4）财务管理职能得以顺利执行。

（5）证券分析家了解公司战略，并将它看作实力雄厚的经营公司，而不是破产对象。

2.三年之内：

（1）公司将为股东提供丰厚收益。

（2）公司展开若干价值创造扩张行动（很可能通过内部投资）。

（3）证券分析家将公司视为行业中名列前茅的"价值管理者"。

五、主要资源

1.该副总经理的工作人员包括财务部、计划部和税务部。此外，各业务单位的财务人员在某种程度上对其负责。

2.该副总经理在人事问题上有广泛的斟酌决定权。

六、主要的组织关系

1.该副总经理的综合职能要求他与公司的其他所有骨干管理人员建立密切的工作关系：

（1）总经理：该副总经理将在所有重大问题上向总经理提供建议和分析结果。他将执行总经理的财务政策决定。

（2）业务单位主管：该副总经理将与业务单位主管合作，确保计划、报告和管理制度的顺利运转，解决公司与业务单位之间不同优先考虑的矛盾。该副总经理还应在与财务有关的问题上同业务单位主管磋商，并为具体项目提供分析支持。

2.该副总经理及其工作人员将管理与各主要外部团体的关系，包括：

（1）投资者、财政分析家、等级评定机构和金融报刊。

（2）金融机构（银行和投资银行）。

（3）外部审计师。

（4）管制和税务机构。

七、该职务的必备能力和要求

1.该副总经理应有经营头脑，并应具有下列特点：

（1）通权达变的业务判断能力和出色的分析能力，尤其是在重大业务和财务分析方面。

（2）独立思考能力，勇于对总经理和业务经理的想法提出质疑同时保持他们的尊严和自信。

（3）随时准备与金融界交往。

（4）领导和协调重大交易谈判的能力。

（5）出色的行政和人事管理能力。

2.此外，该副总经理应熟悉下列情况：

（1）金融市场。

（2）财务和管理会计。

（3）财务业务。

（4）税务。

4.3.2　人力资源部经理工作说明书

人力资源部经理工作说明书

职位名称	人力资源部经理	所属部门	人力资源部
职务等级	2 级	薪酬等级	3 级
直接上级	执行总裁	直接下级	招聘专员、薪酬专员等
辖员人数	5 人	本职位定员人数	1 人
职位编号	HRM - 001	说明书编号	SHMSH - 004
编写人		批准日期	2004 年 12 月 31 日
审批人签名		任职者签名	

1. 职位概述

对企业人力资源管理工作进行协调、指导、监督和管理。负责企业人力资源规划、员工招聘、选拔、培训、绩效考核、薪酬管理及员工的激励和开发等工作和相关制度的制定,保证企业人力资源供给和员工高效率工作。

2. 工作内容及绩效标准

编号	工作内容	工作依据	权责	文件、表单处理		考核标准	占用时间
				名称	呈报单位		
1.	根据企业实际情况和发展规划拟定企业人力资源规划,经批准后组织实施	企业目前的人力资源状况	主办	《人力资源规划书》	执行总裁	计划书的可行性 计划书的完成情况	

编号	工作内容	工作依据	权责	文件、表单处理		考核标准	占用时间
				名称	呈报单位		
2.	制定人力资源部年度工作目标和工作计划,按月做出预算及工作计划,经批准后实行	企业目前人力资源状况及以往的经验	主办	《人力资源部年度工作计划》《人力资源部月度预算》	执行总裁	工作计划的详细性和可行性 预算的标准性	
3.	组织制定企业用工制度、人事管理制度、劳动工资制度、人事档案管理制度、员工手册、培训大纲等规章制度,经批准后组织实施	《企业通用人力资源管理制度》	主办	《企业用工制度》《企业人事管理制度》《员工手册》《人力资源部工作流程图》	执行总裁 行政部 各职能部门	规章制度的制定情况 规章制度的执行情况 员工对规章制度的反应情况	
4.	制定人力资源部专业培训计划并协助培训部实施、考核	根据企业员工工作所需的技能和知识设定培训科目和内容	主办	《人力资源部培训计划及科目内容》	执行总裁 各部门经理	课程与工作的密切性 培训的效果 培训后对工作的影响情况 培训效果满意度调查	

续前表

编号	工作内容	工作依据	权责	文件、表单处理 名称	文件、表单处理 呈报单位	考核标准	占用时间
5.	负责在企业内外收集有潜力的和所需的人才信息，并组织招聘工作	依据企业目前所需的岗位要求	协办	《人才信息表》	自备	最终的招聘结果 招聘人员在企业的实际工作情况 新员工试用不合格的比例	
6.	审批企业员工薪酬表，报执行总裁核准后转财务部执行	《企业薪酬等级表》《员工提薪制度》	主办	《员工薪酬汇总表》	执行总裁	员工对薪酬的满意度	
7.	组织员工绩效考核工作，并负责审查各项考核、培训结果	《员工业绩表》《员工培训成绩表》员工平时表现	协办	《员工绩效考核最后成绩表》	执行总裁	员工对绩效考核的意见 绩效考核结果的公平性	
8.	制定述职周期，经批准后安排述职活动	人力资源部的工作量及工作难度	协办	《人力资源部述职报告》	执行总裁	述职报告与现实工作的一致性 每次工作改进的程度	
9.	审批过失单和奖励单，并安排执行	《过失单》《奖励单》	主办	《关于处罚的通知》《关于奖励的通知》	相关的责任人或受益人执行总裁档案部	处罚的合理性 奖励的合理性	

续前表

编号	工作内容	工作依据	权责	文件、表单处理		考核标准	占用时间
				名称	呈报单位		
10.	受理员工投诉和员工与企业劳动争议，并负责及时解决	投诉事实《劳动法》《合同法》	协办	《关于员工投诉的处理意见》	执行总裁	维护企业名誉对其他员工的影响程度投诉人的满意程度	
11.	按工作程序保持与相关部门的横向联系，并及时对部门间争议提出界定要求		协办			有效化解部门间的矛盾创造部门间的良好沟通氛围	
12.	负责人力资源部的工作程序和规章制度、实施细则的执行和检查	人力资源部制定的各种制度	协办			制度的遵守程度制度的熟知程度	
13.	及时准确传达上级指示	上级的指示文件或会议精神	协办	《关于××的指示通知》	各部门主管领导或经理	信息传达的准确性信息传达的及时性	
14.	审批人力资源部及与其相关的文件		主办				

续前表

编号	工作内容	工作依据	权责	文件、表单处理		考核标准	占用时间
				名称	呈报单位		
15.	了解人力资源部工作情况和相关数据，收集分析人事、劳资信息，并定期向执行总裁、行政总监提交报告	人力资源部的相关数据	主办	《企业近期劳资情况分析报告》	执行总裁行政总监	与现实情况的差距报告的准确性	
16.	指导、巡视、监督、检查所属下级的各项工作	工作的实际进展情况	主办			工作的控制情况，对工作细节的知晓情况	
17.	受理下级上报的合理化建议，按照程序处理	以所收到的建议为据	主办	《关于近期员工建议的报告》	执行总裁行政总监	员工的满意度	
18.	及时对下级工作中的争议做出裁决	争议问题的复杂性和经验性	主办			争议双方的满意度	
19.	培训和发现人才，根据工作需要申请招聘、调配直接下级，负责直接下级岗位人员任用的提名	员工在工作中的实际表现	主办			提名人员被提拔到上级岗位后的实际表现	

编号	工作内容	工作依据	权责	文件、表单处理		考核标准	占用时间
				名称	呈报单位		
20.	制定专人负责部门文件、资料的保管和定期归档工作	文件、档案管理	协办			文件档案的丢失率	
21.	制定专人负责部门和下级部门所使用的办公用具、设备设施的登记台账、定期盘点、报损报失等	办公用品的使用去向	协办	《办公用品使用一览表》	执行总裁行政总监	办公用品及设备的使用率和破坏率	
22.	代表企业与政府对口部门和有关社会团体、机构联络		主办			企业的认知度和美誉度	
23.	负责劳动关系管理，协调、解决劳资关系纠纷	《劳动法》《劳动合同》	协办	《劳资纠纷的处理意见》	执行总裁	处理的合理性	

3. 责权范围

1.责任范围			
汇报责任	直接上报 1 人	间接上报 2 人	
	汇报内容		
督导责任	直接督导 5 人	间接督导　人	

培育责任	培育下级	现场指导、提供外部学习机会
	专业培育	组织本部门人力资源管理领域的培训,学习《劳动法》、《合同法》等法律法规
	其他	
成本责任	电话费	控制在企业规定的限额内
	电脑安全	保证人力资源测评软件的正常运行,不因非正常操作而丢失员工的相关数据
	办公用品及设备	购买的办公用品要及时登记入账,发放到各部门的办公用品要有专人负责登记并核查,对打印机、复印机、传真机的耗材要严加控制
保密责任	企业的薪酬等级及人员工资要严格保密	
奖惩责任	对已批准奖惩决定的执行情况负责	
预算责任	对人力资源部合理的预算开支负责	
档案管理责任	对企业人事、劳资档案的完整与定期归档负责	
参加会议责任	(1)参加企业年度总结会、计划平衡协调会及其他有关重要会议 (2)参加季、月度总经理办公会、经济活动分析会、考核评比会 (3)参加临时紧急会议和执行总裁参加的有关专题会议 (4)参加本部门的人事工作会议	

2.权力范围

权力项目	主要内容
审核权	对企业编制内招聘有审核权
解释权	对企业员工手册、规章制度有解释权
调档权	有关人事调动、招聘、劳资方面的调档权
财务权	对限额资金的使用有批准权
监察权	对人力资源部所属员工和各项业务工作有管理权和指挥权,对下级的工作有指导、监督、检查权
提名权	有对直接下级岗位调配的建议权、任用的提名权和奖惩的建议权
考核权	对下级的管理水平和业务水平有考核权
联络权	有代表企业与政府相关部门和有关社会团体、机构联络的权力

4. 工作关系及条件

	直接下级人数		5	间接下级人数	
工作关系	内部 主要 关系	所受监督	在工作计划、整体绩效、特殊任务、重大问题等方面接受执行总裁的指导和监督		
		所施监督	对本部门的员工的工作绩效实行监督		
		合作关系	在招聘、培训、薪酬、奖惩等方面与企业各部门进行合作与沟通		
	企业外部主要关系		同专门的培训机构、咨询企业合作，进行员工的培训和企业相关问题的咨询		
	国外机构主要关系				
工作场所	室内□　　　　室外□　　　　特殊场所□				
工作时间	一般工作时间	固定□　　偶尔变动□　　经常变动□			
	主要工作时间	白天□　　　晚上□　　　不确定□			
使用设备	电话一部、电脑一台、传真机一台、打印机一台、投影仪一台				

5. 任职资格

1.学历与专业			
最佳学历	MBA 或人力资源管理硕士	最低学历	本科
专业要求	人力资源管理、企业管理、行政管理、劳动关系		
资格证书	学历证书、人力资源管理师证书		
年龄要求	30 岁以上	性别要求	不限
2.必要的知识			
必备知识	人力资源管理知识、企业管理、劳动法律知识		
外语要求	英语听说读写能力，国家 4 级以上		
计算机要求	计算机 2 级以上，熟练掌握办公软件，会操作常用人力资源管理软件		
3.工作经验			
本职位工作适应期	3 个月		

续前表

所需工作经历	2 年以上中型企业人力资源部工作经验

4.所需业务、技能培训

培训时间	不需要□　3 个月以下□　3～6 个月□　6～12 个月□
培训科目	相关知识
(1)人力资源管理	薪酬管理、激励管理、绩效考核、培训管理的实务知识
(2)劳动法	有关的劳动法律法规和相关的补充规定
(3)合同法	劳动合同的签订、履行、解除、纠纷、仲裁等方面的知识
(4)薪酬福利政策	国家颁布的薪酬福利政策

5.能力素质要求

	能力项目	能力标准
必备能力	识人能力	运用专业的知识,能够分析某类人擅长的工作,并提供给他合适的岗位
	组织协调能力	能组织协调好企业各部门的工作,使各个部门处于一个良好的系统中
	沟通能力	能与员工和各部门经理进行良好的沟通
	团队能力	良好的合作意识,对自我的认知能力较强,并充分发挥不同人的特长,有团队意识
	能力项目	能力标准
其他能力	社交能力	代表企业进行必要的公关活动,提高企业的知名度
	执行能力	对企业制度的执行有方法、有策略
	判断能力	对事情的发展趋势判断有力,准确性高
	素质项目	素质要求
个人素质	积极热情	服务意识强,行事效率高、速度快、热情高
	公正无私	一视同仁,待人公平,办事公道正派
	喜欢交际	积极与人沟通,善于言辞

个性特征	个性项目	要求程度
	责任心	认真负责、勇于承担责任
	富有影响力	自己的行为对他人的影响很大,形成了一个影响力中心
	察觉力	对员工或事情能觉察,非常敏感

6.职位关系

可直接晋升的职位	副总经理
可相互轮换的职位	总经理助理
可晋升至此的职位	人力资源部助理、培训专员、薪酬专员
可降级的职位	人力资源部助理、总务管理员

4.3.3　车架冲压主管工程师工作说明书

车架冲压主管工程师工作说明书

职务编码 MA51　　　　　　　　　　　　　　　　　　　　版号:00

职务名称	车架冲压主管工程师	所属部门	冲焊部
职级		直接上级	车体科科长
制作/日期		批准/日期	
工作概要	1.制定车架冲压生产作业计划;2.组织实 SE 生产作业计划;3.对本生产线的品质进行控制,采取改善措施;4.与外部门协调沟通;5.下属的选拔、培训、人员调配		

组织结构中的位置

冲焊部经理
|
车体科科长
|
车架冲压主管工程师

工作职责描述

续前表

1. 根据公司年度生产计划大纲,制定车架冲压生产及各项物资需求、技改计划并报部门审批

2. 组织编制车架冲压月度生产计划,组织实施保证计划的达成

3. 负责车架冲压生产工艺;作业指导书的编制

4. 负责车架冲压生产线的设计、布置、设备造型

5. 负责车架冲压模具、工装夹具的设计

6. 负责对车架冲压提高生产效率、提高产品质量和降低产品成本为目的技术改造

7. 负责新产品开发设计车架冲压零件工艺性评价,并参与车架的评审

8. 配合机动部,负责模具及工装夹具的验收

9. 负责过程产品质量的监督、检查

l0. 对生产中的质量异常进行处理、跟进,并提出纠正、预防措施,保证年度车架冲压质量目标的达成

11. 检查、指导车架冲压线设备、工装、夹具、模具的使用、维护、保养,确保其正确使用;并指导模具的修理

12. 监督、检查、指导车架冲压线安全文明生产及"5S"活动的开展,保证安全无事故

13. 审理车架冲压线员工及相关人员的提案,确认提案实施人,督促提案实施;

14. 指导、监督、激励下属工作,跟进生产进度情况,适时对人员进行调配控制车架冲压线人力、物力等资源的利用状况,将物料损耗控制在规定的损耗范围内;提高员工工作效率,降低成本

15. 负责对市场、下道工序投诉的质量问题进行分析、跟踪处理及改进

16. 负责车架冲压人员招聘及转正时的技能考核

17. 对下属员工进行各项培训(岗位、技能、安全、设备、质量、ISO9000 及企业文化);负责员工上岗资格的确认

18. 参与部门考核制度、安全制度、管理制度的制定

19. 负责对下属的考评、考核、评优

20. 维持 ISO9001 体系,执行与生产过程控制、管理有关的纠正预防措施

21. 提交年度、月度工作计划、总结、报告,提交上级审批

基 本 任 务 资 格

一、普通教育程度——13～16 年

续前表

	推理能力	数学能力	语文能力
具体描述	1.会应用恰当的方法界定概念、搜集数据、确定事实； 2.通过对数据和事实的分析，能够运用恰当的原理进行有效的演绎推理； 3.会解释以数学或图表形式出现的技术指标。	1.具备一定的高等数学知识 2.会运用基本的理论数学概念 3.会创造性地应用统计方法进行分析、预测	1.会写计划、报告、总结、编审培训教材或考试题目 2.会起草契约和合同 3.语言理解及表达能力强，能够独立担当培训讲课，或向各类人员提供咨询意见

二、专业知识要求

必备专业理论：锻压、机械制造

相关专业知识：高等数学、品质管理、工业企业管理、ISO9000 质量标准、CAD 绘图

三、职业培训要求

大学本科学历：企业管理、机械专业——4 年以上工作经验或职业培训

　　　　　　　其他专业——5 年以上相关工作经验或职业培训

大学专科学历：5 年以上相关工作经验或职业培训

中 专 学 历： 已完成大学或培训机构开设的企业管理专门课程，8 年相关工作经验或职业培训

四、体力活动要求

活动内容	程度要求	说　　明
1.体力繁重程度 2.讲话 3.倾听	坐着，站着工作 1 小时讲课	重量不超过 15 千克 用流利语言表达和交流思想 用耳感知、分辨声音性质，接受语言信息

五、工作环境因素

工作地点：室内，制造车间

六、职业能力倾向

序号	能力名称	能力等级	分级说明

续前表

1.	智力	5 4 3 2 1	1——最高的 10%
2.	语言表达能力	5 4 3 2 1	2——较高的 1/3，但不包括最高
3.	数学计算能力	5 4 3 2 1	的 10%
4.	空间想象能力	5 4 3 2 1	3——中间的 1/3
5.	学习新知识能力	5 4 3 2 1	4——较低的 1/3，不包括最低的
6.	使用 MS 软件	5 4 3 2 1	10%
7.	文书事务能力	5 4 3 2 1	5——最低的 10%
8.	调查分析能力	5 4 3 2 1	◇百分比表示在从业人口中所达
9.	策划组织能力	5 4 3 2 1	到的相应水平人口比例
10.	协调推动能力	5 4 3 2 1	
11.	动作协调	5 4 3 2 1	
12.	手工灵巧性	5 4 3 2 1	

七、职业性格因素

1.有积极、主动、乐观、向上的个性

2.善于与人交往，不局限于发出和接受指示

3.对人们在思想或事务方面的意见、态度或判断施加影响

4.指导、控制和规划自己或他人的工作

主要绩效考察范围

1.生产计划的完成情况

2.生产产品的品质情况

3.新车架开发任务的完成情况

4.生产效率高低

5.是否采取有效措施改善品质状况

6.是否采取有效措施提高生产效率

7.是否采取有效措施保证安全生产

8.与 ISO9000 质量体系有关事项的执行情况

9.完成上级交办工作的效率

晋升与职务轮换可能性

晋　　升

续前表

具有丰富经验和管理才能的车架冲压主管,可晋升为车体科科长或更高级管理职位;也可晋升到其他部门中需要类似条件、责任更重,报酬更高的主管职位。
职务轮换
可转任其他部门主管,但需具有必要的教育程度、培训和经历

4.3.4　代售管理员工作说明书

代售管理员工作说明书

岗位编号:——

岗位名称	代销管理员	所属部门	客户服务中心
直接上司	客户服务中心主任	直接下属	没有,这是最基层的岗位
生效日起	2005 年 1 月	编写部门	人力资源部

工作目的

　　为大力发展移动电话新用户,向用户提供优质的入网服务,在公司相关政策及客户服务中心的具体指导下,对社会代售点的销售服务行为进行统一的规范与管理

工作职责与任务

1. 为保证社会代售点业务的正常开展,对其提供支持与保障

　　　√向各代售点发放号码、SIM 卡、发票及持机证

　　　√根据各代售点所传开户资料或网上的已售资料,及时对新用户开机

承担责任	■全部　　□部分　　□协助	工作时间百分比	25％

2. 为确保开户资料和资金的及时回收,对代售点的业务情况进行核对与结算

　　　√对各代售点进行号码管理,及时掌握各代售点的 SIM 卡、发票及持机证的库存信息

　　　√复核代售点所开工单,保存用户资料并加以跟踪

　　　√及时与银行联系,向代售点收取营业费

　　　√进行代售点的酬金统计,撰写酬金报表交由核算室复核、发放

　　　√按时完成各项日报表、周报表及月报表

承担责任	■全部　　□部分　　□协助	工作时间百分比	45％

3.为规范代售点的销售行为.对代售点实施业务上的培训与考核

　　√ 及时向各代售点传达公司各类业务文件

　　√ 对各代售点进行专业知识与业务的培训,提高其业务水平

　　√ 对代售点的工作情况进行实地检查与督导

承担责任	■全部	□部分	□协助	工作时间百分比	25％

4.其他工作

　　√ 及时记录并解决其他岗位的用户投诉

　　√ 各类储值卡的发放与代销

　　√ 与代售点进行合同的续约

承担责任	■全部	□部分	□协助	工作时间百分比	25％

工作权限

　　1.对代售点实施物资管理

　　2.代售点的酬金统计

　　3.代售点服务质量检查、监督与培训

任职者素质要求

1.所需知识技能:

　　(1)熟练操作电脑及各种软件

　　(2)了解通信与财务基本知识

　　(3)熟悉基本法律知识

　　(4)良好的人际沟通与合作技能

2.教育背景:

　　大专毕业或同等学力

3.工作经验:

　　电信行业一年以上业务办理工作经验

4.资源配置:

　　(1)手提电脑

　　(2)公务移动电话及传呼机

工作职责衡量标准

工作职责	工作职责衡量标准
1. 为保证社会代售点业务的正常开展,对其提供物资上的支持与保障	所提供物资及时、充足、准确
2. 为确保资料和资金的及时回收,对代售点的业务情况进行核对与结算	资料校对及时准确
3. 为规范代售点的销售行为,对代售点实施业务上的培训与考核	培训工作切合代售点实际需求,组织规范

4.3.5　主任级系统分析员工作说明书

主任级系统分析员工作说明书

一级部门：　二级部门：　　职位名称：　主任级系

统分析员

任职人员：　任　　期：　　上级职位：

批　准：

1. 职位定位

为了最大限度地贴近客户的需求,通过与客户的沟通和交流,能够有效、准确地将行业客户的需求转化并提炼成软件需求规格说明,为后续的软件开发和维护打好基础。在行业信息系统的开发过程中,参与项目的可行性分析、系统规划和整体解决方案的制定,负责软件需求分析、需求维护和验证。为此按照软件工程化和专业化分工要求,强化和突出软件需求分析的重要作用,特设置系统分析员职位,有利于规范公司的项目管理行为,提升公司在行业客户市场中的核心竞争力。

2. 工作关系图

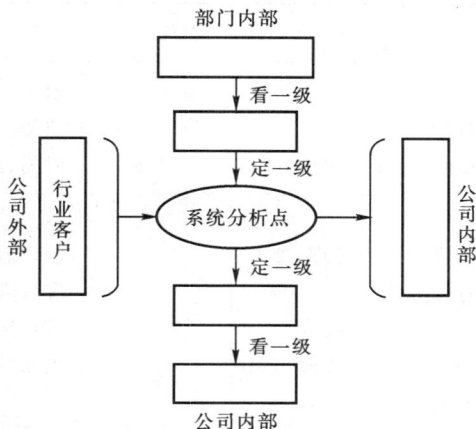

图 4-4　工作关系图

3. 素质要求

（1）资格（教育程度、经验、资格证书等）：大学本科以上学历，且作为技术骨干，从事信息系统开发方面工作达 8 年以上。或者获得"中国计算机软件资格与水平考试"中"系统分析员"资格的证书。在公司的下一级职位上工作满 3 年，且有突出表现者。

（2）专业技能：具有广泛的计算机基础知识，尤其需要在信息系统的开发方面的知识。掌握管理科学与系统科学的基础知识，至少深入掌握 3 种以上系统分析方法和系统分析工具的运用。

（3）通用技能：掌握客户行业的业务知识，具备系统的规划和分析能力，具有较深的观察和创造、沟通和协调、组织与表达能力。有较好的人际关系，能组织、指导、监督其他人员共同完成软件需求分析工作。

（4）态度/价值观：品行端正，诚恳、豁达、积极向上。以及时、准确地理解和把握客户的要求，尽量更好地满足客户的应用需求为追求目标。

（5）岗前必须培训：①行业业务知识；②信息系统开发方法学和基础技术；③系统分析工具；④管理科学和系统科学的基础知识；⑤新的信息系统开发技术；⑥软件工程和项目管理基础知识；⑦数据库技术与软件设计方法；⑧成功实例了解与分析。

4. 责任范围和 KPI

工作内容	责任范围	衡量标准
标题 主要工作行为顺序排列 所要达到的结果/直接或间接影响的 KPI	独立负责 与人合作 协助	数量 质量 时间、满意度等
1.项目初步可行性分析 　　协助行业咨询专家和客户经理,参与并完成项目初步可行性分析 　　结果:项目初步可行性分析报告 　　对项目的顺利立项或往后类似项目的经验积累有间接影响	与人合作	客户需求理解程度 客户满意程度 可行性分析报告质量 投入状态与时间
2.前期立项分析 　　协助行业咨询专家和客户经理参与并完成项目前期立项分析 　　结果:项目前期立项分析报告 　　对项目的顺利立项或以后类似项目的经验积累有间接影响	与人合作	参与立项程度 项目策划能力 立项分析报告质量 投入状态与时间
3.需求调研 　　协助行业咨询专家和客户经理,帮助客户获取和收集需求资料,并完成需求调研报告 　　结果:需求调研报告、客户需求资料 对项目的软件需求分析有直接影响	与人合作	业务需求理解程度 业务资料收集数量 需求调研报告质量 客户满意程度 投入资源、时间、成本
4.需求分析 　　负责组织和指导软件需求分析工作 　　结果:软件需求规格说明书 　　对需求分析评审和软件设计效果有直接影响	独立负责	客户满意程度 需求规格说明书规模 需求规格说明书质量 投入资源、时间、成本
5.需求分析评审 　　协助项目经理,配合客户对需求分析结果进行评审,培训和交流 　　结果:获得客户通过的"软件需求规格说明书"的证明对系统总体设计和详细设计有直接影响	与人合作	评审结果 客户通过的时效 遗留问题的数量 培训、交流的规模

工作内容	责任范围	衡量标准
6.需求变更维护 　　协助项目经理与客户的沟通,负责完成变更记录和需求文档的更新 　　结果:软件需求变更和文档维护记录,需求变更汇总分析报告 　　对调整软件设计和开发中的有效满足客户需求问题解决有直接影响	独立负责	协调、沟通的问题数量 变更拒绝和响应的数量 需求文档和变更记录 响应和完成变更的时间 汇总分析报告质量
7.需求实理验证 　　协助项目经理、开发人员和客户,参与软件测试方案制定和部分测试活动 　　结果:不符合软件需求规格部分的测试记录和报告 　　对软件开发的质量负有间接影响	协助	需求分析出现问题数量 与客户沟通交流次数 与开发人员或测试人员沟通交流次数 完成调整和更正的时间 投入调试规模和时间
8.需求整理归档 　　协助项目经理参与项目的结项,并完成项目需求方面的文档整理 　　结果:软件需求规格说明书、需求变更和维护方面的记录与文档 　　对公司的项目结项和需求分析知识积累有直接影响	协助	需求文档整理的时间 需求文档质量 投入资源、时间、成本

本章思考题

1. 简述工作描述的含义及其组成内容。

2. 确定工作名称时应注意哪些问题?

3. 怎样梳理工作职责?

4. 什么是业绩标准? 业绩标准有几种类型? 怎样提炼业绩标准?

5. 简述任职资格的含义及其组成内容。

6. 什么是显性任职资格? 什么是隐性任职资格?

7. 构建能力模型的主要途径有哪些?

8. 构成分层分类能力体系的要素有哪些? 怎样获得这些要素?

案例分析

新联信息公司的职位说明书

新联信息公司成立于 1999 年,是一家高新技术企业。目前,公司有 16 个部门,250 多名员工。各个部门的经理主要是通过外部招聘,或是内部重组时的人员调配而来,管理经验丰富。员工的年龄也比较年轻,知识层次比较高。

由于企业目前正处于高速发展期,在各方面也暴露出不少问题:

1.人员紧张。由于公司业务的不断扩张,使得人员非常紧张,各部门存在一人兼多职现象。

2.部门间职责不清。作为一个新企业,仅 2001 年上半年公司组织结构就调整过 3 次。因时间仓促,导致部门之间职责划分不清,工作互有重叠,不时出现互相推诿的现象。

3.工资制度也不规范。高新技术行业以前是高工资领域,近来工资也略有调整,以适应竞争。公司拟通过规范工资制度,进一步调动员工积极性。

针对上述问题,公司领导决定通过咨询有关专家,明确各个部门的职责。专家小组通过走访大量的员工,对公司的各种文献资料进行详细分析。最后,专家认为,上述弊端的根源在于缺乏完备的工作分析。通过与公司高层的沟通,决定采用工作日志、职位分析问卷和现场观测的形式,制定职位说明书。即首先明确每一个岗位的职责、任职资格、工作性质和范围、岗位目标。

为此,专家和各个部门经理一起探讨部门的岗位设置,力求科学合理。在确定岗位后,开始发动全体员工对确定的岗位进行描述,在专家指导下制定职位说明书。通过职位说明书,明确了部门中每位员工的职责权限及所需资格条件。

以下是营销部经理职务说明书。它主要包括职位基本信息、职位设置的目的、在组织中的位置、工作职责及衡量标准、任职资格要求、工作特征等。

新联信息公司营销部经理职务说明书

1.职位基本信息:

职位编号:200139

职位名称：营销部经理

直接主管上级：公司副总裁

直接领导下属人数：5

工作分析员：刘磊

分析时间：2001 年 6 月 13 日

2.职位设置目的：

合理、有效地利用公司各方面的资源，制定营销战略、新产品开发战略、目标市场战略，促进公司总目标的实现。

3.该职位在公司中的位置（见图 4-5）：

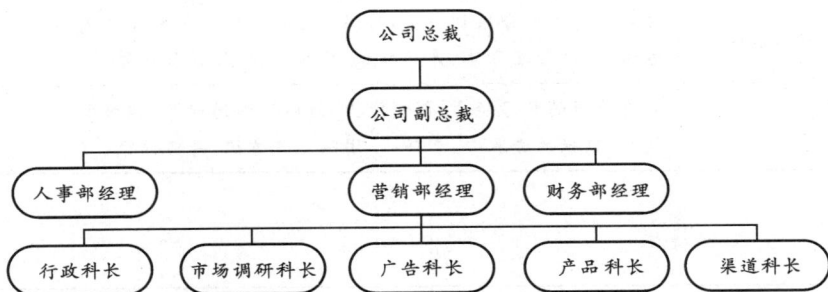

图 4-5　组织结构图

4.岗位职责及评价标准

岗位职责	评价标准
开展市场调研，及时向公司决策层提供简明扼要、有价值的市场信息和针对市场变化的策略建议	新产品开发数量建议采纳的数量
根据调研信息和公司整体发展战略，协同公司制定细致周密的市场营销战略、新产品开发战略、目标市场战略	产品销量产品的市场占有率顾客满意度
通过技术交流、推广活动、广告策划宣传等活动，迅速提高公司产品的知名度和美誉度，促进公司产品销售和市场拓展	
安排、协调、指导和监督部门成员的工作，激励员工工作积极性	员工满意度
协调公司各部门的关系	
协调公司外部有关单位的关系，如行业主管部门、媒体、广告公司、行业协会、代理商等	

5.任职资格要求

所学专业	企业管理、MBA、市场营销等相关专业
学历	至少大学本科毕业
经验	相关工作经验两年,在外资企业或国有大中型企业工作过的优先
计算机水平	熟练操作常用办公软件,熟悉专业软件 SPSS
外语水平	口语流利,能读懂专业文献
写作能力	具有较强的文字表达能力
职位培训	每年3月份定期培训一次,时间为15天,培训内容主要有市场调研方法、品牌管理方法、产品知识、广告知识、促销知识等
其他要求	具有较强的学习能力、创新能力、协调和沟通能力,极强的分析判断能力,较强的进取心、责任心,团队工作意识,身体健康

6.工作特征

工作均衡性	经常有忙闲不均现象,并且没有明显的规律性
工作地点	需要经常外出,外出时间约占工作总时间的40%
紧张程度	工作节奏比较快,强度比较高

　　任职者签名：　　　日期：　　　年　　　月　　　日

　　直接主管签名：　　日期：　　　年　　　月　　　日

　　公司总裁签名：　　日期：　　　年　　　月　　　日

　　令专家和公司管理层惊讶的是,在职位说明书拟就后,工资、考核制度尚未制定和实施,管理层和员工的积极性和工作的顺畅程度就很快有了很大的提高。

　　通过这次改革,首先明确了各部门、各岗位职责,有效地解决了部门职责重叠现象,当然也包括互相推诿的现象,同时也为公司的未来发展奠定了坚实基础。该公司目前比较大的问题就是人员紧张,而这次咨询得到的职位说明书为企业未来招聘奠定了基础,设立了科学的任职资格,方便了人力资源部的招聘工作。

在整个过程中,员工参与咨询,管理层高度重视,加上规范和专业化的操作,职位说明书现在已成为员工守则的一部分,员工戏称为工作的"基本法"。

案例讨论

1.为什么要制定职位说明书? 职位说明书在企业人力资源管理中有何作用?

2.新联信息公司营销经理职务说明书的成功之处体现在哪些方面?

3.参照新联信息公司的营销经理职位说明书,为你所在企业的某一职务或你了解的某一职务制定一份职位说明书。

第 **5** 章

工作分析的应用

工作分析是人力资源管理的起点,是人力资源管理最基本的工具。工作分析的最终目的及其价值就在于它的应用。如前所述,在人力资源管理活动中,几乎每一个方面都涉及工作分析所取得的成果。良好的工作分析可为组织制定人力资源规划,进行人员招聘、绩效考核、薪酬管理、人员培训等工作提供科学的依据,是开展人力资源管理工作的基础。那么,工作分析在人力资源管理中如何应用? 或者说,如何充分发挥工作分析在人力资源管理中的作用? 本章将围绕工作分析在人员招聘、绩效考核、薪酬管理、人员培训与开发等人力资源管理的主要职能中的应用展开讨论。

重点问题

⇨ 工作分析在人员招聘中的应用
⇨ 工作分析在绩效考核中的应用
⇨ 工作分析在薪酬管理中的应用
⇨ 工作分析在人员培训与开发中的应用

5.1 工作分析在人员招聘中的应用

招聘工作是企业人力资源管理中一项经常性的工作。一个企业要想永远留住自己所需要的人才是不现实的,也不是人力资源管理手段所能控制的。当工作机会充裕时员工流动比例就高;当工作机会稀缺时员工流动比例就低,再加上企业内部正常的人员退休、辞退以及调动,使得人员的补充成了一个经常性的活动。同时招聘又是一项耗费大量人力、物力和财力的工作。如果盲目招聘,则不但员工的素质无法保证,而且会造成经济损失。要使招聘有效的发挥招纳企业所需人才的应用,必须要有一个基础平台支持它的运转,这个平台就是工作分析。基于工作分析的招聘流程以及工作分析在招聘各个环节中所起的作用分别用图 5-1 和表 5-1 表示。

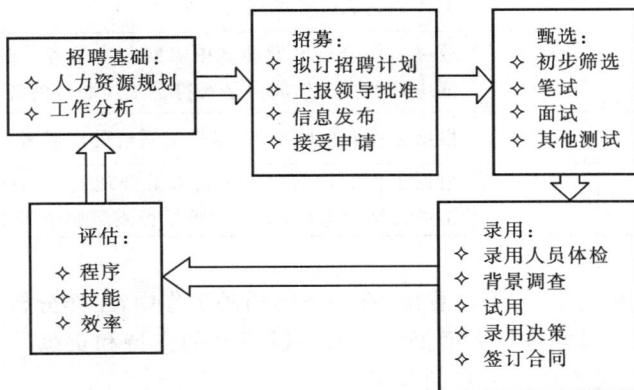

图 5-1　组织中人员招聘程序

表 5-1　工作分析在招聘各环节中的应用

招聘流程中的环节	工作分析在各个环节中的应用
确定招聘需求	通过工作分析掌握人力资源规划中人员配置是否得当 通过工作分析了解招聘需求是否恰当,分析需要招聘职位的工作职责、工作规范
确定招聘信息	根据工作说明书准备需发布的招聘信息,使潜在的候选人了解对工作的要求和对应聘者的要求
发布招聘信息	根据工作规范的素质(知识、技能等)特征要求及招聘的难易程度选择招聘信息发布渠道
应聘者资料筛选	根据工作规范的要求进行初步资格筛选,以便选择适当的应聘者面试,以节约交易成本

招聘流程中的环节	工作分析在各个环节中的应用
招聘测试	根据招聘职位或职位的实际工作,选用适当的方式(操作考试、情景测试、评价中心);选用与实际工作相类似的工作内容对应聘候选人进行测试,了解、预测其在未来实际工作中完成任务的能力
面试应聘者	通过工作分析掌握面试中需要向应聘者了解的信息,验证应聘者的工作能力是否符合工作职位的各项要求
选拔、录用	根据工作职位的要求,录用最适合的应聘者
工作安置和试用	根据工作职位的要求进行人员合理安置,对试用期的员工进行绩效考核,确认招聘是否满足职位需要

　　从图 5 - 1 和表 5 - 1 可以看出,在企业的招聘工作中,工作分析在确定招聘标准、人员招募和人员甄选等方面提供具有关键意义的支持和贡献。下面我们对工作分析与招聘的关系作进一步的分析。

5.1.1　工作分析与招聘广告的关系

　　首先我们来看一个案例。某软件公司要招聘三名软件工程师,从生产部门新提拔上来的人力资源部经理赵某设计的招聘广告内容如下:“本公司招聘 3 名软件设计工程师,最好是具有良好形象的近期毕业的大学生。”广告刊登后的一周内,赵经理收到了 400 多份应聘者的资料,但是在这些资料进行初步筛选后,她发现没有人具备软件设计工作所需的必要条件。这是因为该广告没有使用与软件设计工作相关的必要条件,而使用了与工作无关的“良好形象”这一主观标准,所以导致很多不合格的人也来申请这一职位。

　　上面的案例在一定程度上揭示了一个关系,即招聘广告的内容必须是以工作本身的信息为基础,而关于工作的客观信息可以通过工作分析的成果——工作说明书中获得。一般而言,招聘广告的内容包括招聘职位的名称、主要工作内容和人员任职要求三个方面。招聘广告与工作分析的关系如图 5 - 2 所示。

　　1. 职位名称

　　在工作说明书中的工作识别要素中有工作名称的规定,所以职位名称可以直接在工作说明书中得到,直接转化就可以了。

　　2. 工作内容

　　工作内容的信息是来自工作说明书中的工作描述。广告的设计必须考虑两个

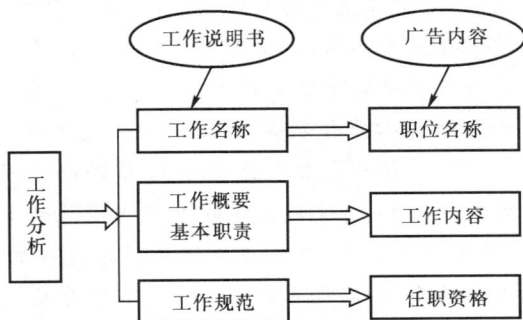

图 5-2　招聘广告与工作分析的关系

方面的问题：一是版面的限制，二是如何吸引符合条件的应聘者。两方面的考虑都要求信息必须精练，否则是既不现实也激发不了应聘者的兴趣。因此广告没有必要把工作描述中关于工作所有职责信息包括进去。招聘广告的工作内容主要是从工作概要和工作职责中提炼最重要的部分得到，在此可以根据管理学的 20/80 原则（20％的内容创造 80％的价值）进行提炼，即选择工作描述中排在前 3～4 位的职责代表该职位的工作内容。

3. 人员任职要求

该部分属于广告中最主要的内容，来自工作说明书中的工作规范。由于同样是出于对广告版面和吸引应聘者的考虑，工作规范中的信息也必须提炼而成。工作规范中对任职者的要求很多，主要包括所需要的知识、技能、能力、学历、专业以及工作经验等。由于广告属于招聘流程中的招募阶段，主要起吸引基本满足任职要求的应聘者来应聘，所以广告中的人员任职要求主要侧重于工作规范中提到的"硬件"，即学历、专业、工作经验和知识与技能；而对于"软件"，即工作的能力，则要求就不能过分强调，"软件"的内容是属于面试阶段着重考核的内容。

阅读资料 5-1

奇志公司的招聘广告

奇志公司是一家立足于自主掌握并提供互联网核心技术的技术型公司，公司成立于 1999 年底，总部设在北京。2000 年 1 月，奇志公司成立了深圳分公司，现有员工 280 人。在中国互联网经济迅猛发展的今天，奇志公司结合世界先进的网络技术、中国语言特色以及中国互联网经济发展的现状,运用最先进的商业模式,直接为整个中国的互联网提供高价值的技术性服务产品,是中国最优秀的互联网技术提供商。

奇志公司的目标是提高中国互联网的技术水平,帮助中国互联网更快的发展。奇志的核心价值观是给人们提供最便捷的信息查询方式;永远保持创业激情;每一天都在进步;充分信任,鼓励创新。

根据业务发展的需要,奇志现招聘软件工程师(Java)两名。

主要职责:了解客户需求,与合作伙伴共同完成系统接口设计;指导合作伙伴实现产品集成;实施客户化工作及二次开发。

职位要求:熟悉 UNIX/LINUX;熟悉(Java)编程;熟悉 XML 和HTTP 协议;有大型软件产品或项目开发经验;计算机软件或相关专业本科以上学历。

以上人员,待遇从优。有意者请将个人简历、薪金要求、学历证明复印件及其他证明工作能力的资料,于 2003 年 5 月 15 日之前送至(或邮寄)公司人力资源部。

地址:北京市东城区人民路奇志公司人力资源部黎同星收

邮编:××××××

电话:010—×××××××××

传真:010—×××××××××

E—mail:ltongxing@aaaa.com.cn

网址:http://www.aaaa.com.cn

——资料来源:张岩松,李健等编著:《人力资源管理案例精选精评》,经济管理出版社,2004 年。

5.1.2　工作分析与人员甄选的关系

1. 人员甄选的重要性与难度

通过各种招聘渠道招募到应聘者之后,面临的一个问题就是人员甄选了。甄选是从一组职位应聘者中挑选、录用最适合担任某一职位人员的过程。许多有过甄选经验的招聘人员认为,员工甄选是最重要,也是最复杂的决策之一。

为使决策有一定的基础,必须很好的运用工作分析数据。工作分析数据在甄选决策中的应用主要包括计算、推断应聘者完成工作所需资格,并对求职者的这种资格进行准确可靠的测量。通过工作分析进行个人能力辨别,决策者可以通过面试、心理测试等形式来衡量应聘者的 KSAOs 能力,并将其能力与工作所需的能力进行对比,从而使决策顺利地进行。

2. 人员甄选各环节与工作说明书的对应关系

一般来说,甄选可以分为求职申请书筛选、考试、初次面试和复试几个核心环节。人员甄选的这些环节与工作说明书之间在内容上的对应可以用表 5 - 2 来表示。

表 5 - 2　人员甄选环节与工作说明书的关系

人员甄选步骤	主要考察指标	与工作说明书的关系	与工作说明书中的对应内容
求职申请书筛选	学历、专业、工作经验、资格证书	直接	教育程度、工作经验、资格证书
考试	基础知识、职位知识	直接	职位所需要的知识
初次面试	知识、能力与经验	间接	知识、能力与经验要求
复试	知识、能力与经验	间接	知识、能力与经验要求

从表 5 - 2 中可以看出,求职申请书筛选和考试这两个环节的主要考察指标和工作说明书中的内容是比较一致的,都是一些比较"硬性"的方面,如教育程度、资格证书等,两者之间的联系比较直接。考察的指标只要采用工作说明书中对应的内容或对内容稍稍做些变动就可以得到。而初次面试和复试这两个环节的主要考察指标是属于任职资格中"软性"的一面,如职位能力、经验要求等。这些内容有难以衡量的特性,招聘人员必须仔细的体味,使这些指标从工作说明书中的文字形式变成脑海中深层次的感知。这就要求考察环节必须精心的设计,一是让应聘者可以自然的展现自己的能力,二是帮助招聘者实现对应聘者能力由文字到感知方面的过渡,从而达到有效的甄选人员目的。

5.1.3　工作分析与面试的关系

面试是经过事先筹划安排的正式面谈,对于胜任能力的甄选具有关键意义。因为面试能够获得更多的关于人员目标以及综合素质的信息,因此面试是最为广泛,成为有效的甄选人员手段。由于来自应聘者、招聘人员和环境三者的变量对面试的过程和结果都产生影响,因此,招聘人员必须对工作说明书中的内容进行深入、透彻地分析,才有可能让面试取得较好的效果,从而甄选出合格的任职者。要设计面试,首先就要确定它的评价结构。

1. 面试的评价结构

确定面试的评价结构,可以从评价内容和评价手段两个方面入手。

　　面试是围绕应聘者展开，主要考察其是否具备职位胜任能力，所以评价也应该选择可以考察其是否具有胜任能力的内容。评价内容一般来自两个层面的要求。一是来自战略和组织层面的通用性要求，这类要求一般和组织的性质有关，常常包括外貌、衣着、气质、精神面貌、语言表达能力、组织相关的基本知识和能力等。在一些服务性的组织如酒店，对员工的外貌、气质等就要求很严。而在一家软件公司，每个员工都应该有一些软件和电子方面的常识。二是来自职位的专业性要求，这类要求与应聘的职位密切相关，包括基本的知识、能力、工作经验和较深层的职位能力要求，诸如创新能力、分析判断能力、处理问题能力等。

　　面试的评价手段一般有提问和观察两种形式。提问是利用问题直接考察应聘者，通过应聘者对问题的回答来了解他们的知识、工作经验、能力等。而观察则是通过对应聘者的衣着、言谈举止等来考查其外在特征，并通过这些外在特征来考察应聘者的内在能力与素质。

　　面试提问的方式主要有三种：结构化面试、非结构化面试和混合面试。

　　(1)结构化面试。结构化面试是对同类应聘者，用同样的语气和措辞，按照同样的顺序，问同样的问题，按同样的标准评分。这种面试适用于招聘一般的员工。

　　(2)非结构化面试。非结构化面试则是漫谈式的，主考官与应聘者可随意交谈，无固定题目，无限定范围，海阔天空，无拘无束，让应聘者自由的发展言论，抒发情感。这种面谈意在观察应聘者的知识面、价值观、谈吐和风度，了解其表达能力、思维能力、判断能力和组织能力等。这是一种高级面谈，需要主考官有丰富的知识和经验，以及掌握高度的谈话技巧，否则很容易使面谈失败。因此，这种面谈适合于招聘中、高级管理人员。

　　(3)混合面试。混合式面试则既有结构化方式也有非结构化方式，综合了两种方式的优点。

2. 工作分析对面试的贡献

　　根据上述面试的评价结构，我们可以将面试的考察要素进行如下的区分(见表5-3)。工作分析在面试中的价值主要体现在帮助确立面试中所需考察的职位知识、经验与能力要求。

　　因为工作分析是针对工作本身进行的分析，所以提供的信息关注的是职位专业性要求。工作说明书中任职者资格方面的要求是职位的起码要求，提供的信息是职位的基本知识、能力、工作经验等，这些和提问考察的专业性内容一致，因此，工作分析的价值就在于此。而对于那些深层次的职位能力，如创新能力等，与工作分析的联系是间接的，所以工作分析对这部分的贡献也不是很明显。

表 5 - 3　工作分析对面试的贡献

面试内容／面试手段	通用性要求	专业性要求
提问	组织相关的基本知识和能力，如行业知识，产品和服务知识以及一般能力要求	职位基本知识、能力、工作经验等 工作分析
观察	外貌、衣着、气质、精神面貌、语言表达能力	职位能力要求，诸如创新能力、分析判断能力、处理问题能力等

阅读资料 5 - 2

　　天津一家上市公司在 2000 年高薪招聘 70 名具有大学本科以上学历的技术型人才。招聘时该公司人力资源部承诺为他们提供良好工作环境、优越的工作条件和一定诱惑力的薪水。然而工作不到一年，各类问题接踵而至，有人抱怨专业不对口，技术优势无法发挥；有人认为自己的才能达远远超过岗位工作的要求；有人反映工作条件并不能满足岗位工作的需要，而其他资源条件却没有被充分利用。更有甚者，在一次偶然的技术事故中，当事人以岗位说明书未注明工作风险的可能性为由，推脱责任。不满情绪和换岗要求搞得 HR 经理非常困惑，几位出类拔萃的优秀员工离开了公司。后来经调查发现是以下三个方面的问题：①招聘时没有进行工作分析为基础的人才测试，仅仅注重了学历要求和技术背景；②安排工作时未充分考虑任职者的现实能力和岗位要求；③工作过程中没有实施工作分析为基础的培训和绩效评估。

——资料来源：王玺主编《职位分析与职位评价实务》，中国纺织出版社，2004 年。

5.2　工作分析在绩效考核中的应用

　　现代企业人力资源管理的核心在于如何提高员工的绩效水平，从而为组织的整体目标与战略的实现做出贡献。因此,绩效考核作为绩效管理的核心,在人力资源管理中便具有了关键性的地位。绩效考核体系的设计,其关键又在于如何为组织中的每一个部门和职位建立起具体、明确、具有可操作性的考核指标。而考核指标设计,目前主要存在着两种不同的模式:一种是传统的基于职位分析的考核指标体系;另外一种则是基于战略分解所得到的 KPI(key porformance indications)指标体系。但是,这两种体系本身又并非截然对立,而是在最终的落脚点——"职位"上进行交叉,并形成相互补充的关系。

5.2.1　绩效指标与绩效考核的模式

1. 绩效指标及其价值

人们在从事任何事情时,都涉及一个投入和产出的问题,分析比较两者之间的关系就可以看出绩效,但这种分析比较不能凭着个体的主观臆断和猜测,必须有一个定性、定量界定投入产出状况的客观标准。有了这个标准,在考评绩效时就有了一个客观的参照物,才可以尽可能减少人为因素;有了这个标准,人们在从事工作的过程中就可以以此检查工作的进度,从而不断的改进和提高。因此我们给出绩效指标如下定义:绩效指标是界定组织人员投入产出关系的一个定性定量的标准,它是考核绩效的依据,也是组织和个体检查工作进度,进行工作激励的基础。

绩效指标的价值体现在两个层面:一是管理层,二是员工层。从管理层面来讲,绩效指标是提高管理效率的一种基本方式,没有这些指标,在工作的进程中就没有检查工作开展情况的坐标,因而也不可能清楚工作存在的差距,对工作的指导只能停留在主观层面,难免有失真实。对于定期开展的绩效考核来说,绩效指标更是管理者用于客观考核人员绩效的方法和工具,通过考核,找出存在的问题,反馈给工作人员,从而促进工作的改进和完善。从员工层面来讲,有了绩效指标,员工在进行工作的时候就可以进行自我的考核,从而找出工作中的不足之处改进,因此绩效指标是促进员工进行自我完善和发展的一个基础。

2. 绩效指标要求

绩效指标的设计是为了客观真实地反映绩效情况,所以它必须有一定的限制和要求,不能从职责中随便演化出一个指标就作为考核指标,这样不但考核不了绩效,还有可能会使原本复杂的考核变得更加混乱。一般来说,绩效指标的设计应该满足 SMART 原则,见表 5-4。

表 5 - 4　确定绩效指标的 SMART 原则

SMART 原则	(S) Specific	绩效指标必须是具体的,以保证其明确的牵引性
	(M) Measurable	绩效指标必须是可衡量的,必须有明确的衡量指标
	(A) Attainable	绩效指标必须是可以达到的,不能因指标的无法达成而使员工产生挫折感,但这并不否定其应具有挑战性
	(R) Relevant	绩效指标必须是相关的,它必须与公司的战略目标、部门的任务及职位职责相联系
	(T) Time—bounded	绩效指标必须是有时间限制的,即必须注重完成绩效指标的特定期限

3. 绩效考核的模式

绩效考核体系的基础是一套具体、明确、可衡量的指标,有了这样的绩效指标,组织才能以此为依据对组织中每个部门和职位进行考核。绩效考核体系的设计目前有两种不同的模式:一种是以工作分析为基础的考核指标体系,这种考核体系是从工作本身出发,从工作职责中演化出来的绩效指标作为基础设计;另一种就是KPI 体系,也叫做关键业绩指标体系,这种考核体系主要是从战略层面考虑,以对战略实现有贡献的业绩指标为基础设计。两种模式关注的层面虽有所不同,是各自独立的一套绩效考核体系,但是在很多职位上还是存在两种指标重叠和互补的现象。下文就分别针对两种绩效考核的模式进行阐述。

5.2.2　基于工作分析的绩效考核指标设计

1. 绩效指标的提取流程

基于工作分析的绩效考核体系是一种传统的绩效考核体系,它是以工作分析为基础,绩效指标是由工作分析提供的工作目的、任务、职责等信息转化而来。绩效指标设计主要分为前后相连的两步,第一步是业绩标准的提取,第二步是业绩标准转化为绩效指标(考核指标)。首先对各个职位进行科学、客观的分析,从而将各个职位的工作目的和工作职责明确的界定,在界定的基础上,提取出针对每个职责的业绩标准。有些职责涉及到很多的任务组成,针对任何一个任务提取的业绩标准都不能形成对职责的全面考核,在这种情况下,就应该将职责划分为几个小职责,结合小职责目的,从每个小职责提取业绩标准,到这里就完成了第一步。经过第一步提取出来的业绩标准可能多达几十个,这需要筛选掉一些,筛选的原则应遵照绩效指标要求满足的 SMART 原则,筛选过后的业绩标准最好控制在 6～8 个。再对筛选后的业绩标准进行可操作化,就得到了绩效指标。经过第二步得到的指标还不能全面地反映工作,应该补充一些来自上级,内外部客户对考核指标的意见和看法,最后才形成适用的绩效指标。

下面用流程图来表示绩效指标提取过程,见图 5-3。

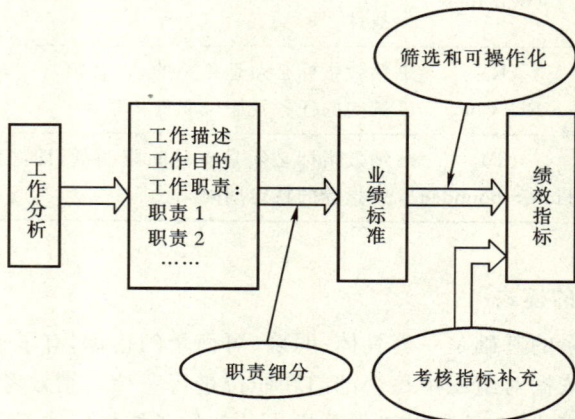

图 5-3　绩效指标提取流程

2. 绩效指标的操作化

从筛选后的业绩标准到绩效指标的转化就是绩效指标的可操作化过程,这个过程包括确定绩效指标的计算方式、信息来源、权重和等级定义几个方面。下面分别就各个方面进行分析。

(1)绩效指标计算方式。当一个指标被提取出来后,面临的第一个问题就是如何衡量它。指标可以分成"硬指标"和"软指标"两种。"硬指标"是可以定量进行评价的指标,比如发货差错率、投诉处理满意率、客户拜访完成率等,这些指标可以用数学公式表达出来,如发货差错率＝发货错误数量/发货总量×100％、投诉处理满意率＝满意次数/投诉处理次数×100％等。而"软指标"是不可以量化的指标,只能通过定性化的方式来进行评价,如规划的可行性、产品的质量等,这些指标要先对其进行具体的界定,然后以此为标准进行衡量,如调查报告的质量可以从它的客观性、信息量是否充分、可读性和现实指导性等方面来界定。

(2)绩效指标信息来源。同样要分"硬指标"和"软指标"两类,其详细情况见表

5 - 5。

表 5 - 5 绩效指标信息来源

指标类型	考虑角度	信息来源	示例
硬指标	信息应该从与计算公式中自变量角的角度去考虑	公司在日常管理中的文件、报告、调查记录等	客户拜访完成率的计算应该在公司的客户档案中
软指标	信息应从考核者在做出决策时的信息支持者的角度去考虑	公司内外相关人员和专家的意见和看法	规划的可行性需要综合各高层管理人员和专家的共同评价意见

（3）绩效指标的权重。每个职位一般都有一个以上的职责,这些职责对完成工作目标的贡献是不一样的,因此从各个职责中提取出来的绩效指标在整个事件和活动中的重要程度是不一样的,权重就是绩效指标在整个活动和事件中的重要程度,权重一般用百分比表示,如客户拜访完成率的权重为 15%,因此所有指标的权重之和是 1 或 100%。权重反映的是指标对整体业绩的贡献率,贡献大小和权重一般成正比关系,贡献越大,权重越高,反之则低。在确定绩效指标的权重时应该把握一点,即把那些可以量化和可控的指标权重定的相应高一些,而那些用定性化衡量的指标则应该相对低一些。

（4）绩效指标的等级定义。等级是对不同业绩水平进行的分类,一般分为四个或五个级别,如 S——优秀;A——良好;B——合格;C——需改进;D——不合格。而每个级别下都有相应的业绩表现,也就是它的定义。比如在"硬性"指标中,我们可以把客户投诉处理及时效分为几个等级,规定 A:95%～100%;B:90%～95%;C:85%～90%;D:85% 以下。而"软性"指标的等级定义用的是一些评价性的语言,例如,在评价服务员对顾客的态度指标时,可以用 S——对人热情;A——待人友好;B——对人礼貌;C——面无表情;D——给人冷脸。

（5）绩效指标的操作细则表。绩效指标通过上述方法确定之后,就可以形成考核指标的操作细则了,在考核指标的细则中,一般包括名称、定义、计算方法、等级定义、权重等。表 5 - 6 是一个绩效指标操作细则的举例。

表 5 - 6　绩效指标操作细则

指标名称	发货差错率				
指标定义	错误发出的货物总量与总发货量之间的比较				
计算公式	错误发货量/发货总量				
指标权重	8%				
被考核者	客户服务部经理				
数据来源	客户档案、客户投诉记录				
等级定义	S	A	B	C	D
(%)	0～0.15	0.16～0.25	0.26～0.35	0.36～0.45	0.46～0.55

5.2.3　基于战略分解的 KPI 考核指标体系设计

1. KPI 的含义与特点

上述基于工作分析的考核指标体系,是一种传统的考核方法。随着全球化和知识经济时代的到来,越来越多的企业开始认识到战略的实施与传递对企业成功的关键作用。因此,一种新的考核指标体系——关键业绩指标(KPI),越来越受到现代企业的重视。所谓关键绩效指标,是指企业宏观战略目标决策经过层层分解产生的可操作性的战术目标,是宏观战略决策执行效果的监测指针。KPI 是衡量企业战略实施效果的关键指标,其目的是建立一种机制,将企业战略转化为内部过程和活动,以不断增强企业的核心竞争力和持续地取得高效益。相对于传统的基于工作分析的考核指标体系,KPI 具有以下几个特点:

(1)战略导向性。KPI 的设计来源于组织战略和目标的分解,其目的是为组织战略服务。有了它,组织的战略传递和落实就会得以实现。

(2)关键性。KPI 关注的是对实现战略有贡献的指标,所以其方法的基本思想是强调 20/80 原则,即认为在实际的工作中,80%的工作价值是由 20%的关键行为完成的,这 20%的关键行为就是 KPI 所关注的。由于这种关注集中在业绩的关键点上,所以越是基层的职位,其 KPI 就越少,有的职位可能就是有 1～2 个 KPI,有的职位甚至没有 KPI。

(3)可量化性。KPI 指标更加强调指标的定量化以及可操作性。如果这些关键的指标不能量化或者说操作性差,那么恐怕它的重要性就要大打折扣了。

2. KPI 体系与工作分析的关系

通过对工作分析为基础的传统绩效指标体系和从战略分解得到的 KPI 体系的分析,我们可以看出两种指标体系设计的出发点和思路有很大的差异,应该说它们是相互独立的绩效指标体系。但是,它们之间并非完全对立,而是需要相互支持与相互补充,并在职位层面的考核指标中相互交叉。

(1)中高层职位的绩效指标体系。在这个层面的职位主要采用以 KPI 为主的绩效考核体系。对于企业内部的中高层职位,其直接领导公司的某一领域或部门,所以,可以直接将公司级 KPI 与部门级 KPI 转化为该职位的 KPI。这样,有利于强化部门经理的决策权威,提高直线指挥系统的效率。同时,由于高层职位负责领域宽广,直接通过 KPI 便能抓住其主要的业绩,往往不再需要依靠工作分析来进行考核指标的补充。

(2)基层职位的绩效考核体系。这个层面的职位主要采用 KPI、工作分析和临时任务三者相结合的考核体系。对于基层职位,其负责领域较为狭窄,与组织战略的关系较为疏远,因此,每个职位往往只能分解到 1～2 个 KPI,有的职位甚至没有 KPI。这样,仅仅通过 KPI 来进行考核,就只能考察其工作业绩的一小部分。所以,需要通过工作分析对 KPI 指标进行补充。同时,对于很多基层职位而言,基于战略的 KPI,其内容往往已经包含于工作分析所得到的考核指标之中。KPI 的意义则在于,从工作分析所得到的考核指标中,找到与组织的战略密切相关的部分,并加以定量化的指标设计,从而引导任职者更为有效地进行资源的集中配置,提高工作的有效性。因此,对于基层职位的考核指标设计,往往是先通过战略分解得到职位的 KPI。然后,再从工作分析中找到 KPI 所忽略和遗漏的部分,进行考核指标的补充。此外,对于很多基层职位,还存在着较多的临时任务,这部分内容也必须形成考核指标,纳入到该职位的考核体系之中。这样,基层职位就形成了三位一体的考核指标体系:KPI、工作分析和临时任务。

阅读资料 5-3

公司一年一度的绩效考核结束了。小周非常不满,因为该公司绩效考核时采用的指标都是一些笼统的、模糊的、靠主观评价打分的指标。小周说:"我们的绩效考核根本就没有什么客观标准,全凭主管人员的印象。其实我自己也不知道到底应该做什么,应该做到什么程度。"

　　　　造成这种情况的原因就是该公司没有在进行工作分析的基础上设定绩效考核指标。

　　　　　　——资料来源：王小艳编著：《如何进行工作分析》，北京大学出版社，2004 年。

5.3　工作分析在薪酬管理中的运用

　　在一个组织中，可能最能牵动人心的就是薪酬了。因为人作为社会的一员，维持最起码的生存条件离不开货币工资。当然，也有一些人，货币工资已经不会对他们形成很大的压力了，即使是这种情况，薪酬对他们来讲仍然很重要，因为薪酬不仅是工作的回报，而且也代表个人的能力和成就的肯定。因此，薪酬的多寡和形式，对员工的工作积极性及稳定性有着直接的影响。对于每个组织来讲，尤其是企业组织，薪酬体系的设计必须遵循一定的原则和流程，其中，工作分析扮演着重要的作用。

5.3.1　薪酬设计与职位评价

1. 薪酬设计原则和流程

　　现代企业的薪酬体系设计一般需要遵循一定的基本原则，其基本原则如表5-7所示。其中，内部一致性是指企业的薪酬结构应该具有可比性，即通过职位之间的横向比较和纵向比较，使每个员工的薪酬与其职位本身的价值相一致。内部一致性的薪酬结构必须建立在科学的职位评价的基础之上。

表 5-7　薪酬设计原则

薪酬设计的基本原则	内部一致性	薪酬结构要支持工作流程，要对所有员工公平，并使员工与组织间的目标一致
	外部竞争性	强调的是薪酬支付与外部组织的薪酬之间的关系
	激励性	要达到对企业业绩、团队责任和个人能力进行激励
	经济性	要达到劳动力价值平衡、利润合理积累和薪酬总额控制
	合法性	要遵循企业制度和法律法规

　　同样，现代企业的薪酬体系设计也需要遵循一定的流程，图5-4是现代企业的薪酬设计流程图，其中实线框表示各个步骤的名称，虚线框是对应各个步骤的主要活动。从图5-4可以看出，企业的薪酬设计必须建立在科学的职位评价的基础

之上,而职位评价的依据则来自于工作分析所形成的职位说明书。因此,基于工作分析基础的职位评价是薪酬设计的客观依据。

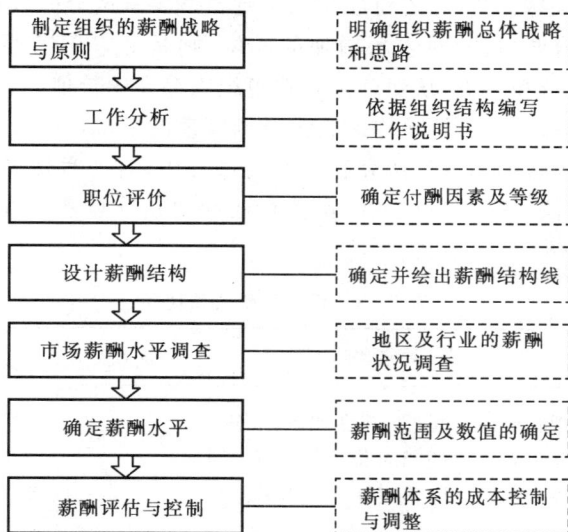

```
┌─────────────────┐        ┌─────────────────┐
│  制定组织的薪酬战略  │ ─────> ┊ 明确组织薪酬总体战略 ┊
│     与原则        │        ┊ 和思路           ┊
└────────┬────────┘        └─────────────────┘
         ▼
┌─────────────────┐        ┌─────────────────┐
│    工作分析       │ ─────> ┊ 依据组织结构编写   ┊
│                 │        ┊ 工作说明书        ┊
└────────┬────────┘        └─────────────────┘
         ▼
┌─────────────────┐        ┌─────────────────┐
│    职位评价       │ ─────> ┊ 确定付酬因素及等级  ┊
└────────┬────────┘        └─────────────────┘
         ▼
┌─────────────────┐        ┌─────────────────┐
│   设计薪酬结构     │ ─────> ┊ 确定并绘出薪酬结构线 ┊
└────────┬────────┘        └─────────────────┘
         ▼
┌─────────────────┐        ┌─────────────────┐
│  市场薪酬水平调查   │ ─────> ┊ 地区及行业的薪酬   ┊
│                 │        ┊ 状况调查         ┊
└────────┬────────┘        └─────────────────┘
         ▼
┌─────────────────┐        ┌─────────────────┐
│   确定薪酬水平     │ ─────> ┊ 薪酬范围及数值的确定 ┊
└────────┬────────┘        └─────────────────┘
         ▼
┌─────────────────┐        ┌─────────────────┐
│  薪酬评估与控制     │ ─────> ┊ 薪酬体系的成本控制  ┊
│                 │        ┊ 与调整          ┊
└─────────────────┘        └─────────────────┘
```

图 5 - 4　薪酬设计流程

2. 职位评价

从薪酬设计的原则和流程中可以看出,职位评价是薪酬管理中一个重要的基础。所谓职位评价,就是指在工作分析的基础上,通过一套系统性的方法对各职位信息进行分析处理,用以确定各职位在组织战略目标实现和价值创造中的贡献和价值。职位评价的结果是形成工作职位之间的相对价值。它反映了职位对企业贡献的相对比率,是员工薪酬等级评定和薪酬分配的依据。

具体而言,职位评价在薪酬管理中具有以下重要的意义:

(1)使员工感受到了薪酬公平。这种公平不是说薪酬之间没有什么差别,而是有差距的公平。这种差距不是凭空而定,而是以工作分析提供的职位信息作为前提,让每个员工明白职位之间的差距是怎么形成的。有了这层理解,差别化薪酬就会成为公平薪酬而被每个员工接受,从而为薪酬体系的设计和实施奠定了基础。

(2)使员工行为有的放矢。通过职位评价,员工明确了工作的哪些方面对组织战略和目标的实现帮助大,哪些小,每个职位设置的最大价值是什么,从而为日常的工作行为提供了一个方向性的指导。有了这个指导,员工就可以把有限的时间和资源投放到职位最大价值的方面。

(3)为薪酬体系的修订提供了基础。薪酬体系制定之后并不是一成不变的,随着时间和环境的变化,组织的结构经常要做相应的调整来适应这些变化,这就不可避免要对职位做些增减,薪酬体系也要进行修订。建立在职位评价基础上的薪酬体系修订起来就容易一些,只要对职位的关键付酬要素或分配权重作些调整,就可以反映组织的价值取向;而对于新增加的职位,则是对它所需要的知识、技能、能力、环境等进行分析和评价,从而确定它在组织中存在的价值。

与工作分析一样,职位评价作为人力资源管理的基础性工具,已经有几十年的历史。在人力资源管理的理论研究和实践的过程中,有4种比较流行且有代表性的方法:职位排序法、职位分类法、因素分析法和要素计点法。这四类方法的要点及其比较见表5-8。

表5-8　职位评价方法比较

类别	要点	优点	缺点
职位排序法	把企业的全部职位排队比较,按各职位对企业的相对价值排出顺序以确定职位价值的高低	操作简便 成本低	不能确定职位之间价值差异的具体数额
职位分类法	首先将职位划分为几类,然后将每类职位划分为若干等级,然后根据某职位情况划到某等级中	较为简单 成本较低	不能确定各等级之间价值差距的具体数据
因素分析法	根据不同职位的共同付酬因素,对具有代表性的工作职位赋予具体的薪酬金额,然后将其他职位与对应代表性工作比较赋予薪值	系统 精确 量化	开发难度大 成本高
要素计点法	将企业所有职位按工作性质划分为若干类别,并对各类职位的价值进行因素分解,选择确定共同的付酬因素并等级划分,最后将职位对照这些因素得出得分	较为准确 成本较低 使用方便	设计比较复杂

以上职位评价的四种方法各有利弊,其中要素计点法的运用最为普遍。从表5-8中可以看出,不论哪一种职位评价的方法,都要对职位进行价值的确定,不管是价值的相对测定还是准确的计算都离不开各职位的信息,而所有的这些信息都要来自科学、客观的工作分析。

5.3.2　工作分析在职位评价中的价值

在上述四类职位评价方法中,要素计点法,由于其较高的准确性、较低的成本和使用上的方便而成为比较通用的职位评价方法。下面,主要以要素计点法为例来阐述工作分析在职位评价中的价值。

采用要素计点法进行职位评价,首先要设计出一套用于职位评价的要素,并将这些要素划分为若干等级,同时,确定每个等级的分值,这样就形成了一套职位评价体系。然后,通过这一套要素体系来对各职位进行评价,得到各职位在每个要素上的得分。最后进行加总而得到每个职位的最终价值。

从理论上来讲,工作分析对职位评价的价值包括两个方面:一是工作分析提供了职位评价要素体系设计的基础;二是工作分析提供了对这要素进行评价的信息来源。但由于职位评价方案的日趋成熟,企业往往都会采用一套已经成型的、固定的职位评价方案来进行操作,评价要素的设计往往不再依赖于工作分析。因此,工作分析对职位评价的贡献,主要集中在后一个方面。工作分析在职位评价中的价值见图 5-5 所示。

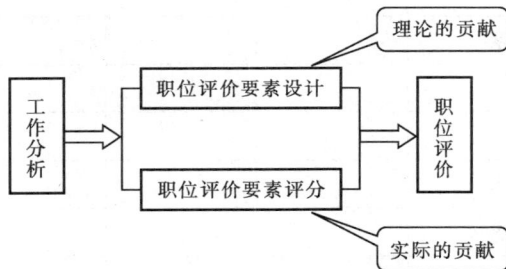

图 5-5　工作分析在职位评价中的价值

为了进一步认识工作分析在职位评价中的价值,还可以通过图 5-6 与表 5-9加以说明。图 5-6 表明基于工作分析进行职位评价,可以通过四个步骤完成。

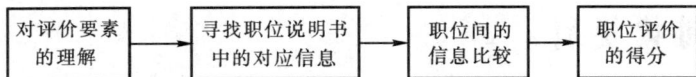

图 5-6　基于工作分析进行职位评价的基本程序

表 5-9 表示了在职位评价中的主要评价要素与工作分析内容之间的关系。

表 5 - 9　职位评价中的评价要素与工作分析内容的关系

职位评价要素 工作分析项目	工作职责	所需知识 与技能	所需努力 程度	工作环境
工作标识				
工作概要	✓			
工作职责描述	✓		✓	
组织图	✓		✓	
工作关系			✓	
工作权限	✓			
责任细分				
工作范围	✓			
职责的量化信息	✓		✓	
工作环境条件				✓
工作压力因素			✓	✓
工作特点与领域			✓	
学历要求		✓		
工作经历要求		✓		
工作技能要求		✓		
工作培训要求		✓		
素质要求		✓		

阅读资料 5 - 4

　　华源祥公司的人力资源部经理最近非常苦恼,因为他发现公司留不住人,新招来的年轻人干不了几个月就走了。通过深入到员工中跟员工交流,才发现问题原来出在薪酬体制上。它还是沿用了以前的制度,几乎所有的工作都在一个薪酬水平线上,没有体现出工作的差别。人力资源部经理获得上级支持后,决定对薪酬制度进行改革。改革先从工作分析开始做起,因为他认为,员工所从事工作的难度越大,其获得的薪酬相应就应该越高。工作分析信息可以用来确定任务、职责和责任的权重,对难度较大的工作给予较大的权数,从而付给更高的薪酬。他相信,建立在合理的工作分析及职位评价基础上的薪酬制度,将使员工获得公平感,从而可以有效防止人才的流失。

　　——资料来源:王小艳编著:《如何进行工作分析》,北京大学出版社,2004 年。

5.4　工作分析在人员培训与开发中的应用

　　随着知识经济时代的到来,越来越多的企业已经认识到,员工素质对于构筑企业竞争优势起着至关重要的作用。而提高员工的素质和能力既需要通过有效的人员甄选,将不符合企业和职位需要的员工阻挡于企业之外;同时还需要通过有效的培训与开发来提升现有员工的素质与能力,以帮助组织不断适应新的竞争环境,不断适应组织战略所提出的新的要求。因此,培训与开发是人力资源开发与管理的重要组成部分,是开发现有人力资源和提高人员素质的基本途径。

5.4.1　培训流程

　　在现代企业中,员工的培训流程一般分为四个环节,如图 5-7 所示。

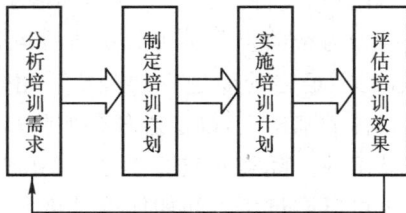

图 5-7　企业员工培训流程

1. 培训需求分析

　　培训需求分析是构建培训体系的起点,也是决定培训效果的关键。通过对培训需求的分析,我们可以找到什么地方需要培训,需要什么样的培训。这样就使得培训能够有的放矢,从根本上杜绝企业中的无用培训,提高培训的效果和实用性。培训需求分析一般包括三个方面:组织分析、工作分析和个人分析。

2. 制订培训计划

　　对培训需求进行充分的分析后,就要制订出具体的培训实施方案。首先是设置培训的具体目标,为培训提供方向和指导;其次是对培训计划进行编制,即根据培训的目标,具体确定培训项目的形式、课程的设置、师资力量、教学方法、参考教材、考核方式、辅助培训器材与设施、培训效果评估的标准等。

3. 实施培训计划

培训计划的制订后,就是如何将这一计划付诸实施。在实施培训计划的过程中,必须依据培训的阶段性目标和培训过程中的关键点,对培训过程进行控制,做到动态、准确地掌握培训进程,保证培训目标的完成。

4. 评估培训效果

培训结束后,需要对培训效果进行评估。评估一般包括组织和个人两个层面。在组织层面,需要对课程的有效性、培训的组织效果以及授课水平等进行评估。其评估结果可以作为对培训部门考核的依据,同时也为今后的培训提供组织和管理方面的经验。在个人层面,主要考核受训人员通过培训,是否在知识、技能、能力、态度等方面有了提高,是否达到了培训的目的。员工的培训效果评估对改进和完善培训工作提供了有力的佐证,同时也可以与员工的薪酬、升迁等挂钩,从而实现对员工的有效激励。

5.4.2　工作分析与培训的关系

工作分析在培训中的价值与支持主要集中在培训需求分析阶段。

所谓培训需求分析,即指为帮助企业员工解决现存问题及帮助企业员工弥补为实现组织发展目标之需的不足之处而进行的分析。培训需求分析又叫缺口分析,指在研究组织战略和目标的基础上,确定胜任各职位所需具备的知识、技能、能力等综合素质,并对当前员工的实际素质进行考察,找出两者之间的差距,然后对缺口进行研究,以确认是否可以通过培训和如何通过培训解决问题。一般来说,培训需求分析主要是在组织分析、任职者资格分析和个人分析三个层面展开。

1. 组织分析

即把组织作为一个整体来考察,通过对企业的发展目标、人力资源需求和企业效率三方面的分析,来确定组织总体的培训需求、在当前与今后几年中所需要的人力资源数量和质量、劳动力成本等。当组织现状与组织需求存在差距时,一般可以通过对现有人员的培训或外部的招聘来弥补。

2. 任职者资格分析

即着眼点是企业中的各个职位。通过分析工作的任务、职责、环境等因素,来推导任职者应该具备什么样的素质条件,需掌握什么样的知识,技术、能力等。

3. 个人分析

个人分析的基础是任职者资格分析，以任职者资格作为职位的任职标准，对职位人员进行知识、技能和能力等方面的评价，找出与任职标准之间的差距。有了这个具体差距，就可以明确哪些人需要培训，明确员工是否具备基本的技能、态度和信心，明确使他们可以掌握培训的内容。

根据培训需求分析的概念，工作分析与培训需求之间的具体关系如下：

（1）工作分析与组织分析。工作分析对于分析组织层面的培训需求，其贡献是通过两个方面来实现的：一是帮助组织构建内部的人力资源信息系统，使组织能够准确地对人力资源现状进行度量；二是提供关于工作的情景信息，包括关于职位最终产品与服务、工作流程、工作成本等方面所面临的问题，找到组织中可以进行改进的方面，从而为组织层面的培训需求的确定提供依据。工作分析对组织分析的贡献可以用图 5-8 表示。

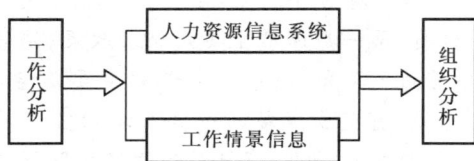

图 5-8　工作分析对组织分析的贡献

（2）工作分析与任职者资格分析、个人分析的关系。个人分析是建立在任职资格分析之上，将任职资格与任职者现状进行对比 的过程，因此工作分析对个人分析的贡献主要体现在任职资格分析之中。

在前面的章节中，我们已经对任职资格的建立进行了详细的介绍，但是，以培训为导向的工作分析，对任职资格部分的要求须具有自身的特点，主要体 现在以下两个方面：

① 强调任职资格的能力特征分析。任职者资格体系一般包括能力特征和个性特征两个部分。能力特征是关于任职者在知识、技能和认知等方面的显性特征；个性特征则包括自我观念、内在动机等隐性特征。在两个特征中，个性特征是比较稳定的，一般在短期内不会改变，能力特征较易改变，因此培训中的任职资格分析主要针对的是能力特征分析。

② 需要对比培训的成本与收益。通过对比任职资格与任职者之间的差异来找到培训的需求点，这是培训需求分析的主要手段。但是，并非任职者与既定标准之间的所有差异都需要通过培训来弥补。在这里，需要考虑培训的成本与收益。

只有针对那些能够通过培训来改变,并且,通过培训所获得的收益大于培训的成本时,我们才能考虑将这样的项目纳入到培训计划之中。否则,我们只能通过其他方式来解决,比如:辞退、人员轮换等。

阅读资料 5-5

　　IBM 公司非常重视对员工的培训。既有统一的文化、观念的培训,也有针对具体工作所采取的专门培训。比如,对于新招进来的员工,每个人都要接受公司理念的培训,包括公司的历史、信念、政策等;对于新来的销售人员,通过对这一职位的认真分析,明确了他们所要求具备的资格条件,并在此基础上,制定了专门针对销售人员的培训。培训时间是 12 个月,其中有 3 个月的课程学习,9 个月的分公司实习。课程学习分两期进行:第一期课程主要是销售政策、销售实践以及计算机概念和 IBM 公司的产品介绍;第二期课程主要是学习如何销售,由本公司在销售第一线、有突出成绩的一流人才担任授课教师。事实证明,这种建立在工作分析基础上、有针对性的培训取得了良好的效果。

　　——资料来源:王小艳编著:《如何进行工作分析》,北京大学出版社,2004 年。

5.4.3　工作分析与职业生涯规划的关系

　　职业生涯规划即是对职业生涯进行设计的过程,它是人力资源管理的一项活动,与工作分析、人力资源规划、招聘与选拔、绩效考核、培训等都有着密切联系。职业生涯规划应充分考虑人、环境、职业之间的关系。影响职业生涯规划的因素是多方面的,主要包括组织因素、工作因素和个人因素。

1. 组织因素

　　组织因素包括企业的经营理念、企业文化、经营策略、产品服务等。每个组织的具体情况不同,各种不同的组织需求导致对员工的要求也不同,这种不同趋势是一个互动的过程,它必然会对职业生涯规划产生影响。另外,员工的职业生涯发展要得到组织高层管理者的支持,少了他们的支持,再好的系统,也无法取得应有的效果。

2. 工作因素

　　工作信息可以从职位说明书中获得,也可以从整个行业发展趋势中获得。一个人所从事工作的特点,所在行业的性质,对于其将来的发展必然会产生影响,从而会影响到员工的职业生涯规划。

3. 个人因素

在人生不同的阶段对职业的看法也不同,这种变化有的来源于年龄的增长,有的来源于发展的机会。而且,在每一个职业规划与发展阶段,个人对工作的动机是不一样的。在职业规划的早期,主要是学会必要的知识和技能;在中期,主要是求得个人的发展;在晚期,主要在于维持现状。

除了考虑以上因素以外,组织应结合员工需要,为其提供职业辅导,并提供帮助,以推动其实现职业发展。在职业生涯规划中,组织、管理者和员工各自承担着不同的角色,如图 5-9 所示。

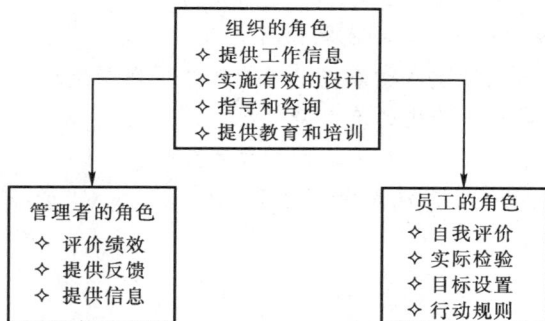

图 5-9　职业生涯规划角色

组织结合其发展要求,通过对工作分析结果的利用,得出组织对人才的需求,然后再结合员工的个人行动规划来指导员工对职业生涯实施有效的设计。具体来说,组织的作用如下:

① 组织要给员工提供工作信息,包括有关工作的分析资料,以及组织绩效考评的信息。这些相关信息都是建立在对工作进行分析的基础之上的,通过对工作分析结果加以利用,可以很方便地获得有关工作的各种信息。

② 组织要对员工进行职业咨询和指导,即与员工讨论其当前的工作情况和表现、个人职业目标、个人技能,以及适合的职业发展目标的过程等。通过咨询,帮助员工进行实事求是的客观分析,指导其依据自己的情况、工作分析资料和组织需要,确定职业目标。

③ 组织要给员工设计发展道路。这要结合员工的自我评估和目标设置来综合考虑。不同的人可能面临着不同的发展道路,但是总的来说,组织要铺好这条道路,即一个个的职业阶梯。员工由低至高,一步一步实现。比如:财务分析员—主管会计—财务部主管—公司财务副总。

④ 最后,组织要给员工提供教育和培训的机会,为其实现职业目标创造条件。

总之,职业生涯对于员工和组织都很重要。从员工的角度来看,每个人都有从工作中得到成长和发展的愿望和要求,为了实现这些愿望和要求,他们不断追求理想的职业,设计着自己的职业目标与职业计划;从组织的角度来看,应重视员工职业生涯发展,并要结合组织的需求和发展,通过必要的工作设计、培训等手段,帮助员工实现个人职业目标。

本章思考题

1. 工作分析在人员招聘中各环节所起的作用是什么?

2. 什么是绩效考核体系的两种模式是什么? 二者有何差异?

3. 工作分析在传统绩效考核模式中的价值体现在哪里?

4. 工作分析在职位评价中的价值是什么?

5. 工作分析与培训需求各层面之间的关系如何?

6. 工作分析在职业生涯规划中如何应用?

案 例 分 析

什么样的软件工程师最合适?

2002 年冬季,计算机和通信专业毕业生的人才争夺战拉开了帷幕。总裁们马不停蹄,奔走于全国各高校之间,或演讲,或座谈,宣传自己的企业,吸引优秀人才加盟。A 公司也不例外,从 10 月份就开始行动了。人力资源部深知这一年招聘软件工程师的难度,计算机和通信专业毕业生有很多选择机会,薪资水平只是吸引他们的一个方面,受到重视、能够发挥自己的潜能才是吸引他们的根本。那么,如何识别出适合自己企业个性和技术方向的人才呢? 技术把关应该不是问题,各项目经理有足够的水平来做好这项工作,但实践证明,人才发展不理想往往不是技术背景不行,更多的原因是个性等综合素质不适合自己企业的研发工作。

在这样的背景下,A 公司决定加重"综合素质"测评工作的分量。经过仔细研究设计,整体测评工作安排如下:

第一步,通过工作分析确定测评的重点维度。这一步至关重要,甚

至比测评过程本身还重要。这次招聘总的来说是针对一类职位:软件
工程师。人力资源部进行了深入的工作分析,主要采用深度访谈法,对
象是项目经理。通过访谈,最后得出了需要评价的三个维度:学习能
力、创新能力、合作能力。IT业很多技术需要自己跟上世界发展潮流,
很多知识是在课堂上学不到的,因此,需要具备很强的学习能力。企业
间竞争越来越激烈,能够不断开发出适合市场需求的新产品和新的服
务,才是企业竞争制胜的关键,创新能力当然成为了对研发人员测评的
重点。另外,企业做软件研发工作,靠一个人单打独斗很难快速开发出
新产品,团队精神合作能力就成了另外一个关注的重点。现代企业,强
调的是以人为本,自我激励,那些需要别人督促的人显然会落后于竞争
对手的速度和创造能力,所以,这次测评特别提出了自我驱动这个维度
的评价。

第二步,选择和开发能够测评以上维度的工具。A 公司主要运用
了三类测评工具:心理测验、半结构化面试、情景模拟测试,每一类工具
根据不同的测评维度。学习能力的测评相对简单,A 公司采用了国际
上通用的非文字逻辑推理能力测验来测评。合作能力测评主要运用情
景模拟测验来做,请 4—8 个人组成一个小组来共同解决一个问题,从
中观察应聘人员的合作能力和综合素质。创新能力的测评历来是个难
题。目前,测评创造力的工具效度和信度普遍偏低,A 公司只好采取综
合的方法来解决问题。创新能力的高低和很多的素质有直接的关系,
如对新事物的开发性思维、直觉思维、独立性、灵活性等。A 公司就选
用了能够测评这些素质的工具,并在面试和模拟测验中专门设计用来
考察创新能力的问题。

第三步,实施测评。在招聘测评过程中,首先由技术专家(一般是
项目经理)进行技术面试,过关者由 A 公司进行综合能力测评。在测
评过程中,很多应聘学生对这种测评方法感到很新颖,很有兴趣,反馈
很积极。有的说:"A 公司虽然不是跨国公司,但在招聘人才方面比跨
国公司做得还细致、还专业。"有的说:"经历过三个小时的测评,我感觉
A 公司这种作法是重视评价人的潜能和团队精神,我对来这样的企业
之后的前途充满希望!"很多学生都有这样的想法。在具体实施过程
中,创造良好的测评环境很重要,很多学生从外地赶来北京,很辛苦。
如果测评环境不好,就会影响到他们水平的发挥。综合能力测评结束
后 3—4 天,项目经理拿到公司提交的应聘人测评报告。报告内容主要
是定性、定量描述应聘人和软件工程师这个职位的匹配程度,包括合作

能力、学习能力、创新能力等个性方面综合能力的评价描述。各项目经理根据技术面试结果和测评报告做出录用决策。

项目经理一开始就并没有特别在意这份 6000 多字的测评报告，但当读完报告之后，他们觉得这份报告很实用。在两个学生技术背景相差很小的情况下到底用谁，测评报告给出了答案，因为它关注的是非技术素质，这就为用人经理提供了很好的参考。到后来，项目经理面试后，都迫切等待着拿到综合素质测评报告，以便更准确、更快的决策。

另外，这份测评报告还有一个很重要的用途，就是指导新员工尽快适应工作职位，报告对应聘人员的个性特点和工作风格分析得比较透彻、准确，可以作为设计职业生涯、指导开展工作的参考。

第四步，跟踪研究。为了更好地改进招聘工作，A 公司还对上岗人员的工作表现进行跟踪研究。同时获取这次测评的预测效度数据，为改进测评方法奠定基础。由于追踪研究的最佳时间为上岗一年，目前，他们的这项工作还没有进行完毕。

案例讨论

1. 公司的工作分析是如何为招聘工作服务的？
2. 借鉴本案例 A 公司的做法，完成某一职位的"综合素质"测评工作。

第 *6* 章

工作设计

工作是组成企业管理的每一块砖,是人力资源管理工作的基石,工作设计以及由此而来的定岗、定编、定职、定责、定薪是人力资源管理的基础性工作。工作设计的好坏对于能否有效地实现企业目标,合理处理人与事的关系,激励员工的工作干劲有很大的关系。在工作现场,我们经常可以耳闻员工由于处理千篇一律的事物经常感到单调乏味,进而带来实际行动上的困扰与烦恼,影响工作效率。为了消除因重复单调的工作所带来的乏味感和兴趣的递减,使工作本身充分调动员工的学习积极性,激发员工的潜能,就必须设法扩大工作范围,充实其工作内涵,这就需要不断的工作设计。

重点问题

⇨ 工作设计的概念
⇨ 工作设计的思想演变及其发展
⇨ 工作设计的程序与方法
⇨ 工作再设计的概念与方法
⇨ 工作设计的新思路

6.1 工作设计的概述

6.1.1 工作设计的含义

所谓工作设计,也称职务设计。它是指为了有效地达到组织目标,并兼顾个人的需要,提高工作绩效,对工作内容、工作职责、工作关系等有关方面所进行的变革和设计。工作设计的实质就是要解决工作怎么做和怎样使工作者在工作中得到满足的问题,或者说工作设计是通过满足员工与工作有关的需求来提高工作绩效的一种管理方法,因此,工作设计是否得当对激发员工的工作动机,增强员工工作满意度以及提高生产率都有重大影响。

　　工作设计一般分为两类:一是对企业中新设置的工作或者是建立新企业的需要所进行的工作设计;二是对已经存在但缺乏激励效应的工作进行重新设计,称作工作再设计。例如一个现存的企业可能由于员工的精神需求与按企业效率原则拟订的工作需求发生冲突,影响士气而需要工作再设计,或由于企业目标、任务和体制的变化,以及人员素质难以达到岗位规范的要求而需要重新进行工作设计。

　　工作设计是管理者的一项重要课题。工作设计的实施需要遵循综合原则,分析各种影响因素。一般来说,从管理学角度,工作设计要考虑设立工作要完成的组织目标的需要、劳动分工与协作的需要以及不断提高生产效率和增加产出的需要;从心理学角度看,工作设计要考虑工作者的个人特征、工作环境中的社会心理因素、整个组织的气氛和管理方式这三种因素;从工效学角度看,工作设计必须重视能力与知识原则、时间与功能原则、职责与权利原则、设备与地点原则;从技术学角度看,工作设计也应重视工艺流程、技术要求、生产和设备等条件对工作设计的影响。

　　工作设计是基于四种基本考虑的组合,如图 6-1 所示。

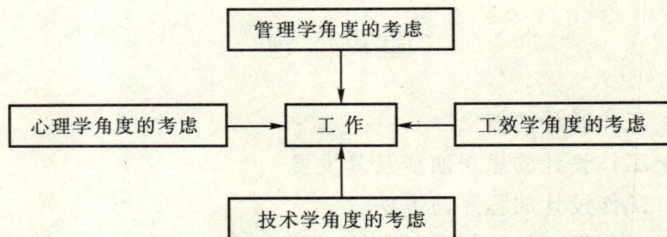

图 6-1　工作设计基础

6.1.2　工作设计的内容

　　工作设计的主要内容包括以下五个部分:

1. 工作内容

　　工作内容指确定工作的一般性质问题,包括工作种类、工作自主性、工作复杂性、工作难度和工作整体性。

2. 工作职责

工作职责指每项工作的基本要求和方法,包括工作责任、工作权限、工作方法、信息沟通方式以及协作要求。

3. 工作关系

工作关系指工作中所发生的人与人之间的关系,包括上下级之间的关系、同事之间关系、个体与群体之间的关系等。

4. 工作结果

工作结果指工作的成绩与效果的高低,包括工作绩效和工作者的反应。前者是工作任务完成所达到的数量、质量和效率等具体指标,后者是指工作者对工作的满意程度、出勤率和离职率等。

5. 工作结果的反馈

工作结果的反馈指任职者从工作本身所获得的直接反馈以及从上、下级或同事那里获得的对工作结果的间接反馈。

一个好的工作设计不仅可以减少单调重复性工作的不良效应,而且有利于建立整体性的工作系统。同时,它可以为充分发挥劳动者的主动性和创造性提供更多的机会和条件。

6.1.3　工作设计应考虑的因素

工作设计需要考虑三个方面的因素:

1. 组织因素

工作设计的一个重要目标是有效达到组织目标,因此它首先考虑的是组织的因素。组织因素包括专业化、工作流程及工作习惯。

(1)专业化。专业化就是按照所需工作时间最短、所需努力最少的原则分解工作,其结果是形成很小的工作循环。

(2)工作流程。工作流程主要是考虑在相互协作的工作团体中,需要考虑每个岗位负荷的均衡性问题,以便保证不出现所谓的"瓶颈"现象,不出现任何等待、停留的问题,确保工作的连续性。

(3)工作习惯。工作习惯是组织在长期工作实践中形成的传统工作方式,它反映工作群体的愿望。这种工作方式一旦形成,很难改变,而这也是企业文化的一个有机构成。因此,这是工作设计过程中往往不可忽视的制约因素。

2. 个人因素

工作设计不仅要考虑组织因素,还应当考虑个人因素。个人因素包括工作一体化、工作意义、工作多样性、工作自主性及工作反馈。

（1）工作一体化。某项工作的突出问题就是缺乏工作的一体化，员工不能参与某些完整的工作，他们几乎毫无责任感及缺少对成果的骄傲，在完成本职工作后无任何成就感。如果工作任务组成能够使职工感到自己做出了可以看得到的贡献，工作满意感将大大增加。

（2）工作意义。和工作一体化密切相关的是工作意义。做任何一种工作如果本身缺乏意义就不可能使执行者对工作产生满意感。工作意义就是使工作人员知道该项工作对于组织中或外部的其他人是重要的，让工作人员感到工作的重要意义。当他们知道其他人正依赖自己的工作时，就会增强自身工作的自豪感和成就感，这样，满意及较好的绩效就可以自然产生。

（3）工作多样性。工作时需使用不同的技巧和能力，如果缺乏多样性，就会导致疲劳厌烦，可能产生更多的失误。通过工作设计，考虑工作的多样性特征，就能减少疲劳引起的失误，从而减少效率降低的诱因。研究表明，工作轮换对于有效的工作会产生积极的作用，自主性以及多样性的运用是职工满意的主要原因。

（4）工作自主性。对从事的工作有责任，人们有自由对环境做出自己的反应，给予员工决策的权力，提供附加责任，可增强员工自尊以及受重视的感觉。换句话说，缺乏自主权可引起员工对工作的冷淡及低绩效。

（5）工作反馈。当工作不能给员工们其工作做得如何的反馈，那么就几乎没有引导和激励。例如让员工知道自己的产量与日定额相比如何时，就给了工作人员的反馈，并允许他们调整自己的努力。在这种情况下，就可以通过反馈改善激励状况。

3. 环境因素

环境因素是指组织运行的外在条件，它主要包括人力供求状况和社会期望两方面。

（1）人力供求状况。这是指在工作设计时要考虑到能否找到足够数量的合格人员。如亨利·福特设计汽车装配线时，考虑到当时大多数潜在劳动力缺乏汽车生产经验，因而把工作设计得比较简单。发展中国家往往在引进生产设备时，缺乏对人力资源的充分考虑，在花钱购买技术时没有考虑在某些关键工作上国内缺乏合格人才，所以事后又不得不从国外高薪聘请相应专家担任所需工作。

（2）社会期望。这是指人们希望通过工作满足什么需求。经济不发达的地区和阶段，劳动者主要追求的是满足基本的物质需要，可以接受较繁重的、枯燥的工作。随着经济发展和文化教育水平的提高，人们的需求层次提高了，对工作生活质量也有了较高的期望，如果单纯从工作效率、工作流程方面考虑经济效益就会引起劳动者的不满。因此，在工作设计时，也必须同时考虑人性方面的诸多要求和特点。

6.1.4　工作设计的要求

工作设计必须达到以下四点基本要求：

(1)全部工作的集合通过工作设计应能顺利地完成组织的总任务。即组织运行所需的每一项任务都应该落实到工作细则中去。

(2)全部工作所构成的责任体系应能保证组织总目标的实现。即组织运行所要达到的每一工作结果、组织内每一项资产的安全及有效运行都必须明确由哪个工作负责,不能出现责任空当的情况。

(3)工作分工应有助于发挥人的能力,提高组织效率。即工作设计要全面权衡经济原则和社会原则,找到一个最佳的结合点,并保证每个人有效地工作和积极性的发挥。如果工作负荷过低,会导致人、财、物的浪费;如果超负荷工作,又会影响员工的工作情绪,并给机器设备造成不必要的损害。

(4)工作设计应考虑现实的可能性。每个工作规定的任务、责任可以由当时资源条件决定,不能脱离资源约束来单独考虑组织的需要。

6.1.5　工作分析与工作设计的关系

工作分析与工作设计之间有着密切的关系。从理论上来讲,工作分析作为研究提取有关工作方面的信息,是建立在工作设计的基础上。但是,由于组织和工作随着功能、技术与活动的变化以及适应员工职业发展的拓宽和深化,往往需要对工作进行再设计。这样,工作分析又成为工作设计的前提。因此,一般来讲,工作分析是对现有职位的客观描述,工作分析的目的是明确所要完成的任务以及完成这些任务所需要的人的特点。而工作设计是对现有职位说明的认定、修改或对新设计职位的完整描述,它需要利用工作分析的信息。工作设计的目的是明确工作的内容和方法,明确能够满足技术上和组织上所要求的工作与员工的社会和个人方面所要求的工作之间的关系。因此,工作设计需要说明工作应该如何做才能既最大限度地提高组织的效率和劳动生产率,同时又能够最大限度地满足员工个人成长和增加个人福利的要求。

工作设计的前提是对工作要求、人员要求和个人能力的了解。工作设计的中心任务是要为企业人力资源管理提供依据,保证事得其人,人尽其才,人事相宜。工作分析的结果——工作说明书是以良好的工作设计为基础才能发挥其应有的作用,实现上述目标。因此,从工作分析的全过程来看,在工作调查以后,如果发现工作设计不合理,或存在严重缺陷时,应该加以改进,使工作描述和工作规范等人力资源文件建立在科学的工作设计的基础上。

6.2　工作设计的思想演变及其发展

6.2.1　纯理性的工作设计思想阶段

这种工作设计思想的基础是"职能专业化",即把工作者分到范围窄小的工作上。早在1776年,英国经济学家亚当·斯密在他的《国富论》中就曾对专业化有了详细的论述和评价:生产质量稳定,生产速度快,在专业狭窄的领域内工人的技术水平较高。此外,还有经济上的优点,简单的部分可由具有简单技术的低薪工人来生产,而复杂的部分工作设计理论可由具有高级技术的高薪工人来生产。这样高薪工人决不去完成其价值低于劳动力成本的工作。另外,学习一项新工作的时间将减少。因此,一个新工人只需学习一种(最多几种不同)工作项目。

尽管职能专业化的基本概念在18世纪末期便已建立起来,但是直到19世纪末20世纪初,系统的工作设计方法才由弗雷得里克·W·泰勒发展起来,并广泛应用于20世纪40年代,这一方法称为工业工程方法。工业工程方法主张的是工作专业化和简化的工作设计思想。在20世纪上半叶,在当时大规模的生产方式下,工业工程方法对提高生产效率确实起了重要作用,并受到了欢迎,但也有大量研究表明,工业工程方法也带来了许多负面后果。比如,工作专业化和简化使工作变得重复单调,造成员工厌恶工作,工作满意度下降;高度分工割断了工作任务之间的联系,破坏了工作的完整性,使员工对自己所承担的工作与企业生产过程整体之间的联系,乃至工作意义缺乏了解,从而工作主动性积极性不高;标准化和程序化的工作设计要求人服从技术。

6.2.2　人性化的工作设计思想阶段

如果将"关注人"和"关注工作效率"作为工作设计的两个因素的话,可以说,以梅奥为代表的人际关系学派则是一个重要的分界线,在20世纪四五十年代,人际关系理论对管理理论和实践生产了深远影响。自此,管理方式从重物转向重人,"参与管理"便是工作设计思想向人本化方向迈出的重大步骤,它标志着工作设计思想的一次根本性变革。人际关系学派的道格拉斯·麦克雷戈在他的《企业人事管理》(1960)一书中也同样谈到:无论管理者或理论家用什么特别的工具,一个管理的基本哲学——人性本身的真正内涵在于员工的参与。

此后,行为科学理论家弗雷德里克·赫茨伯格和他的同事于1996年又提出了著名的激励——保健理论,它将"参与管理"的思想进一步理论化、具体化。赫茨伯格认为,每一位员工都有心理成长的需求,心理成长取决于成就,而成就取决于工作。因此,要想激励员工以提高劳动生产率,必须重新设计工作。对此,他提出了工作丰富化的思想。所谓工作丰富化是指通过增加工作深度来使员工对工作拥有更多的自主权、独立性和责任感,从而让员工感到成就、赞赏、责任和进步。这种以人为本的工作设计思想对调动员工的积极性和主动性起了很大的促进作用。因此,在六七十年代,被发达国家的企业广泛实践。

为进一步使工作丰富化理论更加具体化、更加有利于实践,哈克曼和奥德姆于80年代提出了工作特征理论。图6-2概括了这种理论,这一理论模型说明:通过重新设计工作,从而增加工作的多样性、完整性、重要性、自主性和反馈性,进而使员工的心理状态得到改善,如:员工能够体验到所从事的工作很有意义;对工作更加负责任;更能及时知道努力工作的结果。在这种心理状态下,员工的内在工作动机被高度激发出来,表现出更优秀的工作绩效,对工作更加的满意,以及保持较低的缺勤率和离职率。但是,实施这一模型有一前提条件:只有当员工具有足够的知识和技能,又有强烈的成长欲望,同时对企业内部环境满意时,才会体验到上述心理状态,产生激励效应和促进员工工作的满意感。

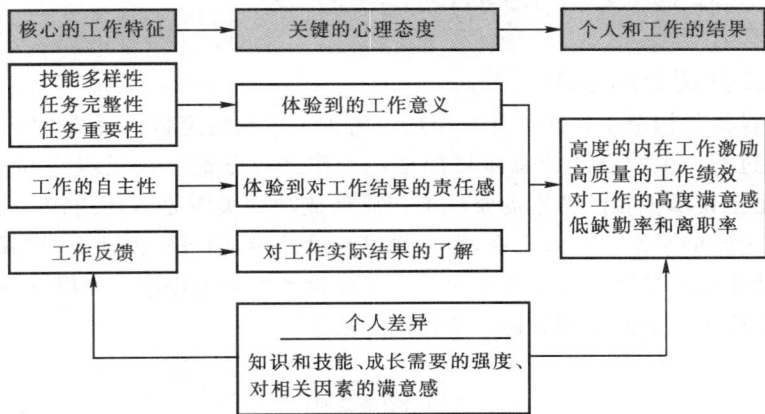

图6-2 哈克曼和奥德姆的工作特征模型

6.2.3 整合的工作设计思想阶段

随着科学技术的发展,一方面企业的生产技术更加机械化、自动化,另一方面劳动者的文化技术水平和对生活质量的要求有了很大的提高。企业要适应这种变化,就不应该如以前那样单纯从人性、心理的角度去考虑工作设计,而应该从工作和经济的需求出发,同时考虑到人性和心理方面的需求。而高度的生产效率与高度的人性满足又是很难同时实现的,因此,在高度竞争、提倡人性化的社会中,工作设计的最佳、最可行的选择只能是在技术系统(生产效率)与社会系统(人性需求)之间寻求一种适度的平衡点,使社会系统和技术系统有效地整合起来。这种综合优化的工作设计思想表现在：

（1）在设计厂房、工艺和安装设备时，要考虑到把技术系统和社会系统、工作任务与人的需求结合起来，把技术系统设计得有利于人的身心健康，以及有利于发挥人的创造性。

（2）设计或重新设计工作内容时，按工作特征理论来构造个人及群体的任务，使工作本身起到激发员工主动性和积极性的作用。

（3）选择工作组织（设计成自律性工作班组），使之既有利于提高工作的效率，又有利于满足人的心理需求。

可以看出，社会—技术系统理论提倡的工作设计不仅限于工作内容，还涉及工作组织、工作环境以及生产技术。这是一个整体的工作体系设计思想。可以说，社会—技术系统理论是现代企业一种较系统的、理想的工作设计思想。在 20 世纪 80 年代以后，这种思想一直被工业发达国家广泛接受和推广。

6.3　工作设计的程序与方法

6.3.1　工作设计的程序

工作设计是构造工作和设计一个或一组为了达到特定目标所要进行的具体工作活动的过程。工作设计的总体目标是对工作进行分配以满足组织和技术的需要，并满足工作承担者的特定需要。工作设计成功的关键是求得组织和工作承担者的需要之间的平衡。一般来说，对工作进行设计涉及对谁、做什么、在哪里、什么时候、为什么和怎样完成工作作出决策。工作设计的基本程序分为以下三个步骤，如图 6-3 所示。下面分别对这一步骤进行阐述。

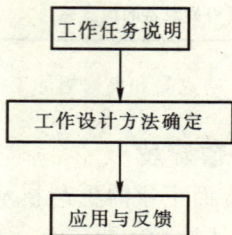

```
┌──────────────┐
│  工作任务说明  │
└──────────────┘
        │
        ↓
┌──────────────┐
│ 工作设计方法确定 │
└──────────────┘
        │
        ↓
┌──────────────┐
│  应用与反馈   │
└──────────────┘
```

图 6-3　工作设计程序

1. 工作任务的说明

为了有效地进行工作设计，一个人必须全面地了解工作的当前状态（通过工作分析来了解）以及它在范围更广的工作单位内部的整个工作流程中的位置（通过工作流程分析来把握）。即必须完成什么不同的任务，完成这项任务的流程是什么，它涉及人的生理和心理有哪些方面，等等。为此，必须对工作任务进行研究，从而寻找到他们共同的指标因素。一般地说，任何工作可以用 5 个核心任务维度来描述。这 5 个维度是：技能多样性、任务同一性、任务重要性、工作自主性以及工作反馈。通过这 5 个维度，可以使工作任务分解成不同的维度，从而确定要完成的任务具备什么样的维度。

2. 工作设计方法的确定

在了解了工作特性后，就要确定使用何种工作设计方法。只要获得了工作单位以及工作本身所需要完成的任务这方面的详细知识，管理者就可以选择多种方式来对工作进行设计。关于工作设计的方法将在后面进行阐述。

3. 应用与反馈阶段

即把个别任务合并成具体工作以分配给个人。根据所确定的工作设计方法设计出来的工作流程，再放回到组织中进行实验，根据实验结果，再反馈到设计委员会，由他们进行更正、修补，再由组织高层领导者进行推广。

6.3.2　工作设计的方法

在工作设计过程中，一般有四种基本的方法：激励型工作设计法、机械型工作设计法、生物型工作计法和知觉型工作设计法。每种方法各有利弊，管理者在工作设计时需要权衡各种方法的利弊，合理选择和灵活使用恰当的工作设计方法。

1. 激励型工作设计法

激励型工作设计方法在组织心理学和管理学文献中可以找到其深厚的理论基础。它所强调的是可能会对工作承担者的心理价值以及激励潜力产生影响的那些工作特征，并且它把满意度、内在激励、工作参与以及像出勤、绩效等这样的行为变量看成是工作设计的最重要结果。激励型的工作设计方法所提出的设计方案往往强调通过工作扩大化、工作丰富化等方式来使员工的工作变得复杂，从而减少单调重复性。它同时还强调要围绕社会技术系统来进行工作的构建。与此相对应，一项对 213 种不同工作所进行的研究发现，工作的激励特征与这些工作对工作承担者的智力要求是正相关的。

激励法的理论来源之一是赫茨伯格的双因素理论。这种理论指出，相对于薪酬这些工作的外部特征（外部报酬）而言，个人在更大的程度上是受到像工作内容的有意义性这类内部工作特征（内部报酬）激励的。赫茨伯格指出，激励员工的关键并不在于金钱刺激，而是在于通过对工作进行重新设计来使工作变得更有意义。

关于工作设计如何影响员工反应的一个比较完整的模型是"工作特征模型"。根据这种模型，可以根据以下五个方面的特征来对工作进行描述，即从技能多样性、任务同一性、任务重要性、自主性和反馈五个方面来对工作进行描述。

这五种工作特征通过影响三种关键的心理状态，即"经验性意义"、"责任"以及"对结果的认识"来决定工作的激励潜能。根据这一模型，当核心工作特征（即关键的心理状态）非常强时，个人就会受到较高水平的内在工作激励。而这种状态会带来较高的工作数量和质量，同时也会带来较高水平的工作满意度。

强调激励的工作设计方法通常倾向于强调提高工作的激励潜力。工作扩大化（增加所需完成工作的类型）、工作丰富化（增加工作的决策权）以及自我管理工作团队等管理实践都是激励型的工作设计方法在现实中的运用。如服装厂的工人的工作不仅像原来那样要做为服装订上商标的工作，还要负责检查服装的尺码是否准确，接缝处的针脚是否匀称，然后再为服装订上纽扣和商标。尽管针对这些工作设计方法所进行的大多数研究都表明它们提高了员工的满意度和绩效质量，但是它们却并非总是能够带来绩效数量的增加。

2. 机械型工作设计法

机械型工作设计是扎根于古典工业工程学之中的。机械型工作设计方法强调要找到一种能够使得效率达到最大化的最简单方式来构建。在大多数情况下，这通常包括降低工作的复杂程度从而提高人的效率，也就是说，让工作变得尽量简单，从而使任何人只要经过快速培训就能够很容易地完成它。这种方法强调按照任务专门化、技能简单化以及重复性的基本思路来进行工作设计。

科学管理是一种出现最早同时也最为有名的机械型工作设计方法理论。这种方法强调，只要在工作设计的过程中采用科学的方法，就能够使生产率达到最大化。科学管理首先要做的是找出完成工作的"一种最好方法"。这通常需要进行时间—动作研究，从而找到工人在工作时所可以采用的最有效运动方式。一旦找到完成工作的最有效方式，就应当根据潜在工人完成工作的能力来对他们进行甄选，同时按照完成工作的这种"最优方式"的标准来对工人进行培训，最后，还需要对工人提供金钱刺激，从而激励他们在工作中发挥出自己的最大能力。机械型工作设计方法在随后的若干年中得到进一步的确立，这导致一种机械型的工作设计。这种工作设计方法要求将工作设计得越简单越好，从而使得工作本身不再具有任务显著的意义。如果按照这种方法来进行工作设计，组织就能够减少它所需要的能力水平较高的员工数量，从而减少组织对单个员工的依赖。一个人是很容易被替代的——也即是说，新员工经过快速而低费用的培训就能够胜任工作了。如汽车装配线上的工人。

机械型工作设计方法的缺陷就是忽略了人的存在，它把人作为机器的附属品，从而使人性淹没在机器的隆隆声中。虽然如此,但它的产生无疑提高了生产效率,尤其在工业时代,创造了一定的生产效益。

3. 生物型工作设计法

生物型工作设计法的理论主要来源于生理机械学(也就是对身体运动进行研究的科学)、工作心理学、职业医学,它们通常被称为人类工程学。人类工程学所关注的是个体心理特征与物理工作环境之间的交互界面。因此,生物型工作设计的目标是:以个体工作的方式为中心来对物理工作环境进行结构性安排,从而将员工的身体紧张程度降低到最小。因此,它对身体疲劳度、痛苦以及健康抱怨等方面的问题十分关注。

生物型工作设计已经被运用到了对体力要求比较高的工作进行再设计时所采用的那些手段之中,这种工作再设计的目的通常是降低某些工作的体力要求,从而使得每个人都能够去完成它们。此外,许多生物型设计法还强调,对机器和技术也要进行再设计,比如调整计算机键盘的高度来最大限度地减少职业病(比如腕部血管综合症)。对于许多办公室工作来说,座椅和桌子的设计符合人体工作姿势的需要也是非常重要的,这也正是生物型方法运用到工作设计之中的另一个例子。综上所述,生物型工作设计法有助于人的积极性的充分发展,因为它把人放在舒适的位置上。另外让员工参与一项生物型工作再设计计划的结果导致累积性精神紊乱发生的次数和严重程度、损失的生产时间以及受到限制的工作日数量都出现了下降。但是生物型工作设计法在具有上述优点的同时,不可避免地降低了生产的标准,从而减少了总体产量。

4. 知觉型工作设计法

知觉型工作设计法的理论来源主要是社会学、心理学等学科。它是在人性的基础上,对工作进行设计。生物型工作设计法所注重的是人的身体能力和身体局限,而知觉型工作设计法所注重的则是人类的心理能力和心理局限。这种工作设计法的目标是,在设计工作的时候,通过采取一定的方法来确保工作的要求不会超过人的心理能力和心理界限之外。这种方法通常通过降低工作对信息加工的要求来改善工作的可靠性、安全性以及使用者的反应性。在进行工作设计的时候,工作设计者首先看一看能力最差的工人所能够达到的能力水平,然后再按照使具有这种能力水平的人也能够完成的方式来确定工作的要求。与机械型的工作设计方法类似,这种方法一般也能起到降低工作的认知要求这样一种效果。

在对所有的工作进行设计的时候,管理者们都必须认识到信息加工的要求,并且确保所有这些要求不会超过有可能执行这类工作的全部员工中能力最差者的界限之外。像航空管制人员、石油冶炼操作工以及质量控制监督员这类工作都需要进行大量的信息加工工作。针对这类人员,就要充分考虑他们在信息加工方面的最低要求,以确保员工胜任这份工作。而对于另外的工作,如许多事务性的工作和流水线上的工作,它们需要很少的信息加工,相应地,就应降低他们胜任这份工作所需的信息加工能力。总之,知觉型工作设计方法可以降低差错率,减少工作压力,使员工在一种愉悦的心态下工作,但是它却形成一种低工作满意度,从而形成较低的激励性。

6.3.3　工作设计方法的比较

一系列研究和实验表明,这四种工作设计方法并不总是见效的,即这四种方法各有利弊。许多研究者都提出应当运用激励法来进行工作设计,从而使得工作变得越来越具有心理上的意义。表6-1对不同工作设计的优缺点进行了总结。

表6-1　不同工作设计方法优缺点比较

方法比较	激励型方法	机械型方法	生物型方法	知觉型方法
优点	高工作满意度 高激励性 高工作参与度 高工作绩效 低缺勤率	更少的培训时间 更高的利用率 更低的差错率 精神压力较小	更少的体力付出 更低身体疲劳度 更少的健康抱怨 低医疗事故率 低缺勤率 高工作满意度	低的差错率 低事故率 精神压力小 更少培训时间 高的利用率
缺点	更多培训时间 更低的利用率 高错误率 精神压力较大	低工作满意度 低激励性 高缺勤率	高财务成本 低要求	低工作满意度 低激励性

有关研究表明,员工对于那些在激励型工作设计法中得分较高的工作表达出较高程度的满意水平。此外,那些在生物型工作设计法中得分较高的往往是员工认为体力要求较低的那些工作。最后,激励型工作设计法和机械型工作设计法是负相关的,这表明,以实现效率最大化为目的来设计工作很可能会导致工作中所包括的激励成分较少。

另外,扩大事务性工作的内容导致员工的满意度更高、厌烦情绪降低,发现错误的能力提高以及向客户提供的服务水平更好。然而,这些内容被扩大了工作也带来了一定的成本,比如更高的培训要求、更高的基本技能要求以及建立在职位评价要素基础之上的薪酬要求的提高。同样,在工作的激励价值和完成工作的效率之间也存在一定的替代关系。

　　最后,不同的工作设计方法与薪酬之间的关系也不同。基于职位评价(确定职位对于组织的价值的过程)能够将工作设计与市场力量联系在一起这样一个基本假设,人们发现各种设计方法与职位评价结果以及薪酬之间的关系也有所不同。那些在激励型工作设计法中得分较高的职位通常也有着较高的职位评分得分——它表明这些职位有着较高的技能要求——以及更高的薪酬水平。而在机械型工作设计法和知觉型工作设计法中得分很高的职位往往只有很低的技能要求,从而也只能获得相应的较低工资率。最后,在生物型工作设计法中得分较高的职位对于体力要求比较低,但是它同工资率之间的相关关系比较弱。因此,得出下列结论似乎是合理的,以提高激励潜力为目的而进行的工作再设计会导致企业在能力要求、培训以及薪酬等方面不得不承担更高的成本。

　　总之,在进行工作设计的时候,理解仅仅使用一种工作设计方法可能产生的内在优缺点是非常重要的。管理者如果希望按照某种能够使得员工和组织的各种积极结果都达到最大化的方式来进行工作设计,他们就需要对这些不同的工作设计方法都有充分的认识,理解与每一种方法相联系的成本和收益,在它们之间进行适当的平衡,从而为组织谋取一种竞争优势。

阅读资料 6-1

　　在工作设计中,必须以员工为核心,不能以工作为核心。下面举一个例子予以说明。

　　陈丽军是国内某飞机制造公司一名十分优秀的工人。他在公司已经工作多年,技术娴熟,他的产量是整个车间最高的,差错率也最低,因此他的工资为 20 元/小时(该工种的平均工资水平为 15 元/小时),也是干同样工作的员工中最高的。但是大家万万没有想到,他居然提出辞职了。

　　当朋友问到他辞职的原因时,他说:"我现在每天都在做同样的事情,太没有意思了。当机身从生产线上下来之后,我们就围着它,用 4 个螺栓将它们固定起来,用扳手将螺丝拧紧,然后再拧紧下一个螺丝,接着再拧下一个。就这样,一个小时我可以拧 25 个螺丝。一天 8 个小时周而复始。这样的工作我已经做了两年了,如果再这样做下去,我想我会得病的。"

　　两个月以后,一位朋友在一家汽车修理厂里见到了陈丽军,他现在的工资是 15 元/小时。朋友问他:"你现在的工资还不如原来的高,为什么要从事这项工作呢?"陈丽军说:"我觉得现在的工作更有意思,因为每辆汽车的故障往往都是不同的,我必须设法找出故障所在;并且要用各种不同的方法来处理它们,我觉得很有挑战性。我现在工作的时候很有乐趣,觉得一天的时间很快就过去了。"

　　从上例中,我们至少可以看出几个问题:

　　(1)有些工作比另外一些工作更有趣,更有挑战性、更能激发人的兴趣;

　　(2)有些人不喜欢单调的工作,却喜欢更丰富的工作;

　　(3)薪酬的高低并不是人们选择工作的唯一标准。

　　组织行为学的研究专家们注意到了这些问题,他们试图鉴别出工作内容的特性,并且确认这些特性是如何组合在一起形成各种职位的,同时他们还要找出工作任务的特性与员工激励、员工满意度、员工绩效之间的关系。

——资料来源:华贸通咨询编著:《现代企业人力资源解决方案》,中国物资出版社,2003 年。

6.4　工作再设计

　　工作再设计是工作设计的一个重要组成部分。工作设计的中心任务是要为企业人力资源管理提供依据,保证事得其人,人尽其才,人事相宜。如果我们发现原有工作设计不合理,或存在严重缺陷时,就应该加以改进或再设计。因此,如何按照现代工作设计的思路,重新审视工作本身,对原有工作设计的不足之处进行再设计已成为工作设计的一个重要课题。

6.4.1　工作再设计的涵义及其意义

1. 工作再设计的涵义

　　工作再设计是指重新设计员工的工作职责、内容、方式等,以提高员工的工作绩效。它通常以员工为中心,让员工参加工作的设计过程,员工可以提出对自己工作改进的意见、建议,参与编制工作再设计的具体内容。这样做,一方面员工的工作得到组织的认可,增加了员工工作中的满意度,激发了员工的工作动机;另一方面工作设计从员工中来,设计的内容更加符合实际情况,有利于工作的顺利实施,共同推进了组织生产的高效和产出的最大化。

2. 工作再设计的意义

（1）企业的发展从最初的手工作坊到农场主，进而过渡到大工业生产，并由此导致了流水线作业。"科学管理之父"泰勒根据流水线作业生产线，对工作进行了规范化设计。其特点是：流水线作业的节拍决定工人的工作速度；工作是简单重复的；对工人的技术要求低，每一个工人只完成很小的一个工序；工人被固定在流水线上的某一个岗位，限制了工人之间的社会交往；由管理部门决定工作和工作方法，工人只能服从。这种工作设计虽然可以最大限度地提高员工的操作效率，降低成本，便于生产控制，但它只注重效率的提高和工作任务的完成，而不考虑员工对这种方法的反应。这种只是反复从事几个简单动作，把员工看成没有感情的机器设备的附属物，这与"以人为本"的现代人力资源管理是不相适应的。

（2）工作再设计更合乎伦理性、人性化的人本管理理念。以员工为中心的工作再设计充分体现了以人为本、人和至善、员工就是工作伙伴、员工就是家庭成员以及人性化的人本管理理念。它让工作者更多地参与进去，而不是技术人员、管理人员高高在上。良好的工作再设计直接影响员工的工作表现，可以减少辞职，便于留住人才，降低劳动成本，对缺勤、怠工现象有较好的改进作用，同时又注重了员工的工作满足感。赫兹伯格的双因素理论表明：员工对工作本身的内部因素日益重视，只有让员工满意，激发起工作动机，才能实现顾客的满意。

（3）工作再设计是组织发展的需要。企业组织有一项基本原则，即人事与组织相互协调原则。要求人事为组织服务，组织应考虑人事基础。所以，工作再设计首先应当考虑任务要求及组织效率要求，并在任务的专门化及固定化与人们熟练工作的基础上，重新定位人的作用，且兼顾员工个人需求，使工作更具有兴趣和挑战性。在社会日新月异，经济全球一体化的趋势下，人们更加崇尚发展个性，做自己喜爱的或具有挑战性的工作；公司也希望员工能充分发挥自己的创造性，以团队协作的精神完成任务，这也需要对已有的工作进行改进。

（4）在网络化、全球一体化、知识化的信息时代，组织的生产方式会最终向团队生产过渡。数名知识技能互补、彼此承诺协作完成某一共同目标的员工组成工作团队，它与由管理者控制的普通群体不同。工作团队拥有较大自主权，各个成员在这一群体中充分发挥自己的才能，工作绩效既依赖于个体的贡献，也依赖于集体的协作成果。信息时代的员工更需要能够发展个性，完善自我，不受约束的工作环境，而传统的工作设计的种种弊端最终会带来员工的工作厌恶情绪，引起旷工、辞职等，造成经济上的损失和员工身心健康水平的下降，不利于员工工作动机的激发。

6.4.2　工作再设计的方法

工作再设计的方法主要有以下几种：

1. 综合模式（integrated model）

综合模式的特点是着重要求企业管理人员必须分析和评价在工作设计、规划发展和贯彻过程中许多环境变量可能产生的影响（参见图 6-4）。管理者必须意识到并且承认工作的重新设计是在整个环境中，即是一个企业内进行的，而不是孤立生产的。在主要设计工作开始前，对来自其他组织系统的影响和对其他组织系统产生的影响，都要仔细地判断和衡量。我们知道，有效的工作设计对员工的满意度、积极性、责任感、出勤率和工作业绩影响很大。但是不切实际的滥用职务设计方法或者修改工作计划，一般来说，必然会导致失败和各方的不满。最重要的是对问题最有针对性的方法才能最有效地解决问题，而不要随波逐流，换句话说，不要仅仅因为其他人都使用这种方法，自己也去使用。

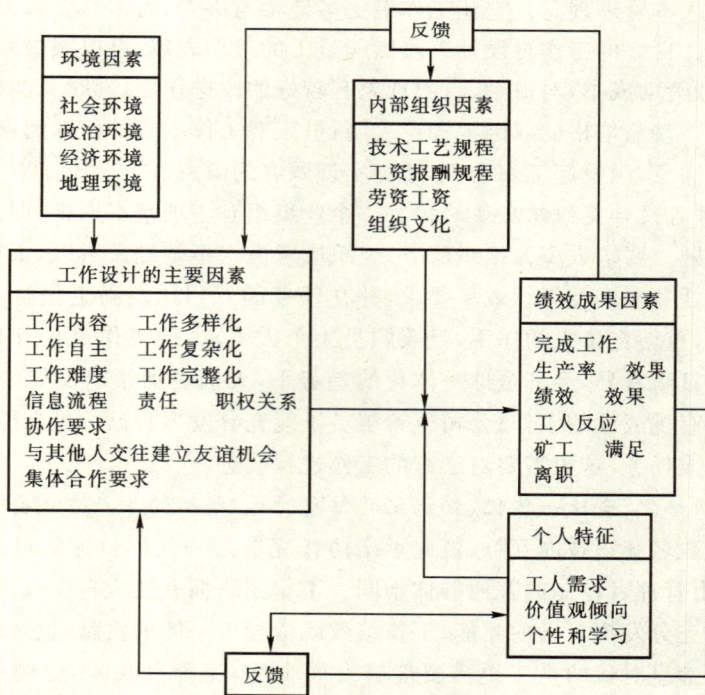

图 6-4　工作设计的综合模式

2. 工作轮换(job rotation)

工作轮换指在工作流程不受较大影响的前提下,让员工从执行一项任务转移到执行另一项任务,进而创造"一专多能"的有利条件。工作轮换尽量使员工发挥多种才能,尝试新的工作职责,获取新的工作经验,这将有助于员工适应能力的培养,同时也为员工提供了一个全面观察和了解工作全过程的机会,有助于工作动机的激发,并能消除长期从事某一项工作的厌恶感。特别是若轮换的工作难度较大,则使其工作更具挑战性。对管理人员进行的工作轮换则是一种学习、培训过程,增加对企业的全面了解,更好地协调人际关系,为以后晋升做好准备。值得注意的是,若员工不具备完成新任务的技能与知识,工作轮换很难产生预期绩效。

3. 工作扩大化(job enlargement)

工作扩大化指通过增加工作内容,使员工的工作变化增加,要求更多的知识与技能,从而提高员工工作兴趣。其特点是横向扩大工作水平与工作条件相似的工作范围,使员工的工作内容多样化,每个员工不仅在每道工序工作,而且还要参加相似的、邻近的、前道或后道工序的工作。工作扩大化在一定程度上降低了工作的单调感,增强了员工的工作技能,加大了工作责任感,提高了员工的工作满意度。不过,如果让员工长期处于这种状态或者不增加相应的经济报酬,员工会感到吃亏,这将极大减弱工作扩大化的效果。

4. 工作丰富化(job enrichment)

工作丰富化指增大员工计划、组织、控制与评估自己工作的自主性与责任感。与工作扩大化主要是改变员工的工作内容和职责不同,工作丰富化主要是改变员工完成工作任务的方式。工作丰富化让员工拥有确定工作方法、进度、报酬等的自主权,本质是把部分或全部传统的管理权授予员工。工作丰富化的核心是体现激励因素的作用,它包括以下几个方面:

(1)增加员工责任。不仅要增加员工生产的责任,还要增加其控制产品质量,保持生产的计划性、连续性及节奏性的责任,使其感到自己有责任完成一件完整的工作。同时增加员工责任意味着降低管理控制程度,实行自我管理,自己控制代替外界控制。

(2)团队建设与工作自主。赋予员工一定的工作自主权和自由度,发挥团队作用,强化团队目标而淡化个人责任制或岗位责任制,给员工充分表现自己的机会,使员工认识到其工作的意义。

(3)反馈。将有关员工工作绩效的数据及时反馈给员工,使他们看到自己的劳动成果,了解个人的工作绩效是形成工作满足感的重要因素。

(4)考核。应根据团队或小组成员实现工作目标的程度而给予相应的报酬与奖励,使员工感受到赏识和承认,并认识到集体的力量。

(5)培训。要为员工提供学习的机会,以满足员工进步、成长和发展的需要。

(6)成就。通过提高员工的责任性和决策的自主权,进一步突出团队与小组的作用,并使其中每一个成员都能提高其工作的成就感。

5. 弹性工作时间(flextime)

弹性工作时间指允许员工自由选择工作时间的工作日程安排。除每天中间的核心工作时间务必工作外,员工可自由决定何时上班。研究表明,弹性工作既可提高 10％的生产率,又可增加员工的满意水平。

6. 工作分担(job sharing)

工作分担指两人或两人以上共同承担一项工作。它能使组织的一个职位利用多个人的才能,同时也增加了员工的灵活性。如 A 上午工作,B 下午工作;或 A 周一、周二、周三工作,B 周四、周五工作等。但要注意,工作分担计划要求做好分担者的沟通、协调工作。

7. 压缩工作周(compressed workweek)

压缩工作周也就是减少每周工作的人数。一些企业可采取每周工作四天,每人工作 10 小时,休息 3 天的办法。压缩工作周既增加了员工从事休闲、学习、旅游等活动的时间,又有利于提高员工的工作热情。

8. 在家办公(telecommunicating)

员工在家工作,有关的信息传递与业务往来均通过信息技术,如计算机、手机等,这样既节省了物业费用,又使员工不再因上班、下班而疲于奔波。在家办公主要适应于工作的地方离住处较远,或该企业的先进的通信技术较发达。

此外,工作满负荷以及优化工作环境也是消除不满、激发干劲的有效途径。工作满负荷是指每个员工的工作量都应当饱满,工作时间应得到充分利用。优化工作环境是力求改善工作环境中的各种因素,如工作地、办公室的安排以及照明和色彩等因素,使之适合于员工的生理和心理状态,建立起人——机——环境的最优系统。

应该指出的是,不论是工作扩大化、工作丰富化,还是工作轮换等都不应看做是解决员工不满的灵丹妙药,必须在人员安排、劳动报酬及其他管理策略方面进行系统考虑,以便使企业需要与员工个人需要获得最佳结合,从而最大限度地激发员工的积极性,达到企业目标。由此可见,工作的再设计,是推进企业生产发展的要求,是保证企业经济效益稳定提高的重要手段。衡量工作设计好坏,重要的是考核员工工作完成好坏,以及员工对工作的反应。

6.5　工作设计的新思路———柔性工作设计

　　传统的工作设计比较偏重于其形式的规范性、刚性,偏重于考虑由上至下的管理者管理的需要,而忽视了工作设计应有的灵活性、柔性,忽视了由下至上的员工的发展需要。因而传统的工作设计是片面的、形而上学的,是非科学的,必须加以变革,而柔性工作设计正是适应这种变革需要的一种新思路。

6.5.1　传统工作设计及其缺陷

1. 传统工作设计的特征

　　传统的工作设计一般呈倒 Y 型(见图 6-5),因企业性质不同,规模不同,各企业工作设计的具体形式不拘一格,千变万化。但从千变万化的具体表现形式中,可以概括出传统工作设计具有以下几个特征:

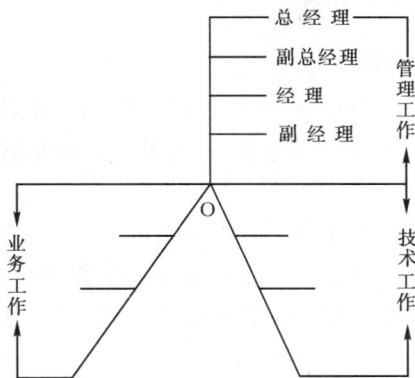

图 6-5　传统工作设计的一般特征

　　(1)工作主要分为管理工作和员工工作两种;
　　(2)管理工作非常有限,一般由正(副)部门经理工作、正(副)总经理工作等组成;
　　(3)员工工作相对较多,主要由业务工作和技术工作组成,业务工作和技术工作又分为不同层次;
　　(4)员工工作向上的发展趋势只有竞争有限的管理工作;
　　(5)管理工作发展和变化空间有限,且一般是能上不能下;
　　(6)企业内部薪酬分配制度以工作层次的划分为基础。

2. 传统工作设计的缺陷

传统工作设计的缺陷主要有以下两方面:

(1)管理工作的变化呈刚性。管理工作变化空间太小,其变化要么垂直向上,但管理工作非常有限;要么直线向下,沦为普通员工。在我国企业,特别是在国有企业中,往往是能上不能下,沦为普通员工的可能性太小,所以管理工作往往表现为停留不前,缺乏活力。这种刚性特征使管理层新陈代谢不畅,同时也抑制了优秀员工进入管理工作。

(2)员工工作的发展呈刚性。企业中的工作往往表现为员工工作较多,而管理工作有限。传统工作设计中员工工作发展的唯一期望就是进入管理工作,否则就只有长期沦落为普通员工。但由于管理工作的刚性及有限性特征,使得普通工作的员工对未来通过努力进入管理工作的期望减弱,从而大大挫伤和遏制了普通员工的工作积极性和主动性。

6.5.2　柔性工作设计及优越性

1. 柔性工作设计的特征

柔性工作设计呈 X 型(见图 6-6),它是以传统工作设计为基础的,是对传统工作设计的扬弃。柔性工作设计在实践中可采取多种形式,但从中也可概括出以下几个特征:

(1)所有工作由管理工作和员工工作组成;

(2)管理工作由两部分组成。一部分是传统工作设计中的以部门为管理对象的管理工作(以下称为管理工作1),亦即行政管理工作,其工作是有限的;另一部

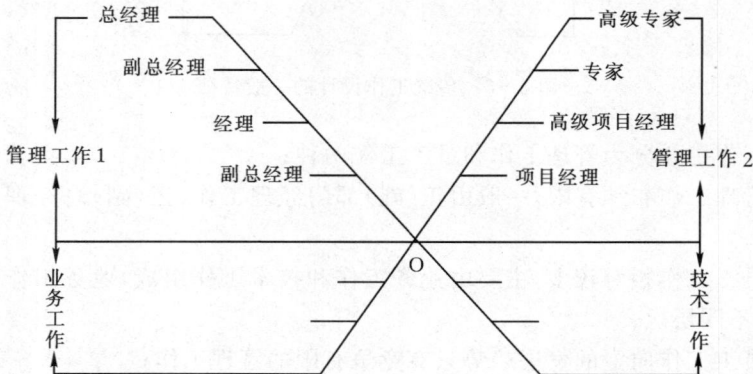

图 6-6　柔性工作设计的一般特征

分是在传统工作设计中的管理工作的基础上增加的,主要以"项目"、"业务"为管理对象的管理工作(以下称为管理工作 2)。此种管理工作不是部门领导也不是组织领导。这种新增的管理工作,其工作在理论上是无限的,只要符合考核要求即可设岗定编。

(3)管理工作 1 主要分为正(副)部门经理,正(副)总经理等;管理工作 2 也分多个层次(比如项目经理、高级项目经理、专家、高级专家等),并与管理工作 1 的层次划分相对应。

(4)在薪酬分配制度上,管理工作 1 与管理工作 2 坚持同层次同待遇的原则。

(5)以"O"为枢纽点,管理工作 1 员工可以横向流动到管理工作 2 上去,管理工作 2 的员工也可以横向流动到管理工作 1 上去;员工工作的员工可垂直攀升到管理工作 1 上去,也可垂直攀升到管理工作 2 上去。

从柔性工作设计的基本特征可以看出,其与传统工作设计的最大区别与创新,在于通过增设管理工作 2 而克服了传统工作设计中管理工作和员工工作的发展和变化刚性,增添了发展和变化空间的柔性。

2. 柔性工作设计的优越性

(1)在遵循一定规则的前提下,各工作能纵横有序地快捷流动,这不仅能使整个企业组织充满活力与生机,而且也能增加企业组织对外界的适应力、应变力,从而提高企业组织的市场竞争力。以"O"为枢纽点,各工作能纵向、横向方便快捷地流动,而流动的驱动力一方面来自于内部竞争力,另一方面来自于外部竞争的需要。内部竞争促使组织体内循环、流动,表现为组织各成员的有序位移;外部竞争迫使企业与组织外界发生交换,表现为引进适应外部竞争需要的人才,促使组织体内新陈代谢,从而增加整个组织对外界的适应力、应变力,提高市场竞争力。

(2)管理工作流动空间增大,管理工作 1 可流向管理工作 2,管理工作 2 可流向管理工作 1,从而能保证领导层进行必要而及时的新陈代谢,又能兼顾管理人员的个人发展偏好。通过设计管理工作 2,使管理工作 1 上的管理者能上能下,横向流动,这样为员工岗人员进入管理岗提供了上升空间,从而保证了领导层及时的新陈代谢,以保证领导层旺盛的生命力。同时,处于管理工作 1 上的管理人员可能不愿意自己缠身于繁杂的行政管理工作岗位而退出管理工作 1,进入管理工作 2,从事适合自己或自己喜爱的专业技术或专业业务工作,从而兼顾了管理者的发展方向与偏好。

(3)员工工作向上攀升空间无限扩大,提高了员工的工作积极性与主动性,同时也自动建立起一个企业内部的竞争机制。员工工作积极性与主动性的提高,其动力来自于有效的激励,激励力的大小决定动力的大小,决定员工的积极性与主动性提高的程度。期望理论揭示:激励力=期望值×效价,在这里,期望值就是员工通过努力得到攀升的预期值；效价就是员工通过努力得到的对自己的有用性提升。由于员工工作（包括业务岗和技术岗）通过努力工作可以上升到管理工作 1，也可以上升到管理工作 2，且管理工作 2 提供的岗位空间在理论上是无限的。所以，在柔性工作设计下，员工工作的员工上升期望值是很大的；由于管理工作 2 与管理工作 1 遵循同层次同待遇的原则，所以获得提升的效价也是很高的。这样，在柔性工作设计下，员工所获得的激励力远大于刚性工作设计下所获得的激励力，员工的工作积极性和主动性远高于刚性工作设计下员工的工作积极性和主动性。同时，由于员工所付出的努力都能得到企业的承认，从而在企业内部能自动形成良好的竞争机制。

（4）有利于引进优秀人才，留住优秀人才。在柔性工作设计下，一方面，人才的努力能得到应有的承认与回报；另一方面，人才也能在企业内部很灵活地找到适合自己或自己喜爱的岗位。这种机制保证了企业所需人才的及时引进，同时也减少了人才的外流。

阅读资料 6-2

广东省电信公司信息业务部的柔性工作设计

　　广东省电信公司信息业务部的前身是广东省数据通信局，原是省电信公司的一个直属单位，主要职能是数据通信维护。随着体制改革，电信市场竞争日益激烈，省电信公司成立信息业务部，由省数据通信局执行其职能，主要职责是：数据业务市场开拓，属于省公司的一个职能部门，与省公司市场部并列。

　　其岗位设计总体呈 X 型，如图 6-7 所示。AO 段属于行政管理工作（管理工作 1），设部门副经理、部门经理、副总经理（副局）、总经理（正局）四个层次；BO 段为管理工作 2，设项目（业务）经理、项目（业务）高级经理、专家、高级专家四级；CO 段为业务工作，设业务员、业务主办、业务主管三级；DO 段为技术工作，设技术员、技术主办、技术主管三级。

　　工作设计说明：

　　（1）各岗位由人力资源部根据员工条件及工作业绩进行聘用。

　　（2）AD，BC 为枢纽线，各岗位在遵循一定条件后可任意流动。

　　（3）管理工作 2 分为四级，只要符合条件，每一层级上可无限聘用。

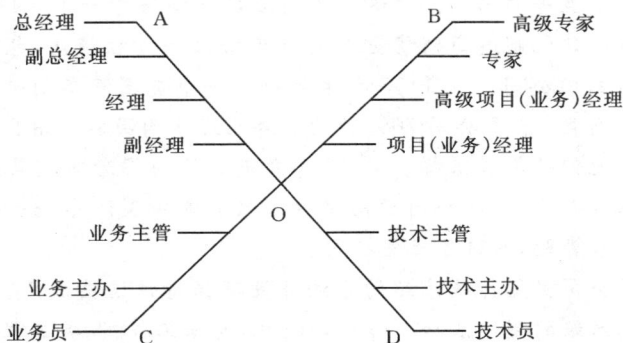

图 6-7　广东省电信公司信息业务部的柔性工作设计

（4）项目（业务）主管享受副经理待遇，高级项目（业务）经理享受经理级待遇，专家级享受副总经理（副局）级待遇，高级专家享受总经理（正局）级待遇。

（5）薪酬分配制度以岗位级次为基础。

——资料来源：王玺主编，《职位分析与职位评价实务》，中国纺织出版社，2004 年。

本章思考题

1. 工作设计的含义是什么？

2. 工作设计与工作分析有什么区别？

3. 工作设计应考虑哪些因素？

4. 工作设计的思想发展有哪几个阶段？

5. 工作设计的方法有哪几种类型？

6. 工作再设计的目的与方法是什么？

7. 传统工作设计的弊端是什么？

8. 柔性工作设计的优点是什么？

案例分析

工作设计——土星公司的风格

行业专家认为，土星公司作为通用汽车公司的子公司，对汽车市场已经产生了显著的影响。对这一事实应该仔细思考一下。1991 年,土星公司要比其他制造商销售更多的汽车给每一位经销商,包括前两年的领头羊本田公司。这是 15 年来第一次一个美国汽车制造厂声称位居第一。而且,土星公司 70% 的购买者已经将购买非通用公司生产的汽车作为他们的第二选择。从 1991 年起,就购买者对销售和发送服务的满意度而言,土星公司位居第六。只有豪华型汽车,如劳斯莱斯、卡迪拉克和奔驰,超过了土星公司。

土星公司保留传统产品的方法并没有保持住这些成果。然而,它使用了艺术级的制造法和工作设计技术,包括工程、人类工程学和员工贡献。例如,工人们站在柔软而舒适的桦树木地板上而不是坚硬的水泥地上。汽车在液压梯的作用下通过流水线,这使员工可以上下调节汽车的高度以方便员工操作。员工被允许站在平台并给予 6 分钟的时间来准确完成任务。而在传统的流水线上,员工只有不到 1 分钟的时间来履行他们各自的职责。工业工程师录下员工的每一个动作,再找出多余的动作。在靠近和离开汽车这样一个事例中,员工就节约了 1/3 的步骤,因此保存了员工的体力。

但是,土星公司的管理者们认为,员工参与小组的引入是公司成功的关键。在土星公司,团队是组成公司最基本的部分。在生产层,5～15 名员工组成一个团队,他们实行自我管理。每一个团队选举出一名领导,称为"工作小组顾问"。团队根据生产计划、雇佣、预算及各种产品质量问题来做决策。决策是由多数人决定的,即一旦一个决定被执行的话,这就要求 70% 的"同意率"和 100% 的"支持率"。

团队相互监督以确保效益最大化。例如,一个团队的成员可以检查废料并且每星期收到员工浪费的报告。团队成员知道零件的成本,并能够计算出由于浪费材料而增加的费用。有趣的是,每个团队每年可以预算出在下一年度其计划使用的资源的总量。团队每个月可以收到有关预算条款的明细账,甚至包括电话单。

上面的各层次团队是由被称为"工作单元模拟顾问"的员工组成的。顾问作为麻烦的解决者和协调者服务于三个营运单元中的每一个工作团队——电力火车、主体系统和运输系统。整个土星公司的联合体是由来自每一个经营单位的工会代表和管理层代表所组成的制造顾问委员会来监督的。其最高层是战略执行委员会,它主要负责为公司制定长期计划和政策。

案例讨论

1．就支持和反对使用员工参与小组这一问题，可能提出哪些争议？

2．在土星公司，既然团队成员负责决定雇佣的问题，那么对于员工的雇佣，哪一项工作说明最为重要？

3．在一个传统的汽车流水线工作中，一名管理者对土星公司使用团队是如何作出反应的？

第 *7* 章

职位评价概述

我们已经知道,职位分析和工作设计是企业开展人力资源管理工作的基础。在进行职位分析之后,企业常常需要确定一个职位的价值,那么,究竟如何确定某个职位在企业里的价值呢? 对不同职位之间的贡献价值如何进行衡量比较呢? 例如想知道一名财务经理和一名销售经理相比,究竟谁对企业的价值更大? 谁应该获得更好的报酬? 这些问题的回答都要以职位评价为基础。通过职位评价我们不仅可以确定职位的级别,从而找到划分工资级别、福利标准、出差待遇、行政权限等的依据,甚至被作为内部股权分配的依据。同时,职位评估便于确定职位工资的差异,解决薪酬的内部公平性问题,它使员工相信,每个职位的价值反映了其对公司的贡献。通过职位评估还可以帮助员工确定职业发展和晋升路径,同时,也为其他人力资源管理工作提供了决策依据。

重点问题

⇨ 职位评价的含义与作用
⇨ 职位评价的基本原则
⇨ 职位评价的基本步骤
⇨ 职位评价的常用指标选择和定义
⇨ 职位评价指标权重及其评分标准的制定

7.1　职位评价的基本概念

7.1.1　职位评价的含义

职位评价又称岗位评价或工作评价,是指在工作分析或职位分析的基础上,采取科学的方法,对企业内部各职位的责任大小、工作强度、工作环境、工作难度、任职条件等因素进行评价,以确定各职位在组织中的相对价值,并据此建立职位价值序列。

正确地理解职位评价的含义,必须把握以下几个要点:

(1)工作分析是职位评价工作的基础。在工作分析环节,对任职人员、工作职务、工作环境等进行了详细的分析,其中人员分析包括工作能力、技能、知识和资格条件等方面的分析;工作分析包括工作职责、工作范围、工作流程、对内和对外的工作关系等内容分析;工作环境分析包括工作、办公的场所、使用的设备、环境的舒适度以及组织结构等因素的分析。工作分析的结果为职位评价提供各职位的书面资料,使得在职位评价环节中不用再收集职位工作的内容,可以直接提炼职位评价指标。

(2)职位评价以企业内部的工作职位为评价对象。职位评价的中心是"事"而不是"人"。职位评价虽然也会涉及到员工,但它是以职位为对象,即以职位所担负的工作任务为对象进行的客观评比和估计。作为职位评价的对象——职位,较具体的劳动者相比较具有一定的稳定性,同时,它能与企业的专业分工、劳动组织和劳动定员定额相统一,能促进企业合理地制定劳动定员和劳动定额,从而改善企业管理。由于岗位的工作是由劳动者承担的,虽然职位评价是以"事"为中心,但它在研究中,又离不开对劳动者的总体考察和分析。

(3)职位评价是对企业各类具体劳动的抽象化、定量化过程。在职位评价过程中,根据事先规定的比较系统地全面反映职位现象本质的职位评价指标体系,对职位的主要影响因素逐一进行测定、评比和估价,由此得出各个职位的量值。这样,各个职位之间也就有了对比的基础,最后按评定结果,对职位划分出不同的等级。

(4)职位评价的过程和结果是建立在一定的技术和科学的方法基础之上。职位评价经过西方多年的发展,有许多成熟的评价和操作方法,常用的方法主要有职位分类法、职位参照法、排序法、配对比较法、因素评分法和因素比较法等。其中,职位分类法、职位参照法、排队法、配对比较法是从整体上评价一个职位,属于定性评估;因素比较法和因素评分法是从各个因素来评价一个职位,属于定量评估。以上这些方法,都是建立在一定的理论基础之上,经过多年实践检验,在实施时都经过严格的流程步骤,能够保障整个职位评价工作的科学性和合理性。

7.1.2　职位评价的作用

职位评价的根本目的是确定每一个待评职位在组织中的相对价值,它为企业薪酬设计奠定了基础,是组织人力资源管理中不可或缺的阶段。具体来说,它具有以下的作用:

1. 确定职位等级的手段

职位等级常常被企业作为划分工资级别、福利标准、出差待遇、行政权限等的依据,甚至被作为内部股权分配的依据,而职位评价则是确定职位等级的最佳手段。有的企业仅仅依靠职位头衔称谓来划分职位等级,而不是依据职位评价,这样有失准确和公平。举例来说,在某企业内部,尽管财务经理和销售经理都是经理,但他们在企业内的价值并不相同,所以职位等级理应不同。同理,在不同企业之间,尽管都有财务经理这个职位,但由于企业规模不同,该职位的具体工作职责和要求不尽相同,所以职位级别也不相同,待遇自然也不同。

2. 制定薪酬政策的基础

在企业的薪酬体系中,基本薪酬是最基础的部分,对于大多数员工来说,这也是他们所获得的薪酬中最主要的部分。基本薪酬的设计,通常要考虑两个因素:一是内部公平性,这是通过职位评价来实现的,它使员工相信,每个职位的价值反映了其对公司的贡献;二是外部公平性,这是通过薪酬调查来实现的,它说明相对于其他公司的相似职位,公司的薪酬是否具有外部竞争力。

3. 确定员工职业发展和晋升途径的参照系

员工在企业内部跨部门流动或晋升时,也需要参考各职位等级。职位评价使企业内部建立起了一系列连续的等级,便于员工理解企业的价值标准,从而使员工明确自己的职业发展和晋升途径。

4. 保障招聘到合适的员工

由于职位评价所使用和产生的人力资源文件,对职位工作的性质、特征以及担任职位工作的人员应具备的资格、条件等都做了详细的说明和规定,可以确定选人用人的标准,这为确定的职位找合适的员工提供了依据。职位评价的结果是确定了每个职位在组织中的相对价值,建立了组织价值序列,这便于在招聘过程中向应聘员工做出明确的答复,为招聘到合适的员工进一步奠定基础。

5. 将合适的员工放到合适的职位

组织中每个员工有每个员工的特点,对组织来说每个职位也有每个职位的特点、要求及相应的工作内容,将这两方面因素结合起来,既可满足组织关于效率的要求,又符合员工性格特点,这也是组织管理人性化的要求。

6. 正确制定人力资源规划

在制定人力资源规划中,需获得关于各种工作对于知识、能力、经验要求等方面的信息,保障在组织内部有足够的人员满足战略规划的要求。例如,职位对员工的要求,职位在组织中的位置,组织有多少职位,这些职位目前的人员配备能否满足职位要求,今后几年内工作将发生哪些变化,单位人员结构应作什么样的调整,今后几十年组织人员增长的趋势应怎样等等,这些都与职位评价环节发生密切关系。只有职位评价环节工作做扎实了,才有可能正确制定组织人力资源规划。

7. 合理进行人员调整

组织出于工作需要,经常会对职位人员进行调整。职位评价明确规定了各职位的技能要求、工作强度、工作责任、工作环境等内容;组织中的人事档案记录了各个职员尤其是重要骨干职员的个人特点、水平、领导能力等个人资料。根据以上资料,可以保障人员调整的合理性。

8. 使员工的目标与企业的目标一致

员工与组织的目标吻合程度越高,组织效率越高,对市场的反应越快。通过调整某一个评价要素或权重而改变职位在组织中价值序列的位置,这等于给了员工一个明确的指示:企业更需要具有这类技能的员工。于是员工会按照组织希望的方向努力,使双方的目标在不断调整中趋于一致。

7.1.3 职位评价的原则

职位评价是一项技术性强、涉及面广、工作量大的活动。也就是说这项活动不仅需要大量的人力、物力和财力,而且还要涉及许多学科的专业技术知识,牵涉到很多的部门和单位。为了保证各项工作的顺利开展,提高职位评价的科学性、合理性和可靠性,在组织实施中应该注意遵守以下原则:

1. 系统原则

所谓系统,就是有相互作用和相互依赖的若干既有区别又相互依存的要素构成的具有特定功能的有机整体。其中各个要素也可以构成子系统,而子系统本身又从属于一个更大的系统。系统的基本特征是:整体性、目的性、相关性、环境适应性。

2. 实用性原则

职位评价还必须从目前企业生产和管理的实际出发,选择能促进企业生产和管理工作发展的因素。尤其要选择目前企业劳动管理基础工作需要的评价因素,使评价结果能直接应用于企业劳动管理实践中,特别是企业劳动组织、工资、福利、劳动保护等基础管理工作,以提高岗位评价的应用价值。

3. 标准化原则

标准化是现代科学管理的重要手段,是现代企业人力资源开发与管理的基础,也是国家的一项重要技术经济政策。标准化的作用在于能统一技术要求,保证工作质量,提高工作效率和减少劳动成本。显然,为了保证评价工作的规范化和评价结果的可比性,提高评价工作的科学性和工作效率,职位评价也必须采用标准化。职位评价的标准化就是衡量劳动者所耗费劳动大小的依据,以及对职位评价的技术方法这一特定的程序或形式做出的统一规定,在规定范围内,作为评价工作中共同遵守的准则和依据。职位评价的标准化具体表现在评价指标的统一性、评价标准和评价技术方法的统一规定和数据处理的统一程序等方面。

4. 能级对应原则

在管理系统中,各种管理功能是不相同的。根据管理的功能把管理系统分成级别,把相应的管理内容和管理者分配到相应的级别中去,各占其位,各显其能,这就是管理的能级对应原则。一个职位能级的大小,是由它在组织中的工作性质、繁简难易、责任大小、任务轻重等因素所决定的。功能大的岗位,能级就高。反之就低。各种岗位有不同的能级,人也有各种不同的才能。现代科学化管理必须使具有相应才能的人处于相应的能级岗位,这就叫做人尽其才,各尽所能。一般来说,一个组织或单位中,管理能级层次必须具有稳定的组织形态。稳定的管理结构应是正三角形。对于任何一个完整的管理系统而言,管理三角形一般可分为四个层次:决策层、管理层、执行层和操作层。这四个层次不仅使命不同,而且标志着四大能级差异。同时,不同能级对应有不同的权力,物质利益和精神荣誉,而且这种对应是一种动态的能级对应。只有这样,才能获得最佳的管理效率和效益。

5. 优化原则

所谓优化,就是按照规定的目的,在一定的约束条件下,寻求最佳方案。上至国家、民族,下至企业、个人都要讲究最优化发展。企业在现有的社会环境中生存,都会有自己的发展条件,只要充分利用各自的条件发展自己,每个工作岗位,每个人都会得到应有的最优化发展,整个企业也将会得到最佳的发展。因此,优化的原则不但要体现在岗位评价各项工作环节上,还要反映在职位评价的具体方法和步骤上,甚至落实到每个人身上。

7.1.4 职位评价的步骤

具体来讲,职位评价是在职位描述的基础上,对职位本身所具有的特性(比如

岗位对企业的影响、职责范围、任职条件、环境条件等)进行评价,以确定职位相对价值。职位评价的过程可以分为以下几个阶段:

1. 准备阶段

(1) 清岗。理顺公司组织结构和职位设置,确定参加评价的职位。

(2) 完成工作说明书。通过问卷调查法、资料分析法和访谈法等方法进行工作分析,确定每个职位的职责、任务、权限、协作关系任职资格和工作环境等基本内容,撰写工作说明书。

(3) 确定职位评价方法。目前管理界常用的职位评价方法有四种:职位排序法、职位分类法、因素比较法和要素计点法。根据不同方法的优缺点和适用条件并结合客户的实际来进行选择,比较通用的是要素计点法,即因素评分法。通过该方法可以挑选并详细定义影响职位价值的共同因素,即付酬因素,比如该职位对企业的影响、职责大小、工作难度,对任职人的要求,工作条件、工作饱满程度等。组织专家依据各种因素,针对不同职位进行评估打分,从而得出职位的相对价值。

(4) 确定评价因素。根据公司业务的实际情况确定与职位相关的因素,一般可以分为职位的责任因素、需要的知识技能因素、职位性质因素和工作环境因素等,每个主因素又可划分若干子因素。给出每个子因素及不同得分档次详细的定义描述,同时确定各个因素在总分中的权重。

(5) 确定专家组。专家组成员的素质及总体构成情况将直接影响到职位评价工作的质量。专家组可以来自公司内部,也可以来自公司外部,但必须对公司业务和内部管理有一定的了解。一个好的专家组成员必须能够客观地看问题,在打分时能尽可能摆脱局部利益。专家小组的成员在很大程度上决定职位评价的结果。其次还应考虑专家在员工中是否有一定的影响力,这样才能使职位评价最后的结果更具权威性。

(6) 确定标杆职位。因为参与评价的职位可能分属不同的业务板块,每个职位的工作性质和内容又可能不相同,所以对职位价值的衡量也就大不一样。这时候,如何使每个职位的工作在一定的程度上具有可衡量性,就需要建立一个参照系,而标杆就是这个参照系。也就是说标杆职位是衡量其他一般职位相对价值的尺子。

2. 培训阶段

培训的目的是为了提高职位评价的效率、确保职位评价的效果。对专家组进行组织结构调整和职位设置思想的培训,使他们对各个职位的职责和性质有一定的了解。

(1) 针对职位评价本身进行培训。培训内容主要是介绍为什么要进行职位评价、职位评价的方法、为什么要选择评分法、职位评价的流程、职位评价常出现的问题及解决方法、职位评价的结果与薪资结构的关系等。培训时,应强调职位评价针对的是职位而不是人。职位评价结果是建立薪酬体系的重要依据,但不是全部依据,从评价得分到最后的薪酬体系还有很长的路要走。除此之外,应重点向专家们解释评价表的因素定义和权重,使各位专家清楚各评价因素的含义和评分分级的标准。

(2) 标杆职位打分。专家组对照工作说明书,对标杆职位的不同因素分别进行打分。因素得分乘以权重之后加总,可以得到职位的总分。通过对标杆职位的试打分,专家组成员可以基本上熟悉职位评价的流程。同时,还可以发现问题并及时进行解释,消除专家组成员对评价表中各项指标理解的过大差异,建立合理的打分标准。打分过程中,如果某职位的某因素的得分离差过大,则说明大家对该职位的理解存在较大分歧,为了得到比较准确的结果,需要重新打分。标杆职位的打分结束后,专家组要对"标杆职位"的得分结果进行综合分析,投票选出若干大家公认结果不合理的职位,并重新进行评价。大多数专家一致认为标杆职位的得分能够符合公司的价值取向后就可以进入正式评价。

3. 评价阶段

在取得标杆职位分值表后,对照工作说明书并以标杆职位的得分为标准,专家组对其余职位进行打分,期间要同步进行数据统计和分析工作。

4. 总结阶段

这一阶段主要对职位评价得分进行排序和整理,得出各个职位的相对价值得分,以便进行综合分析。至此,整个职位评价结束。

在进行职位评价工作时,有以下问题需要特别注意:

(1) 管理层,特别是第一领导者的重视以及充分的准备工作是职位评价成功的必要条件;

(2) 专家组的选择至关重要;

(3) 评价过程中既要强调专家独立性,又要强调建立专家的相对统一、合理的评判标准认识,避免太大的偏差;

(4) 针对不同的职位,应确保评价标准的一致性;

(5) 职位评价结果并不是一成不变的。当公司感觉到内部薪酬分配失衡时,或是经过一段时期的迅速发展及新工作产生以后,或是在经历了大范围的工作职能重组之后,或是在职位职责发生较大面积调整时,就应该重新进行职位评价。同时,公司应注意修改过时的评价机制。

7.2　职位评价指标体系

　　职位评价指标就是从目前企业管理的现状和需求出发,通过对岗位劳动的具体分析,将影响工作岗位的主要因素分解成的若干个指标。

　　职位评价指标选择过程应该是由表及里、层层分析,即从总体到局部,从粗到细的过程。选择职位评价指标时,可以通过对各个职位工作流程的输入端、业务处理过程、输出端以及工作环境或工作条件的一些关键要素进行取样和分析,如图7-1所示,从中提炼出一些对各职位具体劳动具有代表性的抽象化指标,从而使各个职位的劳动和价值具有可比性。

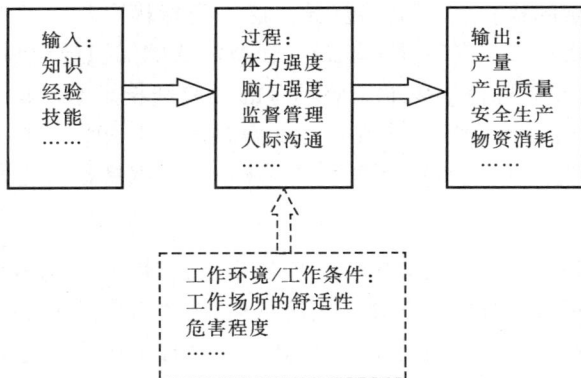

```
┌──────────┐      ┌──────────┐      ┌──────────┐
│ 输入:      │      │ 过程:      │      │ 输出:      │
│ 知识       │ ⟹   │ 体力强度   │ ⟹   │ 产量       │
│ 经验       │      │ 脑力强度   │      │ 产品质量   │
│ 技能       │      │ 监督管理   │      │ 安全生产   │
│ ……        │      │ 人际沟通   │      │ 物资消耗   │
│           │      │ ……        │      │ ……        │
└──────────┘      └──────────┘      └──────────┘
                        ⇡
          ┌ ─ ─ ─ ─ ─ ─ ─ ─ ─ ─ ─ ┐
            工作环境/工作条件:
          │ 工作场所的舒适性         │
            危害程度
          │ ……                     │
          └ ─ ─ ─ ─ ─ ─ ─ ─ ─ ─ ─ ┘
```

图 7-1　职位评价指标提炼示意图

7.2.1　职位评价常用指标的选择和定义

　　职位评价指标体系有一些是经过大组织或企业涉及或使用的,经过不断实践检验证明是比较成熟的,传统方案之一是 20 世纪 30 年代末,美国电气制造协会(NEMA)和美国金属贸易协会(NMTA)开发并推荐使用的一种标准计分方案,它将工作要素分为技能、努力程度、责任大小和工作条件等四大类。而在另一种常见的职位评价方案——海氏(HAY)评价体系中,则将工作要素分为专业知识、解决问题的能力和责任大小等三大类。

　　在实际操作中,大多数企业的因素法方案都是借鉴这些著名的传统方案,并根据企业自身的实际情况加以调整来制定的。有很多企业的职位评价方案将工作要素分为技能(输入端)、体力(业务处理过程)、责任(输出端)和工作条件(工作环境/工作条件)四大类,或者分为个人条件(输入端)、工作类别(业务处理过程)、工作责任(输出端)和工作环境(工作环境/工作条件)等四大类,然后再对各大类进行细分,划分为更多的评价因素。因素数量的多少应根据需要决定,但如果因素数量过少,则不足以涵盖所有职位的工作内容,评估结果无法真实反映职位之间的价值差异;而如果评估因素过多,则确定评价因素以及评价过程太耗费时间和精力,成本与收益不对称。因此,大多数方案使用的因素在4~15个之间。

以工作技能、工作强度、工作责任和工作环境等四个要素为例,它们通常可以细分为如下更多的次级评价要素,各个次级评价要素也可以根据实际需要,再细分为更次一级的评价要素。

1. 工作技能

工作所需必备技能的高低反映了任职者为胜任本岗位工作所必须具备的文化专业技术知识和实际操作能力上的差异。这一类指标可细分为如下几个次级指标:①知识要求,指对工作者胜任本职位工作所需要的知识结构和学历等要求。②技术要求,指对工作者胜任本职工作应具有的经验和技术水平的要求。③职位操作的复杂性,指作业复杂程度和掌握操作所需的时间长短。④职位所需判断和执行能力,指职位任职者对判断和处理某些特殊情况所需具备的能力水平。

2. 工作强度

工作强度反映工作者为完成本职工作所消耗的体力、脑力和精神紧张程度的差异。这一类指标可细分为以下几个次级指标:①体力劳动强度,指工作过程中所消耗体力的不同程度。②脑力劳动强度,指工作过程中所需消耗脑力的不同程度。③工时利用率,指职位劳动时间利用效率之间的差异,它等于净劳动时间与工作日总时间之比。④工作班次安排,指职位班次不同而引起的对工作者身体和精神上的影响。⑤工作紧张程度,指职位工作者在工作中所需承担的压力大小,以及由此引起的生理器官或精神上的紧张和疲劳程度。

3. 工作责任

工作责任的大小反映了工作者在企业生产/服务、安全、物质消耗、管理等方面所负责任的差别。这一类指标可细分为如下几个指标:①产量责任,指职位生产活动对产量指标所应负的责任大小。②质量责任,指职位生产活动对质量所应负的责任大小。③设备责任,指工作者所使用设备的价值大小及操作的复杂难易程度,以及该设备对生产的影响情况的差异。④安全责任,指职位工作活动中发生事故的风险程度以及事故的危害程度。⑤消耗责任,指工作者在工作过程中的物质消耗对产品成本的影响程度的差别。⑥管理责任,指职位在指导、协调、分配、考核等管理工作上所负责任的大小。

4. 工作环境

工作环境指各工作职位所处工作环境的舒适程度以及有毒有害物质和高温、噪音等对工作者身体健康的影响程度。这一类指标可细分为如下几个次级指标：①工作环境的舒适度，指工作者在工作过程中所处的作业场所、作业姿势等方面的差异。②有害物质的危害程度，指工作者在作业过程中是否接触有毒有害物质，以及这些有毒有害物质对身体健康的危害程度。

以上这些评估指标比较全面地体现了各行业工作岗位人员的工作状况，但具体对每个行业或企业而言，由于经营情况的不相同，劳动环境和条件各有差异，因此，在开展职位评价时，应结合本身的实际情况，从中选择合适的评价指标。例如，一个劳动密集型企业可能选择如下指标：①技术要求。②岗位操作的复杂性。③体力劳动强度。④工时利用率。⑤工作班次安排。⑥工作紧张程度。⑦产量责任。⑧质量责任。⑨设备责任。⑩安全责任，等等。而一个知识密集型企业则可能选择如下这些指标：①知识要求。②岗位操作的复杂性。③岗位所需判断和执行能力。④脑力劳动强度。⑤工作紧张程度。⑥产量责任。⑦质量责任。⑧安全责任。⑨管理责任。⑩工作环境的舒适度。

7.2.2　职位评价指标权重及其评分标准

在选择并定义了职位评价指标后，需要为这些要素分配合适的权重，即确定各个评价要素的相对重要程度。对于不同的行业、不同企业和不同职位来说，各个要素之间的重要程度通常不一样。比如，在不同行业之间，对于资本密集型企业，"安全责任"这一指标的重要性比"消耗责任"要重要得多，而对于一个劳动密集型企业，结果可能刚好相反。同样对于不同的企业不同的职位，我们都可以找到这样的例子。因此，每个企业在进行职位评估，为各个评价指标确定权重时，都要从企业自身的实际情况出发，仔细分析企业的业务性质、职位工作内容以及各个评价指标的含义，然后赋予每个指标一定的权重。这个步骤通常由职位评估委员会来完成。

为各个要素确定权重的方法也有很多，比较简便易行的一种方法是由职位评价委员会成员对各个评价要素进行排序，先选定一个最为重要的要素，然后直接判断其他各个要素对该要素的相对价值，然后计算出各个要素的权重。这种方法在职位评价委员会成员的知识面宽度、经验丰富程度较高的情况下，其所得出的结果与按照严格的比较计算方法得出的结果相差不大，因此基本上能满足需要。例如，对于某一企业而言，在工作技能、工作强度、工作责任和工作环境这四个因素中，工作技能是最重要的一个因素，其余三个因素按重要程度由大到小排列为工作责任、工作强度和工作环境,若设工作技能的价值为 1,经职位评估委员会判断,工作责任相对于工作技能的价值为 0.7,工作强度和工作环境相对于工作技能的价值为 0.2 和 0.1,则工作技能的权重为 $1/(1+0.7+0.2+0.1)\times100\%=50\%$,工作责任的权重为 $0.7/(1+0.7+0.2+0.1)\times100\%=35\%$,工作强度的权重为 $0.2/2.0\times100\%=10\%$,工作环境的权重为 $0.1/2.0\times100\%=5\%$。对于这四个要素的下面的各个次级要素的权重数值分配,也可以按照同样的方法来完成,最后得到所有要素的权重数值。以前面所举的知识密集型企业的职位评价要素为例,表 7-1 例示了这些评价要素之间可能的一种权重分配方案。

表 7-1　职位评价要素权重分配示例

评价要素	权重(%)	次级要素	权重(%)
工作技能	50	知识要求	20
		职位操作的复杂性	15
		职位所需判断和执行能力	15
工作责任	35	产量责任	12
		质量责任	8
		安全责任	10
		管理责任	5
工作强度	10	脑力劳动强度	4
		工作紧张程度	6
工作环境	5	工作环境的舒适度	5
合计	100	合计	100

　　另外一种更为严格的因素权重分配方法需要运用矩阵理论的相关知识。首先,由职位评价委员会成员对相同层次上的各个评价要素的重要性作两两配对比较,并根据相对重要的差异程度赋予两个以不同的得分。在配对比较结束后,可以得到一个得分矩阵,然后运用归一化等处理手段对矩阵进行计算,最后得到该层次上各个要素的相对价值,即各个要素的权重。在这个过程中,还可以利用对该得分矩阵的一致性估计来判断各个评价人员所做出的打分结果的可靠性和合理性。对各个层次上的评价要素进行处理后,即可得到最终的要素权重分布结果。这种方法的理论基础较强,处理过程比较严谨,而且在一定程度上可削弱评价人员的主观判断对权重分布科学性的不利影响,因此得出的要素权重分配结果更为可靠、准确,但对操作人员的理论知识要求较高,数据处理也较繁琐,时间周期长,花费的成

本也高。

7.2.3　职位评价指标分级标准

　　在因素比较法和因素计分法中,除了要明确定义各个评价要素外,还需要为每个评价要素划分等级,不同的等级表示对不同的职位在该要素上要求达到的不同标准。各要素等级的划分根据职位评估的实际需要而定,其数目应以能清晰区分不同职位在该要素上所要求达到的标准为宜,同时各等级之间的差异要明显、合理。在实际操作中,各工作要素的层次设定一般在 4～7 层左右。表 7-2 就是对知识要求这一指标的一种层次划分方案。

表 7-2　对"知识要求"指标的层次划分

指标名称:知识要求	
层次	标　准
1	初步了解基本专业理论知识和操作知识
2	基本掌握专业理论知识和操作知识
3	全面掌握专业理论知识和操作知识,了解国内外同行业现状
4	系统掌握专业理论知识和操作知识,掌握国内外同行业现状和发展方向
5	在专业理论和实践操作知识方面有深厚的造诣,具有创新开拓能力,能把握国内外同行业的现状和发展方向

　　在要素计分法中,为各个要素划分好层次之后,需要给各个层次分配分数或点数,以反映各个层次之间的差异大小,并方便各评价人员打分时使用。为各个要素等级分配分数或点数的方法通常有如下三种:

1. 最小权重法

　　即首先按各个因素的权重值来确定各个因素最低等级的分配分数或点数,然后再用等差级数、等比级数或不规则级数来决定其他各级的分数或点数。如表 7-1 所示的四个主要因素为例,每个要素均分为 5 个层次,各个层次之间采用等差级数(各个因素所对应的级数可根据需要自由选择),则按照最小权重法为这四个主要因素各个等级层次所分配的分数/点数如表 7-3 所示。

表 7 - 3　最小权重法示例

序号	要素	权重（%）	等级－分数					等差级数
			1	2	3	4	5	
1	工作技能	50	50	75	100	125	150	25
2	工作责任	35	35	55	75	95	115	20
3	工作强度	10	10	20	30	40	50	10
4	工作环境	5	5	8	11	14	17	3

2. 最大权重法

即首先按各个因素的权重值来确定各个因素最高等级得分分数或点数，然后再用等差级数、等比级数或者不规则级数来决定其他各级的分数或点数。如同样以表 7 - 1 所示的四个主要素为例，各要素均分为 5 个层次，各个层次之间采用等比级数（各个因素对应的技术可根据需要自由选择），则按照最大权重法为这四个主要因素的各个等级层次所分配的分数/点数如表 7 - 4 所示。

表 7 - 4　最大权重法示例

序号	要素	权重（%）	等级－分数					等比级差
			1	2	3	4	5	
1	工作技能	50	3	6	12	25	50	2
2	工作责任	35	7	11	16	24	35	1.5
3	工作强度	10	4	5	6	8	10	1.2
4	工作环境	5	1	2	3	4	5	1.3

3. 均衡权重法

即首先按各个因素的权重值来确定各个因素最低等级的分配分数或点数，然后用这个最低等级的分数/点数乘以一个常数（可自由选择，但对每个因素都应固定）来确定最高等级的分值，最后再确定中间其他几个等级所对应的分数或点数。如表 7 - 1 中所示的四个要素，每个要素均分为 5 个层次，最高层次分数为最低层次分数的五倍，各个层次之间采用不规则级数，则按照均衡权重法为这四个主要因素的各个等级层次所分配的分数/点数如表 7 - 5 所示。

表 7-5 均衡权重法示例

序号	要素	权重(%)	等级-分数					不规则级差
			1	2	3	4	5	
1	工作技能	50	50	85	130	185	250	35,45,55,65
2	工作责任	35	35	55	85	125	175	20,30,40,50
3	工作强度	10	10	14	22	34	50	4,8,12,16
4	工作环境	5	5	7	11	17	25	2,4,6,8

表 7-3 至表 7-5 举的例子都是在各因素的分级数量一致的情况下,各因素各级分数的分布状态。如果各因素的分级数量不一致,也可以采用上述三种方法来确定各因素各等级的分数。如表 7-6 是当表 7-1 中四个主要因素的分级数量不一致时,采用均衡权重法确定的各要素各等级分数。

表 7-6 各要素分级数量不一致时的分数配置示例

序号	要素	权重(%)	等级-分数					等差级差
			1	2	3	4	5	
1	工作技能	50	50	100	150	200	250	50
2	工作责任	35	35	82	128	175		47
3	工作强度	10	10	23	37	50		13
4	工作环境	5	5	15	25			10

阅读资料 7-1

职位评估与聘任的管理办法(暂行)

编号:内人规字 2001011

为建立科学合理的职位评估与聘任体系,根据公司《"三定工作"若干原则》和《职位设置、定编、聘任工作实施方案》,制定职位评估与聘任的管理办法如下:

1. 职位评估与聘任的原则、依据和各职位等级人数的分布比例

(1)职位评估与聘任的原则和依据

　　职位评估的原则是以责定岗、以事(工作任务)定岗,是在科学合理的组织机构设计和职位设置基础上,依据职位的职责规模、职责范围和工作复杂程度进行的。

　　职位聘任的原则是将合适的人聘任到合适的职位,是在职位评估的基础上,依据员工的任职能力和职位要求进行的。

　　(2)部门各职位等级聘任人数比例

　　包括主管经理职位聘任人数比例和专业职位聘任人数比例两类,公司将每年末根据公司人力资源状况,对下一年的比例做出合理调整。2001年仍需按照《三定工作若干原则》的有关规定和标准执行,具体办法如下:

　　1)主管经理职位聘任人数比例

| 中三/1 | 中三/2 | 中三/3 | 高一/1 | 高一/2 |
| 15% | 30% | 30% | 18% | 7% |

　　2)专业职位聘任人数比例

| 助一及助二 | 中一 | 中二 | 中三 | 高一及高二 |
| 20% | 50% | <25% | <15% | <1.5% |

　　另外,中级专业技术职位(包括中一、中二、中三等职位)聘任人数还须符合以下比例:

　　　　中级职位聘任人数少于部门职位聘任基数×80%

　　专业技术职位每大级中又分为三个小级,每小级职位聘任人数比例以每大级职位聘任时实际定员的正式在编员工数为基数,比例为:

　　a.小级人数;

　　b.小级人数;

　　c.小级人数＝40%:30%:30%

　　每次职位聘任以前,部门须根据人力资源部下达的本部门人力资源规划,填写《部门各职位等级聘任人数规划表》。表中各职位等级规划人数测算基数的计算公式如下:

　　　　部门职位聘任基数＝(当期实际人数＋规划的年末人数)/2

　　在测算中二等职位以上规划人数时,应对当期实际人数中以下两种情况打折计算,即对于上半年新进公司的应届毕业生,人数基数按70%打折计算;对于下半年新进公司的应届毕业生,人数基数按50%打折计算。

　　2.职位评估与聘任的实施办法

　　(1)职位评估的办法

　　职位评估根据以责定岗、以事(工作任务)定岗的原则,依据职位的职责规模、职责范围和工作复杂程度进行,以客观反映职位的实际价值,同时必须注意使不同的职位在公司内有一个相对的可比性,以形成公司内共同的职位评估价值体系。具体办法参见《"三定工作"若干规定》。

　　(2)职位聘任的办法

　　新进员工第一次被聘任到某个职位上,称"初次聘任"。现有员工因职位变动或职位职责、工作环境、工作复杂程度发生变化等原因,需要对其职位等级重新评定,称"重新聘任"。初次聘任和重新聘任都必须按照职位聘任的原则,在部门各职位等级规定的比例内进行。如果需要对新聘任人员试用,聘任的职位等级可以低于该职位的等级,称"欠资上岗"。

　　1)初次聘任办法

　　a.应届毕业生。一般情况下在试用期内需试聘,本科毕业生试聘为助二/1,硕士毕业生为中一/1,博士生为中二/2。试用期合格后给予正式职位聘任,正式聘任的职位等级一般分别评定为助二/1、中一/1和中二/2。对于能承担更多职位职责或无法承担拟聘取位职责等特殊情况,可按照公司现行的统一标准调整职位聘任等级。某一年度的毕业生,在其下一年度学生毕业前通过社会招聘进入公司的,均按照应届毕业生的办法聘任职位等级。

　　b.社会招聘新进员工。根据人力需求部门对应聘职位的实际要求情况,按照公司统一的职位评估系统和标准评定试用期职位等级,试用期合格后,根据所在部门对新进员工的试用期考核结果给予正式职位聘任,正式聘任的职位等级可与试用期内聘任的职位等级不同。

　　c.初次聘任的员工,在试用期内职位工资为拟聘职位70%的职位工资;试用期合格后发放正式聘任职位100%的职位工资。

　　2)重新聘任办法

　　重新聘任均实行考察期制度,即对员工胜任新聘任职位的情况进行考察。其中,中3级以下职位考察期3个月,中3级以上职位考察期6个月。对考察不合格的员工,职位等级向下调整。其中:对职位等级向上调整的重新聘任员工,如果考察不合格,职位等级回复到原等级;对职位等级向下调整的重新聘任员工,如果考察不合格,职位等级继续向下调整1小级。

　　a.主管经理及以上人员职位的重新聘任。主管经理及以上人员,重新聘任的职位等级低于原聘任职位等级的,考察期间按拟聘任的职位等级兑现相应待遇。重新聘任的职位等级高于原聘任职位等级的,按以下办法调整:①职位等级向上调整1个小级时,考察期间按拟聘任职位等级兑现相应待遇。②职位等级向上调整2个小级或2个小级以上时,考察期间的职位工资按拟聘职位等级和原聘任职位等级之间职位工资差额的50%予以增加。考察期结束,经考察合格后,职位工资按照新聘任的职位等级发放。主管经理及以上人员的职位聘任需经公司领导书面批准。

b.专业人员和工人职位的重新聘任。专业人员和工人因职位变动或其他原因重新聘任职位,当重新聘任等级低于原聘任职位等级时,考察期间按拟聘任职位等级兑现相应待遇。当重新聘任的职位等级高于原聘任等级时,重新聘任采用"小步快跑"的原则,根据考察情况,逐级调整。①职位聘任等级调整的幅度一般控制在2个小级(含)以内,超过2个小级需要附详细书面材料予以说明。②当职位聘任等级向上调整1个小级时,考察期间按拟聘职位等级兑现相应待遇。③职位聘任等级向上调整的幅度在2个小级或2个小级以上时,逐级考察调整,即对每个新聘任的职位等级均实行考察期,考察期结束由部门做出考察报告,经考察合格后再调整到上一个小级,这种重新聘任方法称为"过程上岗"。在过程上岗中,员工拟调整到的职位等级称为"拟聘任职位等级";处于考察期,逐级聘任的职位等级称为"暂聘任职位等级"。

c.在职位系列规定的职位等级范围内,助理级和中一级专业职位的员工,在某个职位工作半年以上(其中新进员工从试用期考核合格转正后计起),如果职位评估要素发生变化,部门可以结合员工职业生涯的发展和胜任职位情况,考虑对员工的职位做重新聘任。

d.对于通过公开竞聘上岗的专业人员,按以下办法调整职位等级:①职位等级向上调整1个小级时,考察期间按拟聘任职位等级兑现相应待遇。②职位聘任等级向上调整的幅度在2个小级或2个小级以上时,可参照主管经理及以上人员的聘任办法进行重新聘任,即考察期间的职位工资按拟聘职位等级和原聘任职位等级之间职位工资差额的50%予以增加。考察期结束,经考察合格后,职位工资按照新聘任的职位等级发放。

本办法所指公开竞聘是指在部门级以上范围内公开进行的,由人力资源部备案的公开竞聘。其他类似情况也可参照公开竞聘的办法执行。

e. 对年度绩效考评结果为 D/I(to be improved)、E/U(unqualified)的员工,按以下办法调整职位等级:①对年度绩效考评结果为 D/I(to be improved)的员工,在半年内不得向上调整职位等级;②对年度绩效考评结果为 E/U(unqualified)或连续两年绩效考评结果为 D/I(to be improved)的员工,自下一年一月起,职位等级向下调整若干小级。

(3)职位聘任的程序

职位聘任暂按以下程序进行,在人力资源部管理信息系统建立后,将做适当简化,并尽量通过公司内部网络进行。

1)职位聘任的流程(略)

2)初次聘任的程序

初次聘任员工由部门填写"职位聘任审批汇总表(初次聘任)",并附"部门各职位等级聘任人数规划表"和员工"职位职责表"、"目标责任书"、"职位聘任审批汇总表(初次聘任)",同时报送电子文件。

3)重新聘任的程序

重新聘任员工由部门填写"职位聘任审批表(重新聘任)"、"职位聘任审批汇总表(重新聘任)",并附"部门各职位等级聘任人数规划表"和员工重新聘任前后的"职位职责表"、"目标责任书"、"职位聘任审批汇总表(重新聘任)",同时报送电子文件。

各部门报送"职位聘任审批表(重新聘任)"时,应注明重新聘任原因,如:①原欠资,现调整。②部门间职位调动,职位评估要素发生变化。③部门内职位调动,职位评估要素发生变化。④其他情况引起的职位评估要素发生变化。⑤其他特殊原因。

4)职位聘任的待遇兑现

拟进行职位聘任的员工、部门应及时将材料送人力资源部。符合审批条件的聘任材料于每月 16 日前送到人力资源部的,一般在下月 5 日能够兑现其福利待遇。16 日以后送到人力资源部的,隔月 5 日兑现。

中三岗以上人员职位聘任需经过公司高层的批准,每月 16 日前批准的,在下月 5 日能够兑现其福利待遇。16 日以后批准的,隔月 5 日兑现。

本规定自下发之日起实行,以往规定有与本规定相违背的部分,以本规定为准。

——资料来源:王玺主编:《职位分析与职位评价实务》,中国纺织出版社,2004 年。

阅读资料 7 - 2

职位评价指标的确定

　　评价职位劳动的 22 个指标全面地体现了各行业生产职位工人的劳动状况。但具体对每个行业或企业而言，由于生产经营情况各不相同，劳动环境和条件各有差异，因此，在开展职位评价时，应结合本身的实际情况，从中选择合适的评价指标。

　　一、某棉纺厂选用 16 项指标评价其工人的劳动职位

　　这些指标是：(1)技术知识要求；(2)操作复杂程度；(3)看管设备复杂程度；(4)品种质量程度；(5)处理停台及预防疵品复杂程度；(6)劳动紧张程度；(7)劳动负荷；(8)工时利用率；(9)劳动姿势；(10)工作班制；(11)噪声；(12)温湿度；(13)粉尘；(14)其他因素；(15)质量责任；(16)产量责任。

　　二、某钢铁公司选用 18 个指标评价其职位工人的劳动

　　这些指标为：(1)技术知识要求；(2)操作复杂程度；(3)看管设备复杂程度；(4)品种质量难易程度；(5)经验；(6)劳动紧张程度；(7)劳动负荷；(8)工时利用率；(9)劳动姿势；(10)工作班制；(11)噪声；(12)温湿度；(13)粉尘；(14)工作场地差异；(15)危险性；(16)监督责任；(17)指标责任；(18)安全责任。

　　三、某水泥厂选用 22 个指标评价其工人职位的劳动

　　这些指标是：(1)质量责任；(2)产量责任；(3)看管责任；(4)安全责任；(5)消耗责任；(6)管理责任；(7)技术知识要求；(8)操作复杂程度；(9)看管设备复杂程度；(10)品种质量难易程度；(11)处理预防事故复杂程度；(12)体力劳动强度；(13)工时利用率；(14)劳动姿势；(15)劳动紧张程度；(16)工作班制；(17)粉尘；(18)噪声；(19)高温；(20)辐射热；(21)其他有害因素；(22)人员流向。其他有害因素包括毒物、高处作业和露天作业。

阅读资料 7 - 3

某有限公司职位评估打分表(国际职位评估七要素)

表 7 - 7　某有限公司职位评估打分表

职位名称									总得分	
要素及百分比 ＼ 分值		10～19	20～30	35～44	45～54	55～65	70～79	80～90	95～100	得分
职责规模 10%	对企业影响 10%	影响 10%	主要是辅助性质的工作,对企业的成绩间接影响微小	容易辨别出对企业的成绩有间接性的影响			对企业成绩有明显的、基本的或是主要性的影响		对企业取得重要成绩有卓越的影响	
		规模 0	规模是指企业的规模							
	监督管理 10%	下属 5%	无监督管理	有直接下属			有直接和间接的下属		有较多的直接和间接下属	
		下属类别 5%		助理或中级职位人员			中级或高级职位人员		高级职位人员	
职责范围 30%	责任范围 30%	独立性 10%	分工明确,工作有一定限制,工作步骤受到控制	根据常规方法和惯例进行工作,定期检查,效果控制			按总原则工作,以结果控制		根据战略目标工作、战略目标成就控制	
		广度 10%	重复性活动及少部分相似的工作,或担任几个相似的工作	同功能部内担任不同的工作			承担不同功能部性质的工作,或领导一个职能/业务部工作		领导多个职能/业务部工作	
		知识面 10%	对公司其他功能/业务部的知识需要有限	对公司其他功能/业务部的知识要有较好的了解			对公司和国内市场要有较好的了解,或对所在功能/业务的国际市场有较好的了解		全面了解所有有关公司的经营活动和相关的国内、国际市场情况	

责任范围 10%	沟通技巧 10%	沟通技巧	4%	普通(要求一般礼节和信息的交换)	重要(要求与人合作、对人施加影响)		极大(对公司有重大影响的谈判和决策)
		联系频率	4%	偶尔(一个月有几次)	时常(频繁但非每天)		天天(每天)
		内外用处	2%	内部(主要在公司内部交流)	外部(客户、政府机关,或与同一集团内的单位交流间很吃力,也可算外部交流)		
工作复杂程度	任职资格 5%	学历	2%	此职位要求大、中专学历	此职位要求本科学历	此职位要求硕士学历	此职位要求博士学历
		经验	3%	无要求	要求有工作经验	要求有一定相关工作经验	要求有较强关工作经验
	环境条件 5%	环境	3%	工作活动中身体、精神上的压力一般		工作活动中身体、精神的压力较高	
		风险	2%	工作中受伤害的可能性一般		工作中受伤害的可能性较大	
	工作难度 30%	复杂性	15%	问题已经确定,常规性质或有限难度,有明确指示或需要一点分析	必须确定问题,问题有些难度或难处理,需要进行分析和调查	必须确定问题,问题杂,需要进行广泛的分析和详细的调查	必须确定问题,问题多且非常复杂,需要大量跨部门和面向集团的企业分析
		创造性	15%	无需创造或改进,一切已有明确规定,或基于现行办法在工作范围内进行一般性更新	在所在功能/业务部内,改进和发展现有的方法和技术,受益于功能/业务内部的经验	受益于企业内部的经验创立新方和新技术,或受益于企业部的经验,创立复杂而广的方法和技术	明确发明性的、前所未有的经验开发,或很科学性的发明

　　注:得分换算:10～19 分为助理一级;20～34 分为助理二级;35～44 分为中一级;45～54 分为中二级;55～69 分为中三级;70～79 分为高一级;80～94 分为高二级;95～100 分为高三级。

　　——资料来源:王玺主编,《职位分析与职位评价实务》,中国纺织出版社,2004 年。

本章思考题

1. 职位评价在人力资源管理与开发中的重要作用体现在哪些方面？
2. 职位评价应遵循什么原则？
3. 职位评价的一般步骤是什么？
4. 要素法中为各个要素等级分配点数的方法中，哪种方法更科学？为什么？简要论述因素法的职位评价指标体系是如何确定的？

案例分析

　　进行岗位评价，首先要有一套适用于本企业生产经营特点的岗位功能测评指标体系。岗位评价指标，一般根据四要素原则，即工作责任，劳动技能、劳动强度和劳动条件，每个要素中划分为若干项目。这些要素的具体内容大体上包括了劳动岗位对劳动者的专业技术和业务知识要求，所消耗体力的要求，应承担的责任和接触有毒有害物质对身体健康的影响程度等。下面按岗位评价的四大要素，再分 10 个项目，以国内某钢铁企业百分制测评来说明岗位评价指标体系。

　　1.各要素权重分配（见图 7-2）

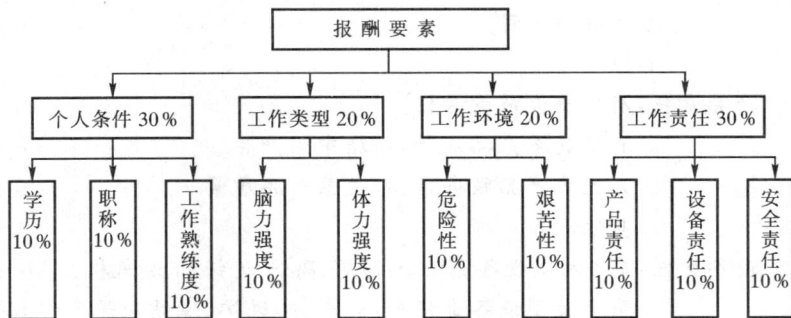

图 7-2　报酬要素权重

　　2. 各要素层级界定

学历:本科以上	10 分
本科	8 分
专科	6 分

职称：工程师　　　　　　　　　　　　　　　　　　　　　　10 分

　　　助理工程师　　　　　　　　　　　　　　　　　　　　8 分

　　　大学刚毕业无职称　　　　　　　　　　　　　　　　　6 分

工作熟练程度：完全胜任工作　　　　　　　　　　　　　　　10 分

　　　　　　基本胜任工作　　　　　　　　　　　　　　　　8 分

　　　　　　需专人指导边学习边工作　　　　　　　　　　　5 分

脑力强度：专业从事设计工作（设计院）　　　　　　　　　　10 分

　　　　　需要不断补充知识，运用非常规设计工作

　　　　　（如各处、厂科室）　　　　　　　　　　　　　　8 分

　　　　　较少涉及设计工作，有重大设计工作时为

　　　　　设计单位提供操作　　　　　　　　　　　　　　　4 分

体力强度：主要负责生产现场技术问题处理　　　　　　　　　10 分

　　　　　很少涉及现场工作　　　　　　　　　　　　　　　4 分

危险性：金属工作中经常涉及高温金属液体，

　　　　大、重型设备实体天车　　　　　　　　　　　　　　10 分

　　　　经常接触两种　　　　　　　　　　　　　　　　　　8 分

　　　　经常接触一种　　　　　　　　　　　　　　　　　　6 分

　　　　其他　　　　　　　　　　　　　　　　　　　　　　4 分

艰苦性：经常在高温、粉尘、噪音环境中工作　　　　　　　　10 分

　　　　经常接触两种　　　　　　　　　　　　　　　　　　8 分

　　　　经常接触一种　　　　　　　　　　　　　　　　　　6 分

　　　　其他　　　　　　　　　　　　　　　　　　　　　　4 分

产品责任：肩负重大质量责任　　　　　　　　　　　　　　　10 分

　　　　　直接关系产品质量，包括中间产品　　　　　　　　8 分

　　　　　为生产产品服务，间接关系产品质量　　　　　　　6 分

　　　　　其他　　　　　　　　　　　　　　　　　　　　　4 分

设备责任：肩负核心设备责任如：转炉、高炉、连铸机、制氧机　10 分

　　　　　肩负大型设备责任如：天车、热风炉、烧结炉等　　8 分

　　　　　肩负小型设备责任如：车床、夹钳、冷床等　　　　4 分

安全责任：厂级、车间级，会到现场　　　　　　　　　　　　10 分

　　　　　公司级，极少会到现场　　　　　　　　　　　　　8 分

案例讨论

1. 案例中对各要素的层级分数的分配用的是哪种方法?
2. 这种方法的优缺点是什么?

第 **8** 章

职位评价方法

职位评价是建立组织职位等级的过程,得出一个由高到低的内部公平的职位结构。而职位评价方法,即在不考虑工作或完成工作的个人报酬的情况下,组织选择一定的评价方法来确定组织的职位相对价值的方法。对职位的影响因素测定比较的不同方法形成了职位评价的不同方法。常用的职位评价方法有排列法、分类法、点数法和因素比较法等。其中分类法、排列法属于定性评价,点数法和因素比较法属于定量评价。除此以外,还有国际著名的职位评价方法,即海氏(Hay Group)职位评价系统,本章就围绕这些方法进行讨论。

重点问题

⇨ 职位评价的排列法
⇨ 职位评价的分类法
⇨ 职位评价的点数法
⇨ 职位评价的因素比较法
⇨ 海氏职位评价系统
⇨ 职位评价方法的比较和运用

8.1　排列法

排列法又称排级法或排序法,它是逐步地比较两个职位之间的重要程度,然后根据职位的相对规模,采用顺序性方式,将所有的职位加以排列。排列法是最简单、易懂也是最为省时的职位评估方式,但是排列法也有明显的不足,其缺点是在职位顺序的排列方面,并没有任何的理论基础,而主要是依据评价者的主观判断,很难达到在评价上的客观性。同时,使用排列法将无法解释评估后的结果,以及说明各个职位差异性程度。

如上所述,排列法是采用非分析和非定量的方法,由评定人员自己判断,不将工作内容分解为组成要素,而只是根据工作岗位的相对价值,按高低次序进行排列,从而确定一个工作岗位与其他工作岗位的关系。这种方法的主要优点在于能尽快确立新的职位等级,因此它有时也用作鉴别工资差异是否合理的初步措施。但由于排列法主观性太强,随着分析法在职位评估中的应用,它的应用频率正在逐步减少。

8.1.1　排列法的运用步骤

图 8-1 总结了排列法进行职位评价的步骤。

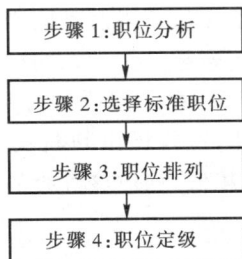

图 8-1　排列法的步骤

1. 职位分析

由有关人员组成评价小组(最好有企业领导干部、主管部门领导、人力资源部经理和职工代表等参加),并做好相应的各项准备工作,如对职位情况进行全面调查,收集有关职位方面的资料、数据,并写出调查报告,其中要特别说明的基本工作要素有任务、责任、与其他职位的联系、工作条件、技能和能力要求等。

2. 选择标准职位

评定人员对各职位的资料、数据收集齐全后,通常要选择若干个标准职位作为参照系数。由于其他职位的排列顺序是以标准职位作为参照对象,因此标准职位的选择是一项十分重要的工作。它必须满足两个条件:①必须广泛分布于现有的职位结构中,同时其彼此之间的关系需要得到广泛的认同。②必须能代表职位所包括的职能特性和要求。标准职位的数量没有统一规定,但通常要选取总职位个数的 10%～15% 作为标准职位。标准职位的选取先由班组和车间等基层部门着手进行,然后再由评定小组根据以上两个条件综合评估后确定。评定小组在甄选标准职位的同时，要建立起一个用以排列其他职位的结构框架，其余的职位在与一个或两个标准职位比较后，再根据该结构框架确定其相对位置。

3. 职位排列

在确定标准职位之后，通过与标准职位的比较，对其余的职位进行综合评估。将本企业同类职位中的各职位的重要性或者其要求的潜力、智力和技能条件与标准职位做比较，对其是大于、小于或等于标准职位做出评判。这种情况对工作基本相同，或在同一单位或部门的职位进行比较相对比较容易。而对两个不相仿甚至毫不相关的职位进行比较则比较困难。因此，正确选择标准职位，对于职位排列而言是一个关键。只有正确地选择标准职位，在对其他大多数的职位进行比较和测评时才能有一个指导标准，从而使排列职位不会特别困难。同时，评定人员依照标准职位对其他职位进行排列时，还必须对有关工作进行全面了解。如果评定人员不熟悉该工作，应征求该职位工作执行者及其同事和直接上级等有关人员的意见。总之，对职位排列情况的综合判断是复杂的，尤其是很难说某个职位应该排在与其相邻的职位之前还是之后。所以，在实际排列过程中，职位不仅要与标准职位相比，也要同已排列好的职位相比，这样做出判断就会容易些。事实上，许多职位处于同等的地位，一般而言，等级越低，构成该等级的职位越多，因而通过排列建立起来的职位等级呈金字塔形。

4. 职位定级

按评定人员事先确定的评判标准，对各职位的重要性做出评判，然后将每个职位经过所有评定人员的评定结果加以汇总，得到序数和，除以评定人数，得到每一职位的平均序数。最后按平均序数的大小，由小到大评定出职位的相对价值次序。例如，由甲、乙、丙三人组成的评定小组对 A，B，C，D，E，F，G 等 7 个职位进行评定，结果如表 8-1 所示。

表 8-1　职位定级表

岗位	A	B	C	D	E	F	G
甲评定结果	1	3	4	2	5	6	7
乙评定结果	2	1	4	3	——	5	——
丙评定结果	3	——	2	3	6	4	5
评定序数和（∑）	4	4	10	8	11	15	12
参加评定人数	3	2	3	3	2	3	2
平均序数	1.3	2	3.3	2.67	5.5	5	6
岗位的相对价值次序	1	2	4	3	6	5	7

　　根据表 8-2 的结果可知,被评定的 7 个职位的相对价值,按重要性由大到小排列次序应为 A,B,D,C,F,E,G。也就是说,依据其重要程度把职位排列成一种等级结构。但为确定某一种工资结构,对这些职位进行定级时应注意,排列法本身并不能为等级划分提供依据,通常还要按照管理上的要求与组织和各层次中的责任相比较来划分等级;排列法本身对工作等级之间的差异程度没有精确的指标,不能成为一种衡量尺度。在实践中,不同等级之间的工资级别和标准通常是通过劳资谈判来确定。总之,在任何情况下,都要谨慎地给那些职位确定起点工资标准,以便在一个适当的工资水平上达成协议。因为工资数一经确定,便成为今后工资管理的基础。

8.1.2　排列法的优缺点

　　采用排列法对职位进行评定时,其最大的优点就是简便易行。一旦标准职位及其相应位置被确定后,排列其他职位就相对简单一些。另一个优点是,每个职位是作为一个整体来进行评定的,从而避免了对工作要素的分解而引起的矛盾和争论。

　　与此同时,排列法在对职位进行评价的过程中,也存在着如下不足之处:

　　(1)由于大企业的职位分布呈金字塔形,需要定级的职位数量多并且不相近,因此难于找到对工作内容相当熟悉的评定人员,而且评定人员的组成和各自的条件、能力并不是一致的,而评定结果最终又必须依靠评定人员的判断,这势必会影响评定结果的准确程度。

　　(2)由于这种方法完全是凭借评定人员的知识和经验主观地进行评价,缺乏严格的、科学的评判标准,因而评价结果弹性大,容易受到其他因素的干扰。

　　(3)由于排列法没有对职位进行因素比较,方法相对简单、粗糙,因此它只适用于生产单一、岗位较少的中小型企业。

　　为了克服这些缺陷,我们必须改进排列法,最新办法就是制定某些参考因素。对职位进行排列时,先依据每一因素对工作进行排列,再根据因素排列的平均结果确定职位排列的顺序。虽然这种改进并没有从根本上改变排列法的特性,但依据它所建立起来的职位等级更加精确。

8.2　分类法

　　分类法即归类法,它是把所有职位分成几组,如果每组包含的职位相同就称为类;如果每组包含的职位除复杂度相似外,其他方面都不同时,就称为级。它是事先进行总体职位分类和职务等级描述,建立一套职位"等级标准体系"后,再把所评价职位与事先设定的一个标准进行比照，从而确定该职位相应级别。所以又把它称为"套级法"。

　　分类法是以职位为对象、以事件为中心的职位评估方法，它是在职位分析的基础上对每个职位的工作性质、任务、要求及完成该项工作的人员所需资格条件进行全面、系统、深入的研究之后，按照工作性质的相似性将企业职位划分为不同的族，再根据职责大小和任职要求划分出若干层级，由此搭建好职位族平台；在此基础上，运用通用要素及个性要素，对各职位族及其层级进行价值评估。运用职位分类法进行职位评估可以保证人力资源管理中人与事的更好结合，从而为选用、考核、奖惩、培训、调配等各个环节奠定良好的基础。

　　应用分类法进行职位分析，就应根据职位的异同进行分析、综合，划分职位类别。

8.2.1　职位分类质和量的要求

1. 质的要求

　　进行职位分类首先要区分职位的不同性质，为工作中所需人力配置的管理提供可靠的客观标准。这个质的要求，明确区分了各个职位所属的职族和职群，在很大程度上也就划分了组织完成任务的几大功能模块。

2. 量的要求

　　各个职位的工作不仅要有质的差异，而且要有程度、水平和层次上的差异，职位分类的主要目的便是要清晰地揭示这些方面的差异，以便全面地贯彻因事择人、适才适位等用人原则，满足人力资源管理各环节的要求。

8.2.2　职位分类法的程序

　　应用分类法进行职位评价是一项系统性、技术性较强的有序工作，职位分类可以分为职位横向分类和职位纵向分类两种。其程序主要有以下几个步骤：

1. 收集职位描述的结果

　　职位描述的结果即职位说明书。职位说明书上的有关内容是进行职位分类的基本依据。职位评估是在职位分析的基础上进行的，职位分析最明显的成果就是得到了职位说明书。职位说明书提供了关于职位性质、工作内容等很多方面的信息，是进行职位评估的基础。

　　在进行职位评估之前，最关键的就是要收集到对职位进行的描述，也就是说要得到职位分析得出的职位说明书，利用职位说明书所提供的信息，职位评估的结果也就会有科学性，职位评估也才能达到我们的目的。

2. 职位横向分类

(1)职位横向分类的原则。

① 单一性原则。即一个职位不能同时属于两个职系,只能划归于一个职系。

② 程度原则。当一个职位的工作性质分别和两个或两个以上的职系有关时,以归属程度高的那一系为准来确定其应归属的职系。

③ 时间原则。当一个职位的工作性质分别和两个或两个以上的职系有关且归属程度又相当时,以占时间较多的职系为准来确定该职位的类别。

④ 选择原则。当一个职位的工作性质分别和两个或两个以上的职系有关、归属程度相当且时间也相等时,则以主管领导机关的认定为准来确定其应归属的职系。

(2)职位横向分类的基本步骤。图 8-2 总结了分类法进行职位横向分类的步骤。

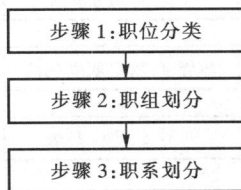

```
┌────────────────────┐
│  步骤 1:职位分类    │
└────────────────────┘
          ↓
┌────────────────────┐
│  步骤 2:职组划分    │
└────────────────────┘
          ↓
┌────────────────────┐
│  步骤 3:职系划分    │
└────────────────────┘
```

图 8-2　横向分类的步骤

①对混乱的职位按业务工作相近的职位划分为科学类、行政类、行业类等的职类系列。

②将职类内的职位根据工作性质基本相同的标准职位划分为职组系列。

③将职组内的职务再根据工作性质相同的标准划分为职系系列。对于具体的职系名称、包含职务的范围可以查阅有关职位分类辞典。

3. 职位纵向分类

(1)职位纵向分类的原则和依据。这方面的依据,一是根据职位的繁简难易程度,二是根据责任的轻重,三是根据所需人员任职资格的条件。具体内容可参照如下要点:

①工作复杂性。它体现在工作种类和性质、工作广度和深度及在三维交叉网络系统中的运行状态。

②所受监督。它是指本职位受上级监督的范围、性质和程度。

③所循法规。它是指应遵守的法律、章程、办法、细则、手册、书面指示及有关行为规范。

④所需创造性。它是指工作时所需创造力的种类与水平。

⑤与人接触的性质和目的。它是指与人接触的范围、种类和程度等。

⑥工作效果的性质与影响范围。它是指本职位的权限种类及分量。

⑦所施与的监督。它是指对下属人员给予的监督种类和范围。

⑧所需资格条件。它是指从事该职位的工作人员所需的教育、经验、技术、品德及体能条件。

（2）职位纵向分类的基本步骤。

图8-3总结了分类法进行职位纵向分类的步骤。

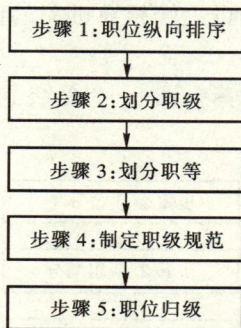

```
┌─────────────────────┐
│  步骤1:职位纵向排序  │
└─────────────────────┘
           │
           ▼
┌─────────────────────┐
│   步骤2:划分职级     │
└─────────────────────┘
           │
           ▼
┌─────────────────────┐
│   步骤3:划分职等     │
└─────────────────────┘
           │
           ▼
┌─────────────────────┐
│  步骤4:制定职级规范  │
└─────────────────────┘
           │
           ▼
┌─────────────────────┐
│   步骤5:职位归级     │
└─────────────────────┘
```

图8-3　纵向分类的步骤

①将职系中的职位按繁简难易、责任轻重和所需人员任职资格条件，根据上述八个主要依据进行职位评估后，再依据不同的水平进行纵向排序。

②划分职级。将程度水平相同的职位划分为一个职级，但不同职系由于工作性质差异和繁简难易、责任轻重、所需人员任职资格条件的不同，所分的职级也会呈现差异。

③划分职等。为便于对不同职系的工作人员进行横向比较、统一管理，把不同职系中相同水平的职级归入同一职等。所以职等是不同职系中职级相似的职级群。

④制定职级规范。职级规范又名职位说明书，它是用简明扼要的语言对每一职位的职务责任、权力及所需人员任职资格条件等进行规范性叙述的书面材料。

⑤职位归级。把所有工作人员的职位对照职级规范归入适当的职级，并对之进行分门别类的职位管理。

8.2.3　职位分类法的优缺点

比较现有的职位评估方式，职位分类法具有如下优点：

　　（1）职位族及其层级基于组织的战略目标而设定，是较为抽象和概括的。而职位的设置则更多地与组织具体的阶段性工作内容密切相关。组织的战略目标为组织实施策略、工作内容的制定提供方向，具有相对的稳定性，而组织的实施策略及工作内容则是灵活多变的；因此对于同一个企业，职位通常会随企业的发展而经常发生变动，而职位族及其层级变动的可能性则非常小，也就是说，职位族及其层级相对职位来说具有较大的稳定性。因此职位分类法具有稳定的基础，职位分类法的结果对于目前处于高速发展期的中国企业来说，适用性较强。

　　（2）分类法强调以组织目标为基础，通过职位分类法，"自上而下"、全面系统地进行职位梳理。职位族及其层级的划分必须要对组织价值流程进行纵向及横向的双向分析，在此基础上的职位梳理确保了系统性及全局性、职位的职责与组织目标相关联。与此同时，"自上而下"的梳理及职位族所具有的抽象性，也有效避免了目前企业中的任职者对职位评估过程的干扰，统一了职位梳理的标准。在此基础上进行的职位族及其层级的评估是基于"标准状态"的评估，是真正从组织的战略目标出发而设计的企业内部评估系统。

　　（3）职位族及其层级具有一定的概括性及包容性。一个职位族的层级往往可以对应十几个甚至几十个职位，因此对职位族层级的评估而非职位的评估，是以一种简单而有效的方式将企业的职位"打包"，从而大大减少职位评估的工作量，节省了企业的成本和时间。目前，职位分类法系统已经在多个项目中得到应用，其评估结果取得了客户的一致认可，从而也验证了此种企业内部评估系统是一套适合中国企业的职位价值评估系统。

　　但是这种方法也有一定的不足，那就是对职位等级的划分和界定存在一定的难度，有一定的主观性。如果职位级别划分不合理，将会影响对全部职位的评价。另外，这种方法对职位的评价也是比较粗糙的，只能得出一个职位归在哪个等级中，到底职位之间的价值量化关系是怎样的却不是很清楚，因此在用到薪酬体系中时会遇到一定的困难。同时职位分类法的适用性有点局限，即适合于职位性质大致类似，可以进行明确的分组，并且改变工作内容的可能性不大的职位。

8.3　点数法

　　点数法又被称为要素计点法、点值法等，是目前应用最广泛、最精确、最复杂的职位评估方法。要素计点法，就是在职位分析的基础上，选取若干关键性薪酬因素，并对每个因素的不同水平进行界定，同时给各个水平赋予一定的分值，这个分值也称作是"点数"，然后按照这些关键的薪酬因素对职位进行评价，得到每个职位的总点数，以此决定职位的薪酬水平。这是一种比较复杂的量化职位评价技术，也是目前在国外企业中使用最为普遍的一种职位评价方法。计点法有三个基本特点:①有多个报酬要素,每个要素要分为几个等级;②要素的等级可以量化,反映工作的现实情况;③用一定的权数反映各要素的相对重要性。因此,每项职位所得到的总薪点数,反映了它的相对价值在薪酬结构中的具体位置。

点数法与排列法和分类法的明显差异是,计点法为职位评价确定了明确的标尺——报酬要素,而且是根据企业业务活动的战略方向以及工作对战略的贡献为基础来定义报酬因素的。计点法的主要优点是:①对职位的评价更为精确,评价结果更易被人们接受并可以微调;②可以使用具有可比性的"点数"来对相似性差的职位或工作进行比较评价,适用面很广;③由于报酬要素被作为职位比较评价的基础,而报酬要素又是根据组织的战略和生产经营活动的需要而定,因此用点数法进行职位评价能够较好地反映组织独特的需要、文化和价值观。计点法的缺点主要表现在,其方案的设计和应用耗费时间,报酬要素的界定、等级划分和权重确定等环节都会受到人们主观性的影响,容易出现意见相左现象,而且相应的评价体系设计与应用的复杂性和难度都比较高。

8.3.1　点数法进行职位评价的步骤

设计一个要素计点方案,一般要经过职位分析、确定报酬要素、给各要素评分、确定要素权重、编排结构化量表、应用于非基准职位评价、建立职位等级结构等步骤。下面结合示例逐一说明要素计点法的操作过程和步骤。图 8-4 总结了点数法进行职位评价的步骤。

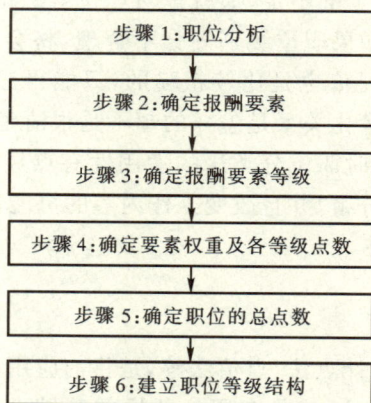

步骤1:职位分析

步骤2:确定报酬要素

步骤3:确定报酬要素等级

步骤4:确定要素权重及各等级点数

步骤5:确定职位的总点数

步骤6:建立职位等级结构

图 8-4　点数法的步骤

1. 进行职位分析,确定基准职位

要素计点法也需要从职位分析起始,寻找一些有代表性的基准职位样本,以这些基准职位的内容作为报酬要素定义、要素评分和确定权数的基础。

2. 选取报酬要素(及其子因素)

报酬要素即付酬要素或补偿因素,它是指能够为各种职位或工作的相对价值提供比较的工作特性,是那些在工作中受组织重视,有助于实现组织目标并追求组织战略的特征。在要素计点法中,报酬要素非常重要,在职位评价中发挥着关键作用。报酬要素的选取和界定应源于工作本身特征和组织的战略方向,应能反映工作或职位如何增加组织的价值。报酬要素的选取和界定必须以职位所执行的工作为基础,以组织的战略和价值观为基础,而且要使受工资结构影响的利益相关者能够接受,才能发挥其应有的效用。

在实际操作中,最为常用的报酬因素主要是技能、责任、努力程度和工作条件等方面的因素,它们各自又包含了许多相关的子因素。一般而言,一个职位的报酬要素的数目可以选定在 3~25 种之间,典型的情况是 10 种左右。例如"个人条件"要素就可以分为专业知识、工作熟练度、技术、主动和灵活性等子因素,参见表8-2。

表 8-2　报酬要素的结构量化表

报酬要素	报酬要素子因素及权重 (合计最高 500 点)	报酬要素等级及点数				
		5 级	4 级	3 级	2 级	1 级
个人条件 (40%)	专业知识(10%)	50	40	30	20	10
	工作熟练度(10%)	50	40	30	20	10
	技术(10%)	50	40	30	20	10
	主动性和灵活性(10%)	50	40	30	20	10
劳动类型 (15%)	脑力强度(5%)	25	20	15	10	5
	体力强度(10%)	50	40	30	20	10
工作环境 (15%)	工作场所(10%)	50	40	30	20	10
	危险性(5%)	25	20	15	10	5
工作责任 (30%)	材料消耗和产品生产(10%)	50	40	30	20	10
	设备使用、保养(10%)	50	40	30	20	10
	他人安全(5%)	25	20	15	10	5
	他人工作(5%)	25	20	15	10	5
合计点数		500	400	300	200	100

3. 确定报酬要素等级

确定报酬要素等级就是对每一报酬要素的各种不同等级水平进行界定,每一种报酬要素的等级数量多少应当与组织中各待评价职位在该报酬要素上的差异程度大小成正比。报酬要素的每个等级可根据基准职位中有代表性的技能、任务和行为来确定。表8-3给出一个"知识"报酬要素的等级界定量表。

表8-3　[美]国家金属贸易协会要素量表(节选)

1. 知识
这个要素度量的是执行某任务时所需的知识或相应的培训
等级1
所有整数的读、写、加、减;遵循一定的指示,使用固定的规格标准、直接阅读工具和类似设备,无须给出解释
等级2
对数字(包括小数和分数)的加、减、乘、除,简单使用公式、图表、绘图、规格说明、进度表和线路图,使用已经调节的测量仪器,对报告、表格、记录以及可比数据的检查,需要一定的解释
等级3
数学与复杂图表的结合运用,使用多种类型的精密测量仪器,在一个特殊或专业化领域有相当于1~3的实际贸易培训经验
等级4
高级贸易数学与复杂图表、绘图和手册上公式的结合运用,使用任何类型的精密测量仪器。在一个已认可的贸易、技艺、行业内达到初级专业水平或相当于受过2年技术院校教育的水平
等级5
更高等级数学的运用,包括工程学原理的应用,以及相关实际操作的演示,要求有机械、化学或类似工程等方面理论的综合知识。相当有4年的技术院校或大学教育的经历

确定报酬要素各等级时,应当注意划分层次不宜过多,运用相应职位名称和容易理解的术语规定等级的定义,以及使人清楚理解各等级如何运用于各类职位等级标准。

4. 确定不同报酬要素的权重及其各个等级的点数

首先要确定不同报酬要素在职位评价体系中所占的"权重"或者相对价值。不同权重反映了组织对不同报酬要素的重视程度差别。报酬要素的权重通常以百分比形式表示,它代表了不同报酬要素对于总体职位评价结果所起作用的重要程度或贡献程度。根据报酬要素在职位工作中的重要性确定其权重的方法通常有经验法和统计法两种。报酬要素的权重分配见表 8-2。

接下来要确定每一报酬要素不同等级的点数。

在各报酬要素的权重确定后,需要给即将使用的职位评价体系一个总点数(或总分),比如 500 点或 1000 点。总点数的大小根据待评职位数量多少和价值差异大小而定。根据确定的评价体系总点数和各报酬要素的权重,即可确定每一报酬要素的总点值(最高点值)。例如,在表 8-2 示例中,评价体系最高点数(总点数)是 500,"个人条件"要素权重是 40%,所以,"个人条件"要素的最高点值=500 点×40%=200 点。在确定了每一报酬因素最高点数的同时,还应确定其子因素的最高点数。比如上例中"个人条件"中的"专业知识"的权重是 10%,则"专业知识"的最高点数=500 点×10%=50 点。然后使用算术法或几何法给予每一报酬子因素的各个等级(或级别)配置相应的点数,各子因素之间的等级差最好是相等的。比如,表 8-2 示例中,"个人条件"报酬中的"专业知识"子因素的 1 至 5 等级的点数分别是 10,20,30,40 和 50 点。

至此,便建立了一个报酬要素的结构量化表(参见表 8-2),它全面反映了职位评价各个报酬要素和子因素的等级、权重和点数,可以方便地用来进行职位评价。

5. 运用报酬要素(结构量化表)评价各职位,得出各职位的总点数

类似表 8-2 这样的报酬要素结构量化表为职位评价提供了一套标准或尺度。建立了这样的量表后,计点法的职位评价才能实际开始。

用计点法进行实际职位评价时,只需要将比较确定所评职位的每一报酬因素实际处于量表中的哪一个等级,则该等级的点数即是这一职位在该报酬要素上的点数,当所评价职位在所有报酬因素上的点数都得到之后,将它们汇总相加后就可得到该职位的最终评价点数。也就是说,每一职位的总点数等于它在各个报酬要素上的所得的等级点数之和。例如,假设被评价职位 B 在表 8-2 中的各报酬(分)因素的等级都是第 2 级,则职位 B 的最后评价点数是 200 点。

6. 建立职位等级结构,得出各职位的工资等级位置(以及工资额)

在所有评价职位点数得出后,只要按点数高低加以排列,然后按等差方式将职位进行等级划分,制作出职位等级结构表,也即得出了各个职位的工资等级位置。

若赋予一定点数区间以一定工资额时,即可为所得到一定点数的职位确定出工资率或工资数额范围。示例如表8-4所示。

表8-4 职位等级、点数与工资率转换表举例

等级	点数	月薪(元)	等级	点数	月薪(元)
1	101～149	500～900	6	254～279	1800～2500
2	150～175	800～1050	7	280～305	2300～3000
3	176～201	950～1300	8	306～331	2800～3600
4	202～227	1200～1500	9	332～357	3400～4200
5	228～253	1400～2000	10	358～500	4000～6000

8.3.2 点数法的优缺点

1. 点数法的主要优点

(1)它是一种量化的职位评级技术。由于是量化的评价技术,能够说明每个职位的点值,这样一来,就很明白地表现出了每个职位的重要性,说明了职位在流程中的贡献。这样,员工对于采用这种评价方法得出的结果就比较信任,也就更能够接受和服从,避免了很多的事后扯皮。

(2)它是一种易于解释和评价的量化评价技术。每个职位在进行评价的时候都会获得相应的点值,这样,在说明各个职位的重要性和对企业贡献的大小时,只需根据点值进行比较就行了,非常容易就能够说明问题。

(3)它是一种综合性的职位评估方法。它不是只考虑某一个职位,而是对所有的职位都进行考虑,考虑各个职位之间的相对价值,确定各个职位之间的差距,这样一来,这种方法也就具有了系统的观点和看法。

2. 点数法的主要缺点

(1)它是一种非常需要时间的方法。从本章介绍的操作流程中我们可以看到,相对于其他方法来说,点数法需要的时间较长。操作流程中的每一步都需要时间,而且有的步骤需要的时间是不固定的,比如选择什么样的付酬要素,比如对这些要素进行定义,比如确定各个要素的点值等,都需要很多的时间。

(2)建立一套点值评价方案非常困难。要素计点法挑选并仔细定义影响职位价值的因素,也就是付酬因素,这些因素包括该职位对企业的影响、职责大小、工作难度、工作条件、对任职者的要求等,专家依据各种因素,对不同的职位进行打分,得到各个职位的相对价值。一般来说,只有人力资源专家才能确定职位的相对价

值从而确定每一职位的点值,也只有他们才有能力制定出一套好的点值方案。即使有一套好的方案,也还需要有经过专门训练的人才能运用,这无形中会增加企业的成本。

现在,为了避免点数法耗时费力的问题,同时保持点数法的优点,有些组织另外开发了一种标准点值方案,并广为应用。这套方案包括许多职位的既定报酬要素及其等级的定义和点值,而且在使用时几乎无需修正。对美国公司的一项调查表明:企业使用了现成的点值评价方案后效果普遍不错。但是,也有人对这种现成方案用于职位评估的可靠性提出质疑。

8.4　因素比较法

因素比较法又称要素比较法,是一种量化的职位评估方法,它实际上是对职位排列法的一种改进。这种方法与职位排列法的主要区别是:职位排列法是从整体的角度对职位进行比较和排序,而因素比较法则是选择多种报酬因素,按照各种因素分别进行排序。

因素比较法最初是评分法的一个分支。1926 年由美国高速交通股份公司的E·J·本奇和他的助手们最先提出,他们是在试图完善评分法时创立了因素比较法的最初形式。因此,因素比较法仍然体现了评分法的一些原则,但两者的主要区别在于因素的配分形式和工作等级转换成工资结构的方法不同。从某种程度上讲,这种方法是一种混合方法,兼有排列法和评分法的特征。

因素比较法是运用可以比较的付酬要素(报酬要素)来评价不同职位的价值,并以这些与工作有关的付酬要素来作为制定工资待遇的基础,打破了工作岗位的界线,能够较好地解决外部公平与内部公平问题。因素比较法可以看成是一种比较复杂的排列法。排列法只是从一个综合的角度比较各种职位,而因素比较法选取了多种付酬因素,并按每一种因素分别排序一次,根据每一种付酬因素得到的评估结果,设置一个具体的薪酬金额,然后再计算出每种职位在各种付酬因素上的薪酬总额,把它作为这种职位的付酬标准或薪酬水平。

因素比较法是一种比较系统、精确的量化评价方法,它将职位特征具体到付酬因素,每一步都有详细的操作说明,比排列法和分类法两种方法更加有助于使评价人员做出正确的判断,并且很容易向员工解释此法,说明计酬的依据。但是,因素比较法在应用上非常烦琐,整个评价过程过于复杂,还需要不断随劳动力市场的变化进行调整,因此,它的使用受到了限制,是几种职位评价法中最少使用的一种。

8.4.1　因素比较法的具体步骤

图 8-5 概括了因素比较法进行职位评价的步骤。

1. 确定付酬要素

确定付酬要素就是选择职位的可比较因素，以确定用来对职位进行比较的依据或尺度是什么。确定付酬因素需要仔细、全面地作好职位分析，以标准、规范的职位说明书等职位信息为依据进行。职位付酬因素又称为报酬因素或职位补偿因素，确定职位的付酬因素或补偿因素就是要把一个职位类别中所包括的各种职位的共同因素确定为付酬因素。这些付酬因素或补偿因素一般包括：责任、环境、体力消耗、精力消耗、教育背景、技能和相关经验等。有时候，人们也把此步骤放在基准职位选定以后进行。

```
┌──────────────────────┐
│  步骤 1:确定付酬要素   │
└──────────────────────┘
          │
┌──────────────────────┐
│  步骤 2:选择基准职位   │
└──────────────────────┘
          │
┌──────────────────────┐
│ 步骤 3:确定基准职位工资 │
└──────────────────────┘
          │
┌──────────────────────┐
│ 步骤 4:非基准职位与基准 │
│        职位比较        │
└──────────────────────┘
          │
┌──────────────────────┐
│ 步骤 5:确定非基准职位工资│
└──────────────────────┘
```

图 8-5　因素比较法的步骤

2. 选择基准职位

基准职位是指其他职位能与其比较而确定相对价值的一些职位。选择基准职位就是要选择各种比较基础并具有代表性、可比性的标尺性职位（或工作）来作为职位评价的对象，而其他职位的价值则可以通过与这些基准职位之间的付酬要素比较来得出。因此，在每一类职位或工作中，应该选择具有以下特征的基准职位作为比较的标尺或基础：

- 能够代表所研究职位系列的绝大多数职位的职位；
- 许多组织中普遍存在，广为人知的职位；
- 工作内容相对稳定的职位；
- 市场工资率公开的职位。

3. 确定基准职位工资

确定基准职位工资即主要确定其基本工资，它是根据基准职位所包括的各种付酬因素的大小，在确定各个因素应得的薪酬金额后，再把它们汇总相加而得出。基准职位的（基本）工资水平，须参照市场水平而定，以确保组织工资制度的外部公平性或竞争力。这一步工作最好由工资委员会等集体来操作。

4. 把非基准职位与基准职位进行比较

这一步是将非基准职位的付酬要素与基准职位的付酬要素逐个进行比较，确

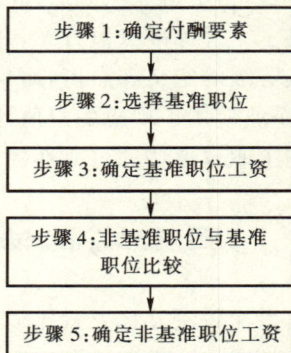

定非基准职位在各付酬要素上的评价结果,从而得出各个非基准职位在各个付酬要素上应该得到的相应薪酬金额。也就是说,职位评价者可以依据待评职位与基准职位各付酬要素之间的对比情况,而选择待评职位每一付酬要素与基准职位相应付酬要素中最为接近者,作为待评职位在该付酬要素上的货币价值的确定依据。这样做,可以有效地维护组织各种职位评价和计薪的内部一致性。

5. 确定非基准职位工资

将上一步比较所得的非基准职位在各付酬要素上的工资金额相加汇总,即可得到非基准职位的工资水平。

因素比较法的示例如表 8-5 所示。

表 8-5 因素比较法例表

小时工资率(元) / 付酬要素	智力	体力	技能	责任	工作条件
1.50	工作甲				工作乙
2.00	工作 A	工作丙		工作 A	
2.50		工作 B	工作 A		工作甲
3.00	工作乙	工作 A	工作甲	工作 B	工作 B
3.50		工作乙	工作丙	工作甲	工作丙
4.00			工作 B	工作丙	
4.50			工作乙		
5.00	工作 B	工作甲		工作乙	
5.50	工作丙				
6.00					工作 A

(1)设已确定付酬因素为:智力、体力、技能、责任、工作条件共五项。

(2)选择基准职位为:工作甲、工作乙、工作丙。

(3)确定各基准职位的小时工资:

工作甲=1.50+5.00+3.00+3.50+2.50=15.50(元)

工作乙=3.00+3.50+4.50+5.00+1.50=17.50(元)

工作丙=5.50+2.00+3.50+4.00+ 3.50 =18.50(元)

(4)确定非基准职位工作 A 和工作 B 在各种付酬要素上的评价结果(如上表

所示）。

（5）确定非基准职位的小时工资：

工作 A＝2.00＋3.00＋2.50＋2.00＋6.00＝15.50（元）

工作 B＝5.00＋2.50＋4.00＋3.00＋3.00 ＝17.50（元）

8.4.2　因素比较法的优缺点

1. 因素比较法的优点

（1）评价结果较为公正。因素比较法把各种不同工作中的相同因素相互比较，然后再将各种因素的工资累计，主观性减少了。

（2）耗费时间少。进行评定时所选定的影响因素较少，从而避免了重复，简化了评价工作的内容，缩短了评价时间。

（3）减少了工作。由于因素比较法是先确定标准岗位的系列等级，然后以此为基础，分别对其他各类岗位再进行评定，因而大大减少了工作量。

2. 因素比较法的缺点

（1）易受人为因素影响。各影响因素的相对价值在总价值中所占的百分比，完全是凭考评人员的直接判断，这就必然会影响评定的精确度。

（2）操作复杂。因素比较法操作起来相对比较复杂，而且很难对工人们做出解释，尤其是给因素注上货币值时很难说明其理由。

应用因素比较法时，应该注意两个问题：一个是薪酬因素的确定要比较慎重，一定要选择最能代表职位间差异的因素；第二个问题是由于市场上的工资水平经常发生变化，因此要及时调整基准职位的工资水平。但是由于我国处于经济体制的转轨时期，多种薪酬体制并存；同时国内薪酬体制透明度较低，劳动力市场价格处于混沌状态，因而使用因素比较法的基础数据不足。目前因素比较法在国内基本未得到使用。

8.5　海氏（HAY）职位评价系统

美国薪酬设计专家艾德华·海于1951年沿着点数法的思路，进一步研究开发出海氏职位评价系统又叫"指导图表－形状构成法"，它有效地解决了不同职能部门的不同职务之间相对价值的相互比较和量化的难题，被企业界广泛接受。据统计，世界500强的企业中有1/3以上的企业岗位评价时都采用了海氏三要素评价法。

海氏评价法,实质上是将付酬因素进一步抽象为具有普遍适用性的三大因素,即知能水平、解决问题能力和风险责任,相应设计了三套标尺性评价量表,最后将所得分值加以综合,算出各个工作职位的相对价值。

海氏评价法对所评价的岗位按照以上三个要素及相应的标准进行评价打分,得出每个职位评价分,即职位评价分＝知能得分＋解决问题得分＋应负责任得分。其中知能得分和应负责任评价分和最后得分都是绝对分,而解决问题的评价分是相对分(百分值),经过调整后为最后得分后才是绝对分。

利用海氏评价法在评价三种主要付酬因素方面不同的分数时,还必须考虑各职位的"形状构成",以确定该因素的权重,进而据此计算出各职位相对价值的总分,完成职位评价活动。所谓职务的"形状构成"主要取决于知能和解决问题的能力两因素相对于职位责任这一因素的影响力的对比与分配。

8.5.1　海氏评价法原理:"指导量表"意义解析

海氏评价法原理"指导量表"意义解析:海氏认为,各种工作职位虽然千差万别、各不相同,但无论如何总有共性,也就是说,任何工作职位都存在某种具有普遍适用性的因素,他认为最一般地可以将之归结为三,即知能水平、解决问题能力和风险责任。

1. 海氏指导量表[一]:知能水平(见表 8-6)

知能,指达到标准的业绩水平所需的各类知识,技能与经验的深度和广度,知能由技术知识、管理范围和人际关系技巧三个要素构成。

(1)技术知识。有关科学知识、专门技术及操作方法(表中用 T 表示),分为基本的、初等业务的、中等业务的、高等业务的、基本专门技术的、熟练专门技术的、精通专门技术的和权威专门技术的八个等级。

(2)管理范围。有关计划、组织、执行、控制及评价等管理诀窍(表中用 M 表示),分为起码的、有关的、多样的、广博的和全面的五个等级。

(3)人际关系技巧。有关激励、沟通、协调、培养等人际关系技巧(表中用 H 表示),分为基本的、重要的和关键的三个等级。

这三个成分的每一种组合分值如量表[一]所示,即为该职位知能水平的相对价值。表中各数值的相对差异,遵循心理测量学所谓 15％韦伯分级定律。

表 8−6　海氏指导量表［一］：知能水平

M ＼ H\T	起码的			有关的			多样的			广博的			全面的		
	基本的	重要的	关键的	基本的	重要的	关键的	基本的	重要的	关键的	基本的	重要的	关键的	基本的	重要的	关键的
基本的	50	57	66	66	76	87	87	100	115	115	132	152	152	175	200
	57	66	76	76	87	100	100	115	132	132	152	175	175	200	230
	66	76	87	87	100	115	115	132	152	152	175	200	200	230	264
初等的	66	76	87	87	100	115	115	132	152	152	175	200	200	230	264
	76	87	100	100	115	132	132	152	175	175	200	230	230	264	304
	87	100	115	115	132	152	152	175	200	200	230	264	264	304	350
中等的	87	100	115	115	132	152	152	175	200	200	230	264	264	304	350
	100	115	132	132	152	175	175	**200**	230	230	264	304	304	350	400
	115	132	152	152	175	200	200	230	264	264	304	350	350	400	460
高等的	115	132	152	152	175	200	200	230	264	264	304	350	350	400	460
	132	152	175	175	200	230	230	264	304	304	350	400	400	460	528
	152	175	200	200	230	264	264	304	350	350	400	460	460	528	608
专门的	152	175	200	200	230	264	264	304	350	350	400	460	460	528	608
	175	200	230	230	264	304	304	350	400	400	460	528	528	608	700
	200	230	264	264	304	350	350	400	460	460	528	608	608	700	800
熟练的	200	230	264	264	304	350	350	400	460	460	528	608	608	700	800
	230	264	304	304	350	400	400	460	528	528	608	700	800	920	
	264	304	350	350	400	460	460	528	608	608	700	800	800	920	1056
精通的	264	304	350	350	400	460	460	528	608	608	700	800	800	920	1056
	304	350	400	400	460	528	528	608	700	700	800	920	920	1056	1216
	350	400	460	460	528	608	608	700	800	800	920	1056	1056	1216	1400
权威的	350	400	460	460	528	608	608	700	800	800	920	1056	1056	1216	1400
	400	460	528	528	608	700	700	800	920	920	1056	1216	1216	1400	1600
	460	528	608	608	700	800	800	920	1056	1056	1216	1216	1400	1600	1840

2. 海氏指导量表[二]：解决问题能力（见表 8 - 7）

表 8 - 7　海氏指导量表[二]：解决问题能力（%）

难度 环境	重复性的	模式化的	中间型的	适应性的	无先例的～
高度常规的	10～12	14～16	19～22	25～29	33～38
常规性的	12～14	16～19	22～25	29～33	38～43
半常规性的	14～16	19～22	25～29	33～38	43～50
标准化的	16～19	22～25	29～33	38～43	50～57
明确规定的	**19～22**	25～29	33～38	43～50	57～66
广泛规定的	22～25	29～33	38～43	50～57	66～76
一般规定的	25～29	33～38	43～50	57～66	76～87
抽象规定的	29～33	38～43	50～57	66～76	87～100

解决问题的原意就是该职位所需要的思考能力，是寻找办法和取得某一结论所需要的"自然"的思考。任何思考的元素都来自于事实、原理或方法的知识，意念只不过是融合那些已经存在的事物。因此，当我们衡量一个人的思考力时，以他在解决问题的思考过程中所需用到的知能的多少来表示。关于"解决问题能力"（用 Q 表示），与工作职位要求承担者对环境的应变力和要处理问题的复杂度有关，海氏评价法将其看做是"知能水平"的具体运用，因此以知能水平利用率（%）来测量。进一步分为两个层面。

（1）环境因素。它分为高度常规的、常规性的、半常规性的、标准化的、明确规定的、广泛规定的、一般规定的和抽象规定的 8 个等级。

（2）问题难度。它分为重复性的、模式化的、中间型的、适应性的和无先例的 5 个等级。

3. 海氏指导量表[三]：应负责任（见表 8 - 8）

所谓应负责任，是指工作职位承担者的行动自由度、行为后果影响及职位责任大小。这里所讲的应负责任是指主要的责任，即该职位的所有主要产出，而且对主要应负责任做概括而非描述。

主要应负责任将重点放在结果，而非职责或活动。它传递的是"什么"，而不是"如何"，它无时间限制，永久存在，除非该职位本身发生变化。同时，每一种责任均是相对独立的，有明确的领域。

表 8-8　海氏指导量表[三]:应负责任

R / I / F	微小责任（金额范围）				少量责任（金额范围）				中级责任（金额范围）				大量责任（金额范围）			
	直接		间接		直接		间接		直接		间接		直接		间接	
	后勤的	咨询的	分摊的	主要的	后勤的	咨询的	分摊的	主要的	后勤的	咨询的	分摊的	主要的	后勤的	咨询的	分摊的	主要的
规定的	10	14	19	25	14	19	25	33	19	25	33	43	25	33	43	57
	12	16	22	29	16	22	29	38	22	29	38	50	29	38	50	66
	14	19	25	33	19	25	33	43	25	33	43	57	33	43	57	76
受控的	16	22	29	38	22	29	38	50	29	38	50	66	38	50	66	87
	19	25	33	43	25	33	43	57	33	43	57	76	43	57	76	100
	22	29	38	50	29	38	50	66	38	50	66	87	50	66	87	115
标准的	25	33	43	57	33	43	57	76	43	57	76	100	57	76	100	132
	29	38	50	66	38	50	66	87	50	66	87	115	66	87	115	152
	33	43	57	76	43	57	76	**100**	57	76	100	132	76	100	132	175
规范的	38	50	66	87	50	66	87	115	66	87	115	152	87	115	152	200
	43	57	76	100	57	76	100	132	76	100	132	157	100	132	157	230
	50	66	87	115	66	87	115	152	87	115	152	200	115	152	200	264
指导的	57	76	100	132	76	100	132	175	100	132	175	230	132	175	230	304
	66	87	115	152	87	115	152	200	115	152	200	264	152	200	264	350
	76	100	132	175	100	132	175	230	132	175	230	304	175	230	304	400
指向的	87	115	152	200	115	152	200	264	152	200	264	350	200	264	350	460
	100	132	175	230	132	175	230	304	175	230	304	400	230	304	400	528
	115	152	200	264	152	200	264	350	200	264	350	460	264	350	460	608
指引的	132	175	230	304	175	230	304	400	230	304	400	528	304	400	528	700
	152	200	264	350	200	264	350	460	264	350	460	608	350	460	608	800
	175	230	304	400	230	304	400	528	304	400	528	700	400	528	700	920
战略的	200	264	350	460	264	350	460	608	350	460	608	800	460	608	800	1056
	230	304	400	528	304	400	528	700	400	528	700	920	528	700	920	1216
	264	350	460	608	350	460	608	800	460	608	800	1 056	608	800	1056	1400

自由的	304	400	528	700	400	528	700	920	528	700	920	1 216	700	920	1216	1600
	350	460	608	800	460	608	800	1056	608	800	1056	1400	800	1056	1400	1840
	400	528	700	920	528	700	920	1 216	700	920	1216	1600	920	1216	1600	2112

应负责任可以分解为:工作职位承担者的行动自由度、行为后果影响及职位责任大小。

(1)行动自由度,对个人及程序的控制及指导程度。采取行动的自由受到影响和限制的因素越多,其自由度也就越小,职权范围愈接近经营层或领导层,需接受的监督、审查或指导愈少,采取行动的自由越大。行动自由度(表中用 F 表示)分为有规定的、受控制的、标准化的、一般性规范的、有指导的、方向性指导的、广泛性指引的、战略性指引的和一般性无指引的 9 个量级。

(2)行为后果影响,工作任务对最终结果的影响。行为后果影响(表中用 I 表示)分为后勤性和咨询性间接辅助作用,与分摊性和主要性直接影响作用两大类、4 个级别。

(3)职位责任,在公司内相应的组织层级或控制财务的范围。风险责任(表中用 R 表示)分为微小、少量、中级和大量 4 个等级,并有相应的金额范围。

8.5.2　海氏评价法操作:举例说明

知能水平、解决问题能力和风险责任这三个因素,在加总评价分数时实际上被归结为两个方面:①知能水平与解决问题能力的乘积,反映的是一个工作职位人力资本存量使用性价值,即该工作职位承担者所拥有的知能水平(人力资本存量)实际使用后的绩效水平;②风险责任反映的是某工作职位人力资本增量创新性价值,即该工作职位承担者利用其主观能动性进行创新所获得的绩效水平。

综合加总时,可以根据企业不同工作职位的具体情况赋予二者以权重。计算公式可一般地表示为:

$$W_i = \gamma \left[f_i(T,M,H) \cdot Q \right] + \beta \left[f_i(F,I,R) \right]$$

式中:W_i 表示第 i 种工作职位的相对价值;

$f_i(T,M,H) \cdot Q$ 为第 i 种工作职位人力资本存量使用性价值;

$f_i(F,I,R)$ 为第 i 种工作职位人力资本增量创新性价值;

γ、β 分别表示第 i 种工作职位人力资本存量使用性价值和增量创新性价值的权重,$\gamma + \beta = 1$。一般情况下,γ、β 的取值大致有三种情况。

(1)$\gamma = \beta$,知能水平和解决问题能力在此类职位中与责任并重,平分秋色。如会计、技工等工作职位的情形；

（2）$\gamma > \beta$，此类职位的职责不及知能水平与解决问题能力重要。如工程师、营销员等工作职位的情形；

（3）$\gamma < \beta$，此职位的责任比知能水平与解决问题的能力重要。如总裁、副总裁、经理人员等工作职位的情形。

例如，利用海氏工作职位评价指导量表，某工作职位的三维评价分值（见表中黑色数据）分别为：

$$f_i(T, M, H) = 200$$
$$Q = 20\%$$
$$f_i(F, I, R) = 100$$

若取 $\gamma = \beta = 50\%$，则有：$W_i = 50\% \times 200 \times 20\% + 50\% \times 100 = 70$（分），海氏评价法与一般标尺评分法一样，只是给出不同职位付酬的相对次序或分值，下一步的工作是要把相邻次序或相近分值的工作职位进行适当归并，形成若干个薪酬等级，并设计具体的薪酬水平和结构。

8.6　职位评价方法的比较和应用

8 6 1　职位评价方法的比较

职位评估的各种方法本身是没有优劣和高低之分的，优劣高低在于职位评估工作者是否针对企业的具体情况和当时当地的需要选择了最恰当的方法。

常见的几种职位评估方法有职位排列法、职位分类法、因素比较法和要素计点法，它们之间的区别主要表现在：一是划分评价维度和要素时，粗放与细致的程度不同；二是比较的方式不同。

不管你用什么评价方法，你要做的都是这两步：分解要素和比较打分。这些要素是所有职位评估方法都包括的，虽然包括的程度不同。通过确定每个要素的权重和分等配分标准，对每一个要评价的目标职位，对照要素表和分等配分标准进行评价，计算所得的总点数，即为该职位的价值，同时获得所有职位价值的序列。

分解成多少种维度和要素，实在是仁者见仁、智者见智的事。随便进入哪个咨询企业或者人力资源网站，读者都可以在职位评估相关栏目下找到一些案例或者论述，按照我们的理解，其间的分别就像你要测量某个物体，有的人图省事，就拿一段绳子甚至随便一根木头棍儿比量比量，大概知道其多长多宽就行了——他不需要太精确的数据就能解决他所面临的问题，比如只是看看办公室的某个角落是否放得下他新买的书柜。而有的人就用一把有刻度的尺子一条边一条边地量，更有精益求精的人会找来精确到毫米的量尺认真仔细地按照物理课上学来的专业测量方法进行测量。

我们可以把职位比喻为一个不规则的多面体,职位评估确定的维度就相当于你测量这个多面体的时候选择了多少个角度,要素相当于你站在同一个角度选择了多少个测量点,所以说,维度和要素划分不存在高明或者低劣之分,关键看需要,如果这个多面体大起大落,你就得多选角度多选点;反之,就可以粗放一点简约一点。重要的是标尺的选择要科学,要经过内部评议并且获得认可。

所谓标尺,一是指各种评价要素的选择,二是各个评价要素的权重或者点值的设定。这里面的学问就大了,需要对企业战略有真正的理解,需要对企业内部的组织结构有深刻的把握——得清楚企业内部各部门之间的逻辑关系。

职位评估的方法各有特点,不能一概而论地说某一评价方法比其他评价方法更为优越,关键是要选择适合企业自己的职位评估方法。在前面的论述中,已经分别就各评价方法的优缺点进行了分析,下文就对这些优缺点做个综合比较。

1. 职位评估方法的优缺点比较

按照量化的程度、评价的对象和比较的方法等要素可以对职位评估方法进行比较,表 8-9 所示为这种比较的一个结果。

表 8-9　各种职位评估方法的比较

方法	是否量化	评估的对象	比较的方法	优点	缺点
分类法	否	对职位整体进行评估	将职位与特定的级别标准进行比较	灵活性高,可以用于大型组织	对职位等级的划分和界定存在一定的难度,无法准确确定相对价值
排列法	否	对职位整体进行评估	在职位与职位之间进行比较	简单、操作容易	主观性大,无法准确确定相对价值
因素比较法	是	对职位要素进行评估	在职位与职位之间进行比较	可以比较准确地确定相对价值	因素的选择较困难,市场工资随时在变化
点数法	是	对职位整体要素进行评估	将职位与特定的级别标准进行比较	可以较准确地确定相对价值,适用于多类型职位	工作量大,费时费力

2. 影响职位评估方法选择的因素

为了更好地选择职位评估方法,我们总结了影响职位评估方法选择的主要因素。

（1）职位的稳定性。职位的稳定性指职位随市场环境变化和人员调整而进行调整的可能性。一般来说，新设立职位的稳定性较差，市场竞争激烈、市场环境变化剧烈、业务稳定性差的公司的职位稳定性也较差。

（2）职位职责的清晰程度。职位职责的清晰程度有两个含义：一是对某职位的工作本身描述的清晰程度，比如生产工人就往往具有比较清晰的工作描述；二是职位分析工作是否充分和科学，从而能为职位评估奠定良好的基础。

（3）薪酬体系的特点。不同薪酬体系的特点不同，从而对职位评估的要求也不太一样，比如有些薪酬体系强调外部公平，这就要求职位评估必须具备外部可比性。

（4）企业文化特征。职位评估是需要得到员工接受的，对于老国有企业，花较大的代价进行要素计点法可能是值得的，但是，对一家新兴 IT 企业，职位排列法就足以满足需要了。

（5）职位数量的多少。如果职位数量较多时，就只能采用相对效率较高的评价方法。否则采取那种需要时间较长的评价方法，必将会使职位评估的效果得不到体现，而且在有限的时间里也不能完成职位评估工作。

（6）职位评估资源的充分性。职位评估占的资源主要指评估委员会成员时间的充裕性，另外还有经费，如果经费充足，最好是选择进行封闭式的评价活动。

8.6.2　职位评价方法应用举例

职位评价有多种方法，下面以点数法和海氏职位评价系统为例，对职位评价方法做一个应用说明。

1. 点数法应用

点数法就是选取所评价职位若干关键性因素，并对每个因素的不同权重进行界定，同时给各个因素赋予一定的分值。

我们以经营副总、办公室主任、电气工程师这三个职务为例。

（1）评价要素界定与权重表（见表 8 - 10）。

表 8 - 10　评价要素界定与权重表

序号	评价要素指标	指标界定	权重（%）
1	决策责任	独立判断和决策的重要性	20
2	决策影响	决策效果对公司的影响程度	15
3	管理范围	管理的幅度和层次	12

序号	评价要素指标	指标界定	权重(%)
4	复杂程度	完成本职工作的复杂程度、难度	10
5	知识含量	理论性或专门性知识	9
6	工作经验	工作经历和经验储备	12
7	沟通联系	工作沟通的难度和频率	10
8	创造能力	创造性思维的重要性	8
9	工作条件	工作的物理条件或风险程度	4
合计			100

(2)要素等级赋分。要素总分设定为 2000 分,按照权重分配,各要素的得分如表 8 - 11 所示。每个要素分 5 个等级。

表 8 - 11 要素等级表

职位要素		要素等级	等级分数	要素分数	权重(%)
序号	名称				
1	决策责任	1	0	400	20
		2	100		
		3	200		
		4	300		
		5	400		
2	决策影响	1	0	300	15
		2	75		
		3	150		
		4	225		
		5	300		
3	管理范围	1	48	240	12
		2	96		
		3	144		
		4	192		
		5	240		

职位要素		要素等级	等级分数	要素分数	权重(%)
序号	名称				
4	复杂程度	1	40	200	10
		2	80		
		3	120		
		4	160		
		5	200		
5	知识含量	1	36	180	9
		2	72		
		3	108		
		4	144		
		5	180		
6	工作经验	1	0	240	12
		2	60		
		3	120		
		4	180		
		5	240		
7	沟通联系	1	40	200	10
		2	80		
		3	120		
		4	160		
		5	200		
8	创造能力	1	0	160	8
		2	40		
		3	80		
		4	120		
		5	160		

续表 8 - 11

职位要素		要素等级	等级分数	要素分数	权重（%）
序号	名称				
9	工作条件	1	0	80	4
		2	20		
		3	40		
		4	60		
		5	80		
合计				2000	100

（3）职位评估表。根据评价要素界定、权重与要素等级赋分，经营副总、办公室主任、电气工程师所得分数如表 8 - 12 所示。

表 8 - 12　职位评估表

职位	职位要素等级和相应分数									分数总计
	决策责任	决策影响	管理范围	复杂程度	知识含量	工作经验	沟通联系	创造能力	工作条件	
经营副总	300（4级）	300（5级）	192（4级）	160（4级）	180（5级）	240（5级）	160（4级）	120（4级）	—（1级）	1652
办公室主任	100（2级）	75（2级）	144（3级）	160（4级）	108（3级）	180（4级）	200（5级）	80（3级）	20（2级）	1067
电气工程师	200（3级）	150（3级）	48（1级）	120（3级）	108（3级）	120（3级）	120（3级）	80（3级）	20（2级）	966

2. 海氏职位评价系统应用

海氏职位评价系统通过三个方面对职位的价值进行评价，并且通过较为正确的分值计算确定职位的等级。海氏职位评价系统实质上是一种评分法，根据这个系统，所有职务所包含的最主要的付酬因素有三种，每一个付酬因素又分别由数量不等的子因素构成。

海氏职位评价系统将三种付酬因素的各子因素进行组合，形成三张海氏工作评价指导图表。下面我们利用海氏工作评价指导图表对小车司机班班长、产品开发工程师、营销副总这三个职位进行工作评价。

第一张图表是供技能水平评价用的(见表 8 - 6)。

现在我们根据技能水平评价图表对小车司机班班长、产品开发工程师、营销副总这三个职务做相应的技能因素的相对价值评价。

营销副总在企业中全面主管营销事务,而营销工作往往是企业中最难应付的工作,需要很高的管理技巧,因此在管理技巧方面应是全面的;营销副总要精通营销管理的各项专门知识,并要在下属当中树立起自己的绝对权威,方可充分调动广大销售人员的积极性,因此在专业知识方面应是权威专门的;在人际技巧方面,他需要熟练的人际技能,这是关键。因此营销副总的技能因素价值为 1400。

产品研发工程师负责企业的研发。工作要求有很高的专门知识,因此在专门知识方面应是精通专门技术的;在管理技巧方面,因其主要工作是独立开展研究活动,无需管理或很少有开展管理活动的必要,因此应为起码的;在人际技能方面,应为基本的。因此产品研发工程师的技能价值分为 304。

小车司机班班长在专业知识方面没有太多的要求,只需高等业务性的;在管理诀窍方面,管理一批司机,工作简单,只需起码的;在人际技能方面,小车司机虽然文化不高,但均是为企业高级管理人员提供服务的,长期与高管人员在一起,因此在某种程度上有一定的特权,应对起来不太容易,需要最高一级即关键性的人际处理技巧。所以其技能因素价值分为 175。

第二张图表是用来评定解决问题能力的(见表 8 - 7)。

下面我们根据解决问题能力评价图表对小车司机班班长、产品开发工程师、营销副总这三个职务做相应的解决问题能力评价。

营销副总是企业市场的开拓者,每天都要面对瞬息万变的市场独立做出营销决策,很多情况下企业都缺乏明确的政策指导,其思维环境属"抽象规定的"。为了占领市场,营销副总需要开展高度的创造性工作,这些工作在企业无先例可循,其思维难度可列为"无先例的"。因此解决问题能力便评价为技能的 87%。

产品开发工程师在产品开发过程中受到行业规范、各种技术标准等的限制,其思维环境属第 6 级"广泛规定的";但由于产品开发属于高度创造性的活动,其思维难度属"无先例的"。因此解决问题能力便评价为技能的 66%。

司机班班长属于最基层管理者,管理活动受到企业各种规章制度和上级的约束,其思维环境属"标准化的";其管理不需要有太多的创造性,基本上是"模式化的"。因此解决问题能力便评价为技能的 25%。

第三张图表是用来对职务责任进行评定的工具(见表 8 - 8)。

下面我们根据承担的职务责任评价图表对小车司机班班长、产品开发工程师、营销副总这三个职务做相应的承担的职务责任评价。

营销副总在企业内地位很高,享有广泛授权,行动的自由度高,属"战略性指引的";他全面主管企业的营销工作,所起的作用是最高的第 4 级"主要的";营销副总的决策有时直接决定企业的生死存亡,其职务责任是"大量的"。该职务在这一因素的整体评价分为 1056。

产品开发工程师的行动自由度比较大,属于方向性指导的;职务责任不大,只有少量的影响;对后果形成的影响比较大,因为其对企业新产品开发和企业进一步发展有直接影响,因此属于"分摊的"。该职务在这一因素的整体评价分为 264。

小车司机班班长行动自由度小,只属第 3 级"标准化的";但他作为整个小车司机班的带头人,所起的作用是最高的第 4 级"主要的";不过他级别太低,对经济后果的责任也属最低"微小的"。因此该职位在这一因素上的整体评分为 57。

现在我们来分析小车司机班班长、产品开发工程师、营销副总这三个职务的"职务状态构成"。职务状态构成是海氏提出,他认为职务具有一定的"形状",这个形状主要取决于技能和解决问题的能力两因素相对于职务责任这一因素的影响力间的对比与分配。根据海氏职位评价系统法,上述三种职务分别属于以下三种类型:

营销副总属于"上山型"。该职务的责任比技能与解决问题的能力重要。

产品开发工程师属于"下山型"。该职务的责任不及技能与解决问题能力重要。

小车司机班班长属于"平路型"。技能和解决问题的能力与责任并重。

根据三种职务的"职务形态构成",赋予三种职务三个不同因素以不同的权重。即分别向三个职务的技能、解决问题的能力两因素与责任因素指派代表其重要性的一个百分数,这两个百分数之和恰为 100%。根据一般性原则,我们粗略地确定"上山型"、"下山型"、"平路型"两组因素的权重分配分别为(40%+60%)、(70%+30%)、(50%+50%)。这样我们将这三个职位在三个因素上的工作评价得分及其相应权重汇总如下:

营销副总评价总分 = 1400×87%×40% + 1056×60% = 1120.8

产品开发工程师评价总分 = 304×66%×70% + 264×30% = 219.648

小车司机班班长评价总分 = 175×25%×50% + 57×50% = 50.375

根据上述计算结果可以看出,用海氏工作评价法评价出的分数,比直觉性的主观评价要精确和合理一些,只是评价过程非常复杂,并且需聘请专家进行,因此运用这种方法成本很高、评价分获得后,具体工资额的确定要参考外界市场情况确定。

本章思考题

1. 辨析并讨论排列法、因素比较法、点数法等职位评价方法的步骤。

2. 分别说明分析排列法、分类法、因素比较法、点数法的优缺点。

3. 一个职位评价方案有 750 分的最大值,因素 A 要占 20% 的权重,有六个等级,请你给每个等级赋值。

4. 在确定对一个组织而言哪一种评价方法最优时,必须要考虑的因素有哪些?

案例分析

　　伟业公司内部最近出现了一些问题。事情是这样的:公司创意设计部门中有的员工认为他们的工作与行政事务这样的部门比较起来,技术含量和难度都要大得多,但因为不是主管所以就比行政部门主管拿的薪水低。他们认为这不合理。其实部门主管之间也有意见,有人认为每个部门的工作量和难度是不一样的,不应该所有部门一刀切,应该体现出差别。还有的主管认为,他们承担的责任比员工大得多,所以薪水应该与员工再拉得大一些。针对这些问题,公司的高层决定对工作进行一次全面评价,以此来制定新的薪酬制度。

案例讨论

1. 你认为该公司要做好职位评价需注意哪些问题?

2. 该公司适合采用何种职位评价方法?为什么?

参考文献

[1] 彭剑锋,等.职位分析技术与方法[M].北京:中国人民大学出版社,.2004.

[2] 付亚和.工作分析[M].北京:中国人民大学出版社,2004.

[3] 华贸通咨询.现代企业人力资源解决方案[M].北京:中国物资出版社,2003.

[4] 王小艳.如何进行工作分析[M].北京:北京大学出版社,2004.

[5] 董克用,叶向峰.人力资源管理[M].北京:中国人民大学.2003.

[6] 亚瑟·W·小舍曼.人力资源管理[M].大连:东北财经大学出版社,2001.

[7] 王玺.职位分析与职位评价实务[M].北京:中国纺织出版社,2004.

[8] 萧鸣政.工作分析的方法与技术[M].北京:中国人民大学出版社,2002.

[9] 王吉鹏.职位分析[M].北京:中国劳动社会保障出版社,2005.

[10] 王吉鹏.职位评估[M].北京:中国劳动社会保障出版社,2005.

[11] 马建新,等.人力资源管理与开发[M].北京:石油工业出版社,2003.

[12] 熊超群.工作分析与设计实务——打造人力资源管理奠基石[M].广州:广东经济出版社,2002.

[13] (美)加里·德斯勒.人力资源管理[M].北京:清华大学出版社,2001.

[14] 刘昕.薪酬管理[M].北京:中国人民大学出版社,2002.

[15] 葛玉辉,杜本进.有效激发员工工作动机的新思路——工作再设计[J].企业经济.2002(8).

[16] 王丽萍.能岗匹配的方法基础——工作设计[J].中国人力资源开发.2002(2).

[17] 安鸿章.岗位研究的原理与应用[J].北京:中国劳动出版社,1998.

[18] 托马斯·J·伯格曼,等.薪酬决策.何蓉等译.中信出版社,2004.

[19] 孙宗虎.人力资源管理职位工作手册[J].北京:人民邮电出版社,2005.

[20] 奚玉芹.企业薪酬与绩效管理体系设计[M].北京:机械工业出版社,2004.

[21] 世界500强企业管理标准研究中心.工作分析与职位说明[M].北京:中国社会科学出版社,2004.

[22] 廖泉文.人力资源管理经典案例[M].北京:高等教育出版社,2005.

[23] 赵曙明.人力资源管理案例点评[M].杭州:浙江人民出版社,2003.

[24] 张岩松,李健,等.人力资源管理案例精选精评[M].北京:经济管理出版社,2004.

[25] 彭剑锋.人力资源管理概论[M].上海:复旦大学出版社,2003.

[26] 胡君辰,郑绍濂. 人力资源开发与管理[M].上海:复旦大学出版社,2005.

[27] (美)雷蒙德·A·诺伊,约翰·林伦拜克,拜雷·格哈特,帕特雷克·莱特. 人力资源管理:赢得竞争优势[M].刘昕译. 北京:中国人民大学出版社, 2001.

[28] (美)R·韦恩·蒙迪,罗伯特·M·诺埃,沙恩·R·普雷梅克斯著. 人力资源管理[M].葛新权等译. 北京:经济科学出版社,2003.

[29] (美)罗宾斯. 组织行为学[M].刘昕译.7版.北京:中国人民大学出版社, 1997.

[30] 付亚和,健敏. 企业人力资源管理[M].北京:企业管理出版社,1995.

[31] 姚若松,群英. 工作岗位分析[M].北京:中国纺织出版社,2003.

[32] 周润仙. 论工作分析、职位评价和职位分类之间的关系[J].科技创业月刊 2004.

[33] 刘艳敏. 对企业工作设计问题的思考[J]. 企业活力,2005.

[34] Robert J. Harvey & Mark A Wilson. "Yes Virginia,There Is An Objective Reality In Job Analysis". Journal of Organizational Behavior. 2000.

[35] Wayne F. Cascio. Applied Psychology In Haman Resource Management (fifth edition). 1997.

[36] Marc G. Singer & Maureen J. Fleming. Effective Human Resource Measurement Techniques. 1997.

[37] Dilum Jirasinghe & Geoffrey Lyons. The Competent Head—A Job Analysis of Heads' Tasks and Personality Factors. 1996.

[38] James P. Cliford. Work Better to Better Manage Human Resources:A Comparative Study of Two Approaches to Job Analysis. Public Personnel management. 1996. Volume 25 No. 1 (Spring):89 – 102.

[39] Sidney A. Pine & ManryGetkate. Benchmark tasks for Job Analysis—A Guide for Functional (FJA) Job Anslysis Scales. 1995.

[40] Walter Rohmert & Kurt Landan. Recent Developments In Job Analysis. 1989.

[41] Walter Rohmert & KurtLandau. On the Application of AET. TBS. and VEHA to Discriminate Between Work Demands at Repetive Short Cycle Tasks. Recent Developments In Job Analysis. Taylor & Francis. 1989:25 – 32.

[42] Jai Ghorpade. Job Analysis:a Handbook for the Human Resource Director. Prentice Hall. 1988.

[43] Butler. S. K.. & Harvey. R. J.. A Comparison of Holistic Versus Decomposed Rating of Position Analysis Questionnaire Work Dimensions. Personnel PsychologY. 1988(41):761 – 771.

[44] Sidney Gael. Job Analysis Handbook for Business. Industry. and Government. 1988.

[45] Roger J. Plachy. Writing Job Descriptions That Cet Results. Personnel. 1987. 10: 56 – 58.

[46] Duane R. Monette & Thomas J. Sullivan & Cornell R. Dejong. Applied Social Research—Tool for the Human Services. 1986.

第二版后记

工作分析与职位评价是人力资源管理的基本职能。工作分析是组织了解职位内容及其内在特性的基本工具,通过工作分析所获得的信息及数据是有效联系人力资源管理各职能模块的纽带;职位评价是对组织中的职位价值进行衡量并建立职位价值序列,确定组织对职位的报酬。可以说,工作分析与职位评价是组织进行战略性人力资源管理系统设计的重要基础。如果工作分析与职位评价缺失,就会导致人力资源管理的其他职能无法发挥或难以充分发挥其作用。

近年来,随着人力资源管理被组织和社会逐渐地重视起来,工作分析和职位评价也开始成为组织所关注的问题。尽管如此,还是有少数人认为工作分析和职位评价是可有可无的,甚至是一种负担。有些组织虽然高度重视工作分析和职位评价工作,但缺乏对工作分析和职位评价理论与技术的了解,难以详悉理论内涵、驾驭操作技术。为端正、提高人们对工作分析与职位评价的认识,帮助组织人力资源管理者运用理论解决工作分析和职位评价工作中的实际问题,我们特编撰《工作分析与职位评价》一书。本书一方面尽可能详细、通俗地提供工作分析与职位评价方面的理论引导,另一方面介绍一些实用的操作技术和典型案例,直观、感性地帮助人力资源工作者掌握、运用工作分析和职位评价的方法和技术。

第一版自 2006 年面世以来,深受读者欢迎,已重印 5 次。随着新的研究成果的出现和理论的不断发展,我们对第一版进行了修订,推出第二版。

本书由西北大学高艳副教授任主编,靳连冬任副主编。全书编写分工如下:第1章、第 5 章、第 6 章由高艳撰写,第 2—4 章由靳连冬撰写,第 7 章由任东峻撰写,第 8 章由张建胜撰写,彭胜峰参与了部分章节的编写及文字核对工作。全书由高艳拟订提纲并负责修改统稿,以及第二版的全面修订。在本书的编撰过程中,丛书编委会主任、总主编、西北大学 MBA 教育中心主任、博士生导师杜跃平教授对大纲的确定、初稿的修改提出了许多指导性意见和具体要求,并担任本书的主审,西安交通大学出版社编辑魏照民进行了认真细致的工作,李智谋参与了本书部分内容的资料收集工作,在此谨向他们表示感谢。本书编写过程中,我们还参阅了大量国内外的有关著作和文章,在此也谨向其作者表示深深的谢意。

由于我们水平有限,而且时间紧迫,所以书中不足之处在所难免,敬请各位读者批评指正。

高　艳

2012 年 7 月于西安